KB151337

창조교육총서 1

창조성과
교육철학

신창호

Creativity and Educational Philosophy

박영story

일러두기

1. 이 책은 아래의 저서를 기초로 내용을 수정 보완하여 재구성하였다.

□ 창조성 및 창조주의 교육 관련

이종록. 『창조적 인간 교육론』. 원광대학교 교육문제연구소, 1981.

이종록. 『창조성의 기초적 인식』. 서울: 교육과학사, 2001.

이종록. 『창조교육 이론과 방법』. 서울: 교육과학사, 2001.

이종록. 『창조적 능력 개발과 교육』. 서울: 교육과학사, 2009.

이용길. 『창조교육 교수·학습의 이론과 실제』. 서울: 교육과학사, 2011.

이용길. 『창조교육론』. 서울: 교육과학사, 2017.

□ 철학 이론 관련

C. H. Pattwrson. *Cliff's Course Outline Philosophy An Introduction*. Nebraska: Cliff's Notes, 1972.

S. M. Honer & T. C. Hunt(곽신환·윤찬원 옮김), *Invitation to Philosophy: Issues and Options*(『철학에의 초대』). 서울: 서광사, 1992.

K. A jdukiewicz(송병욱 옮김), *Problems and Theories of Philosophy*(『철학 그 문제와 이론들』). 서울: 서광사, 1988.

□ 교육 및 교육철학 관련

신창호. 『교육철학 및 교육사』. 서울: 박영사, 2015.

신창호. 『교육이란 무엇인가』. 서울: 동문사, 2012.

신창호. 『교육과 학습』. 고양: 온고지신, 2012.

신창호. 『인간 왜 가르치고 배우는가』. 서울: 서현사, 2003.

2. 이 책에서 인용한 자료의 출처는 필요한 경우에는 각주로 명시하였으나 앞서 [일러두기 1]에 제시한 저서에서 인용하거나 일반적으로 잘 알려진 이론의 경우에는 내용을 풀어 정리하고 가능한 한 각주를 생략하였으며, 참조한 자료는 [참고문헌]에서 제시하였다.

3. 한문이나 외국어는 필요한 경우에 한해, 괄호(( ), 혹은 [ ])로 표시하였고, 저서는 겹 꺾쇠(『 』), 편명이나 논문은 홑 꺾쇠(「 」)로 처리하였다. 내용 설명에 필요한 외국인 학자의 인명은 전체 인명보다는 보편적으로 사용한 인명으로 제시하고 한글(영문, 혹은 원어)로 표기하였으나 구체적 생몰연대는 인터넷 상의 지식정보 사이트의 백과사전을 이용하여 확인할 수 있도록 생략하였다(예: 칼 폰 린네(Carl von Linne) → 린네(Linne)). 참고문헌도 지식정보화 추세에 맞추어 QR코드로 정리하였다.

머리말

인간의 특성은 문화를 창출하는 데 있습니다. 린네(Linne)에 의해 '슬기로운 사람'이라는 의미의 '호모사피엔스(Homo sapiens)'라는 표현이 붙여진 것에서도 특정할 수 있듯이, 인간은 '슬기'를 통해 인위적 문화를 창조(創造)했습니다. 동서고금을 막론하고 '이성', '사회', '정치', '놀이' 등 인간에 관한 수많은 형용사는 슬기를 통한 창조의 과정에서 등장하였습니다. 그런 점에서 창조(創造)는 인간의 본질과 삶을 규명하는 핵심어입니다.

최근, 이런 창조를 핵심으로 하는 인간 사회에 대해서, 위기(危機, crisis)라는 언표를 통해 불길하게 묘사하는 경우가 많아졌습니다. 무엇보다도 최첨단 과학기술 문명의 그늘에서 생명력을 잃어가는 생태 문제를 많은 사람들이 거론합니다. 생태에 관한 인식은 인간과 자연의 역동적이며 간주관적인 상호 작용이 일어나는 장에서 생명체 간의 생존하는 방식을 규명하고 이것이 인간 현상에 주는 시사점이 무엇인가를 철학적으로 사유합니다. 특히 중세 말부터 뿌리내린 인간중심주의의 철학적 한계를 비판하면서 이성과 과학에 토대를 둔 모더니즘적 세계관을 문제 삼습니다. 아울러 인간의 자기본위, 경쟁, 소유 등과 같은 자본주의 사회의 지배적인 가치를 근본적으로 재검토 합니다.

그러나 근대 이후 발전한 교육은 모더니즘적 세계관과 그러한 과학 철학적 입장에 부응하여 효율성을 강조하였고, 도덕적 윤리문제는 2차적인 것이 되고 말았습니다. 특히 기술적 업적과 효율성을 추구하는 인간 자원 개발을 주목적으로 삼았습니다. 교육에서 목적론과 방법론의 분리, 즉 가치와 지식의 분리 현상을 초래하였고, 목적론에 대한 방법론의 우세를 중시하게 되었습니다. 어떻게 하면 인간의 내적 힘을 길러 자연으로부터 더 많은 자원을 획득하는 도구로서의 지식과 기술을 생산하고, 그것을 어떻게 효과적으로 전달할 수 있는가에 주된 관심을 두고 있습니다. 그러나 교육은 인간의 창조성에 의해 그것을 넘어서야 합니다. 자연을 인간 생명과 연결된 생명체로 인식하는 교육과 이러한 생명체가 협동하며 공생하는 상생(相生) 관계를 기본 원리로 삼아야 합니다.

인간과 자연, 그리고 인간과 인간 사이의 생태학적 유대성을 존중하면서 새로운 세대들에게 더 좋은 사회발전에 이바지하게 하는 일이어야 합니다. 이제 교육은 현재의 생명 경시 현상, 생명 파괴 현상을 인간 자체의 변화나 사회 구조의 변화에서 뿐만 아니라 인간과 자연의 상생의 관계를 증진하는 데 관심을 가져야 합니다. 그것은 융합과 복합, 생태주의적 사고를 요청합니다. 이런 시대의 교육 과제는 교육의 대상 범주를 인간과 자연이 상호 작용하는 장으로 만드는 일입니다. 자연과 인간이 일체감을 이루어 자연을 대하는 인간의 사고와 행위가 혁신적으로 바뀌게 되어 학생들이 모든 존재와 친화적 태도를 형성할 수 있도록 해야 합니다. 인간과 자연의 상생을 위한 생명력을 활성화 하여 학생들이 생태 윤리를 배양할 수 있어야 합니다.

이런 시대를 극복할 수 있는 단초가 다름 아닌 창조성(創造性)에 있습니다. 창조성은 인간성의 원질(原質)입니다. 그것이 교육의 핵심이 되어, 우리 시대 앞에 다시 재생될 필요가 있습니다. 이 책은 그에 관한 교육철학적 시도입니다. 그 단초는 창조교육을 창시한 학창(學創) 이종록(李鍾祿, 1921~2016) 선생의 창조주의 교육학에 있습니다. 학창 선생의 창조성은 얼핏 보면 현대 심리학에서 언급하는 창의성이나 독창성 등과 의미상 유사한 것처럼 보입니다. 하지만 그런 이론들이 부분적 고찰에 그친 한계를 지니고 있는 데 비해, 학창 선생의 창조성 교육은 훨씬 유기체적인 사유의 융합 가운데 인간의 본질과 삶의 방향을 지시하고 있습니다. 따라서 근원적이고 구체적인 교육의 방향을 인도하는데 매우 유용한 교육철학입니다. 그것을 철학적 사유와 교육, 교육철학적 실천의 양식으로 재해석하며 대비해 보았습니다. <일러두기>에 밝힌 것처럼, 기존의 연구를 참고하여 상호 대비하며 그 연관성을 중심으로 창조성과 교육철학의 문제를 안내하는 방식을 취했습니다.

학창 선생 서거 2주기에 즈음하여 후학으로서 다시 창조성과 교육, 창조주의 교육과 그에 서려있는 교육철학과 정신을 정돈할 수 있게 되어 감회가 무량합니다. 아울러 본서가 사단법인 창조교육학회의 <창조교육총서> 1권으로 발간되어 더욱 뜻 깊고 영광스럽습니다. 이런 학술 연찬을 할 수 있도록 가르침을 주신 학창 이종록 선생님, 저술의 기회를 열어준 사단법인 창조교육학회 이용길 이사장님, 물심양면으로 후원해주신 군장대학교 이승우 총장님께 심심한 감사의 인사를 올립니다.

2018. 6.
후학 신창호 배

차 례

서 언

인간, 왜 **창조성**을 요청하는가?

1 창조성의 기원: 우주자연의 본성으로서 마음

인간을 이해하기 위해 나는, 너는, 그리고 우리는, 누구인지 현재의 의식을 고민할 필요가 있다. 그것은 우리 자신도 인지하기 힘들 정도로, 내면 깊숙이 감추어져 있는 무의식으로서 독특한 정체성이다. 칼 구스타프 융은 인간의 무의식에 대해 다음과 같은 견해를 피력하였다. "우리가 의식적으로 보거나 듣고, 그후에 잊어버린 것들. 우리 모두는 많은 것들을 그 당시에는 특별히 주목하지 않은 채로 보거나 듣거나 냄새를 맡거나 맛을 본다. 그것은 우리의 주의가 다른 곳에 쏠려 있거나 또는 우리의 감각기관에 대한 자극이 너무나 미약해서 의식적 인상을 남길 수 없기 때문이다. 그러나 무의식은 그런 것들에 주목하며, 이와 같은 잠재적 지각은 우리의 일상생활에서 중요한 역할을 한다. 우리가 인식하지 못하고 있는 가운데 여러 가지 잠재적 지각은 어떤 사건이나 사람에 대한 우리의 반응양식에 영향을 미치고 있다. 이처럼 무의식이 단지 과거의 창고에 불과한 것만이 아니고 미래의 정신적 상황과 생각들의 가능성으로 꽉 차 있다는 발견이

나에게 마음에 대한 나 자신의 새로운 접근을 하게 만들었다."[1]

이처럼 대한민국 사람들에게도 이런 무의식이 나름대로 존재한다. 그것은 유교(儒敎)라는 전통 속에 지배적 흔적으로 남아 있다. 때문에 유교가 일러주는 인간의 문제, 그 가운데서도 인간의 특성을 일러주는 마음과 본성을 돌아보는 것이 한국 사람으로서 인간을 이해하는 열쇠가 될 수 있다. 유교에서는 마음에 세상의 모든 이치가 갖추어져 있다고 설명한다. 때문에 세상의 모든 일은 마음을 통해 받아들여지고 거두어진다. 이런 점에서 세상의 모든 일로 대변되는 우주자연의 질서와 인간의 마음이 하나로 통일된다. 그 우주자연의 질서와 인간 사이에 통합을 천인합일(天人合一)이라고 한다. 맹자는 다음과 같은 언표로 인간과 자연의 통합을 보여주었다. "자신의 마음을 다하는 사람은 자신의 본성을 안다. 그리고 자신의 본성을 아는 사람은 자연의 질서를 안다. 그러기에 자신의 마음을 보존하여 그 본성을 기르는 일은 자연의 질서를 섬기기 때문이다."[2]

여기에서 본성은 마음에 갖추어진 이치이다. 이치는 일종의 결을 뜻하므로 마음에 갖추어진 이치는 마음의 결이다. 그 마음의 결은 우리가 이해하려는 마음을 가장 잘 대변한다. 물에는 물결이 있고, 바람에는 바람결이 있듯이, 사물의 결을 파악하면 사물이 어떤지 알 수 있다. 물결이 세차면 물이 흐르는 물길이 좁고 깊고, 바람결이 부드러우면 그 바람은 폭풍이 아니라 하늬바람임을 알 수 있듯이 말이다.

유교에서 우주자연의 질서는, 봄-여름-가을-겨울의 계절이 순환하듯이, 자연스러움 자체로 드러난다. 이 자연스러움을 '진실하다'라는 말인 '성(誠)'으로 묘사한다. 그것은 믿음직스럽다거나 순박하다, 혹은 거짓이 없다, 충실하다, 실제의 정감이다 등등과 같은 다양한 의미를 지닌다. 『대학』에서는 "그 뜻을 참되게 한다는 것은 스스로를 속임이 없게 하는 일"이라고 하여, '속임이 없는 것'으로 표현하였고, 『중용』에서는 "자연의 길"로 인식했다. 천인합일을 갈구하던 인간은 이러한 우주자연의 질서를 자신의 삶의 기준으로 삼으려고 하였다. 그러기에 인간은 우주자연의 질서와 법칙을 지키면서 그것을 삶의 모범으로 삼았다. 때문에

---

[1] 칼 구스타프 융 編(李符永 外譯), 『人間과 無意識의 象徵』(서울: 집문당, 2008).
[2] 『孟子』「盡心」上: 盡其心者, 知其性也. 知其性, 則知天矣. 存其心, 養其性, 所以事天也. 夭壽不貳, 脩身以俟之, 所以立命也.

인간은 우주의 형상을 이어받은 소우주가 되었고, 이제 그 우주적 진실은 인간의 내면으로 파고들게 하였다.

앞에서 언급한 것처럼, 사람의 본성은 마음의 결이다. 그러므로 우주적 본성은 인간에게 한결같은 마음으로 이해된다. 맹자는 그런 마음을 우산의 원래 상황에 비유한다. "우산의 나무는 일찍이 아름다웠다. 문제는 그것이 큰 나라인 제나라의 성 밖에 위치한 것이었다. 도성에 사는 많은 사람들이 도끼와 자귀로 우산의 나무를 베어버렸는데, 어찌 우산을 아름답다고 할 수 있겠는가? 우산의 나무들은 밤낮으로 자라고, 비와 이슬을 맞으며 싹과 움이 돋아났다. 하지만 사람들은 산에 소와 양을 풀어 놓고 길렀다. 이 때문에 저 우산에는 나무가 사라지고 민둥민둥 모양의 산이 되고 말았다. 그런데도 사람들이 그 민둥민둥한 산의 모습을 보고, 이 우산에는 일찍이 재목으로 쓸 만한 나무가 있지 않았다고 생각하니, 이것이 어찌 우산의 본성이겠는가? 사람의 경우도 마찬가지다. 사람들에게 보존된 것일지라도 어찌 인의의 마음이 없겠는가? 사람이 그의 양심을 놓아버리는 일은 도끼와 자귀로 우산의 나무를 아침마다 베는 것과 같으니, 어찌 양심 없는 사람을 아름답다고 할 수 있겠는가? 사람도 저 우산의 나무와 같이 밤낮으로 자라고 청명한 새벽의 기운에 맑고 깨끗한 기분이 있을 텐데, 사람이 좋아하고 미워하는 수준이 짐승에 가까워져 사람 같은 것은 드물게 되었다. 그 이유는 아침과 낮에 있어야 할 청명한 기운을 얽어매어 없애 버렸기 때문이다. 이렇게 얽어매어 엎치락뒤치락한다면 그 사람의 기운을 채워줄 야기를 보존할 수 없다. 야기를 보존할 수 없다면 사람의 삶이 짐승과 다를 바 없다. 세상 사람들이 짐승 같은 사람을 보고 일찍이 짐승과 같은 행실을 하는 사람에게 본디부터 선을 행할 수 있는 자질이 있지 않다고 생각하니, 이것이 어찌 사람의 정이겠는가? 그러므로 적어도 사물의 본성을 기르게 되면 사물은 자라지 아니함이 없고, 기르지 못하게 되면 사물은 사라지게 된다. 이런 것을 두고 공자가 말하였다. 잡으면 보존되고 버리면 없어져서 나가고 들어옴에 때가 없으니, 그 있는 곳을 알지 못하는 것은 오직 사람의 마음을 두고 말하는 것이리라!"[3]

3 『孟子』「告子」上: 牛山之木嘗美矣. 以其郊於大國也, 斧斤伐之, 可以爲美乎. 是其日夜之所息, 雨雲之所潤, 非無萌蘖之生焉, 牛羊又從而牧之, 是以若彼濯濯也. 人見其濯濯也, 以爲未嘗有材

이렇게 긴 우산의 비유를 왜 인용하는가? 다름 아닌 인간의 창조성(創造性) 때문이다. 우산의 나무는 사람들이 벌목하거나 소나 양을 방목하여 그것을 먹어 치우기 전에는 아름다운 재목으로 잘 자라고 있었다. 마찬가지로 인간의 마음이나 본성도 원래 인의(仁義)라는 양심(良心)이 보존되어 있었다. 양심은 사람에게 있는 고유한 것으로, 사람이 이 세상에 대해 자연스럽게 알 수 있고, 자연스럽게 그것을 활용하거나 응용할 수 있는 능력이다. 이 활용하고 응용할 수 있는 능력이 나중에 논의할 창조성과 직결된다.

마음의 본체는 세상을 알고 그것을 응용하기 전, 즉 창조성을 발동하거나 발산하기 이전에는 기본적으로 가만히 있는 존재이다. 어떤 것도 할 수 없고 움직이지도 않는 것이었다. 대신, 그것은 착한 일을 펼칠 수 있는 가능성으로 존재한다. 그러나 착하지 않은 데로 흘러 들어갈 소지도 있었다. 마음이 움직여 착하지 않은 데로 흘러간 것은 마음의 본래 모습은 아니지만, 그것을 마음이 아니라고 할 수는 없다. 여기에서 마음에 두 가지 차원이 있음을 알 수 있다. 하나는 선천적으로 타고난 본래심(本來心)이고, 다른 하나는 후천적으로 형성된 유동심(流動心)이다. 본래심은 우산에 있던 본래의 나무나 인의를 갖춘 인간의 양심에 해당하고, 유동심은 벌목이나 소와 양의 방목으로 훼손당한 벌거숭이 산과 헐벗은 나무, 그리고 짐승 수준으로 떨어진 인간의 본성이다. 창조성은 이 본래심과 유동심을 통합하여 인간의 본질이자 핵심적인 특성으로 부각된다.

2 창조의 발단; 마음 공부법

문제는 이런 마음이 알 듯 모를 듯, 잡힐 듯 잡히지 않는 듯, 사람에게 신비한 양상으로 존재한다는 점이다. 조선 유교의 우상이라고 할 수 있는 주자도 그 형용하기 어려운 마음에 대해 이렇게 언급하였다. "허령불매(虛靈不昧)"하다. 이

焉, 此豈山之性也哉. 雖存乎人者, 豈無仁義之心哉. 其所以放其良心者, 亦猶斧斤之於木也, 旦旦而伐之, 可以爲美乎. 其日夜之所息, 平旦之氣, 其好惡與人相近也者幾希. 則其旦晝之所爲, 有梏亡之矣. 梏之反覆, 則其夜氣不足以存. 夜氣不足以存, 則其違禽獸不遠矣. 人見其禽獸也, 而以爲未嘗有才焉者, 是豈人之情也哉. 故苟得其養, 無物不長, 苟失其養, 無物不消. 孔子曰, 操則存, 舍則亡. 出入無時, 莫知其鄕. 惟心之謂與.

말은 좀 쉽게 풀이하면, '텅 비어 있으면서도 신령스럽고 어둡지 않다!' 정도로 표현되는 언표이다. '비어 있다! 신령스럽다! 어둡지 않다!' 이 세 마디 말에 담겨있는 뉘앙스가 참으로 묘하다. 마음이란 무엇일까? 분명히 내 심장이 끓고 있듯이, 내 가슴 깊숙이 담겨있는 저 마음인데, 쉽게 잡히지 않는다. 유교에서 마음의 문제는 흔히 '16자 심법(心法)'에서 그 근원을 찾는다.

16자 심법은 인간의 삶과 공부의 양식을 열여섯 글자에 농축해 놓은 유교 공부의 대선언에 해당한다. 그것은 다음과 같다. "인심유위(人心惟危), 도심유미(道心惟微), 유정유일(惟精惟一), 윤집궐중(允執闕中)!" 간략하게 해석하면, '일상에서 사람의 마음은 위태롭기만 하고, 올바른 길을 지키려는 도덕적 마음은 지극히 은미하다. 그러니 자세히 살피고 한결같이 하여 진실로 그 마음을 잡으라!'는 정도의 의미이다.

이 말은 『서경』「우서」<대우모>에 나오는 것으로, 순임금이 우임금에게 임금 자리를 선양하면서 해준 말이다. 여기에서 순임금은 마음을 중심에 두고, 우임금에게 최고 지도자로서의 자세를 간곡히 당부한다. 사람의 마음, 즉 인심은 올바른 길을 가려고 해도 이기적이기 쉬워서 자칫하면 그 길에 어긋나게 되어 위태롭다. 이것이 '인심유위'이다. 올바른 길을 가려는 마음, 즉 도심은 사람의 마음이 약하기 때문에 희미해지기 쉬워서 쉽게 그 길을 이루기 어렵다. 이것이 '도심유미'이다. 사람의 마음은 약한 것이기에 정신을 모으고 통일해야만 올바른 길을 따를 수 있다는 말이 '유정유일'이고, 진정으로 마음을 바로 잡으라는 말이 '윤집궐중'이다.

『서경』 언해본의 풀이를 빌리면, 16자 심법은 다음과 같이 이해된다. 사람은 모든 일을 마음으로 응한다. 그런데 겉으로 보이는 형상과 기운에 따라 제멋대로 펼치는 마음은 개인적인 이익에 매몰되기 쉽다. 때문에 인심은 위태롭다. 사람으로서 지켜야 할 도리인 의리에 따라 펼친 마음은 쉽게 밝히기가 어렵다. 때문에 도심은 숨겨져 있다. 혹은 작다고 한다. 그러므로 자세하고 면밀하게 하여 이것저것 잡되게 하지 말고 한결같이 하여 변하지 않아야 한다. 그렇게 하여 모든 일에서 도심이 중심이 되어 일을 주재하고, 인심은 도심을 따라가게 해야 한다. 그리하여 위기에 처한 사람은 편안하게 되고, 무언가 적게 가진 사람이 있으면 지나치지도 않고 모자라지도 않게 중도를 잡을 수 있다. 그런 마음을 지닌 지도자라야 이 세상을 다스릴 수 있다.

이런 점에 비추어 보면, 16자 심법에서 순임금이 우임금에게 당부한 마음은 지도자의 마음 자세요, 리더십(leadership)의 기초이다. 쉽게 말하면, 최고 지도자가 마음을 다스리는 법이고, 마음가짐이며, 일상에서 흐트러지기 쉬운 마음을 올바르게 다잡는 작업이다. 그러기에 『논어』에서 공자는 '윤집궐중'을 말하였고, 순자는 『순자』「해폐」에서 '인심지위(人心之危), 도심지미(道心之微)'를 심각하게 언급하였다.

이런 마음의 문제는 맹자에서 더욱 중시되어, 학문의 핵심 내용으로 확대 재생산된다. 맹자는 학문을 다른 것에 비유하지 않고, 해이해지거나 놓친 마음, 즉 긴장의 끈을 놓고 있는 마음인 방심(放心)을 구하는 데 두었다. 그것이 다름 아닌 '마음을 다잡는 일'인 구방심(求放心)이다. 구방심은 달리 말하면, 조심(操心)하는 자세와 태도의 함양이요, 실천이다. 동서고금을 막론하고 인간의 마음을 어떻게 성찰할 것인지, 그에 터하여 삶을 가꾸어가는 양식을 고려하는 작업은 공부의 여하에 달려 있다.

3 창조적 덕성: 마음과 본성의 특성

맹자에 의하면, 인간의 모든 행위는, 인의예지(仁義禮智)라는 도덕적 본성이나 순진무구한 마음이 아니면 이목구비(耳目口鼻)라는 감각적 본성이나 세속적 마음, 이 둘 중의 어느 하나가 원인이 되어 일어나는 결과이다. 이런 차원에서 인간의 마음은 늘 전제조건과 후속적 조치 사이에서 혼돈을 겪는다. 두 차원의 마음을 사이에 두고, 맹자는 선택한다. 인의예지의 도덕적 본성과 이목구비의 자연적 본성 가운데, 도덕적 인격의 길을 걷는 사람들은 자연적 본성을 진정한 본성으로 보지 말자! 대신 도덕적 본성에만 의거하여 삶을 이행하자! 그것은 궁극적으로 '차마하지 못하는 마음'인 불인인지심(不忍人之心)을 인간 존재의 양보할 수 없는 요건으로 설정하는 작업에서 시작된다.

맹자는 말한다. "사람은 누구나 차마하지 못하는 마음이 있다. 옛날 훌륭한 임금은 사람에게 차마하지 못하는 마음이 있었고, 그로 인해 사람에게 차마하지 못하는 정치를 행하였다. 사람에게 차마하지 못하는 마음으로 사람에게 차마하지 못하는 정치를 행하면 세상을 다스리는 일은 손바닥 위에 물건을 굴리는 것처럼 쉽다. 사람은 누구나 차마하지 못하는 마음이 있다고 하는 이유는 다른 데 있는 것이 아니다. 지금 갑자기 한 어린 아이가 우물에 빠지려는 모습을 발견했다고 하자. 사람이라면 누구나 놀랍고 두려워하며 근심하고 슬퍼하는 마음이 들어 자기도 모르게 달려가 아이를 구할 것이다. 이는 어린 아이의 부모와 사귀기 위해 그런 것도 아니고, 마을 사람이나 친구들에게 아이를 구했다는 칭찬을 듣기 위해서도 아니며, 아이를 구하지 않고 그대로 내버려 두었다는 원망의 소리를 듣기 싫어서 그런 것도 아니다. 이런 차원에서 본다면, 가슴 쓰라리게 아파하는 마음이 없으면 사람이 아니고, 자신이 착하지 않음을 부끄러워하고 남이 착하지 않음을 미워하는 마음이 없으면 사람이 아니며, 남에게 사양하는 마음이 없으면 사람이 아니고, 옳음을 옳게 여기고 그름을 그르게 여기는 마음이 없으면 사람이 아니다."4

'차마하지 못하는 마음'은 남의 고통과 불행을 그대로 봐 넘기지 못하는, 포용력 있는, 어진 마음이다. 맹자는 그것을 모든 사람들이 본래부터 갖추고 있는 것이라고 강조한다. 우물에 아이가 빠지려고 할 때 인간은 일반적으로 어떤 욕망이나 사심도 없이 저절로 아이를 구하려는 감정이 발출한다. 그런 감정의 사이에 부모와의 친교나 주변 사람들의 칭찬, 또는 용기 없는 행동에 대한 원망과 같은 것은 개입되지 않는다. 순순한 마음의 발출 그대로이다. 이런 점에서, 사람이라면 누구나 보편적으로 측은(惻隱), 수오(羞惡), 사양(辭讓), 시비(是非)로 대표되는 선한 마음을 지니고 있다.

문제는 선한 마음, 인간의 도덕적 가치지향성이 내재되어 있음을 논리적·경

---

4 『孟子』「公孫丑」上: 人皆有不忍人之心, 先王有不忍人之心, 斯有不忍人之政矣. 以不忍人之心, 行不忍人之政, 治天下可運於掌上. 所以謂人皆有不忍人之心者, 今人乍見孺子將入於井, 皆有怵惕惻隱之心, 非所以內交於孺子之父母也, 非所以要譽於鄉黨朋友也, 非惡其聲而然也. 由是觀之, 無惻隱之心, 非人也, 無羞惡之心, 非人也, 無辭讓之心, 非人也, 無是非之心, 非仁也.

험적으로 증명하기 힘들다는 데 있다. 이는 가치와 사실 사이의 간극이다. 이 둘 사이에는 논증의 층차도 다르고 사물을 바라보는 시선도 굴절된다. 선한 마음의 내재를 논의하는 작업은 사실이 아니라 가치의 문제에서 진행된다. 객관적 사물이나 행위의 영역에서 '그것은 무엇인가?'를 다루기보다 도덕적 영역에서 말해지는 사실을 다룬다. 불인인지심이나 본심, 성선에서 말하는 세계는 객관적 사실의 세계가 아니다. 이는 당위의 세계이다. 당위의 세계는 주체적 결단을 통해 실천으로 옮길 때, 다시 객관적 사실로 드러난다.

그러기에 맹자는 다음과 같이 마음의 문제를 고려한다. "모든 사람은 지니고 있다! 남의 불행을 가엾고 애처롭게 여기는 마음을. 모든 사람은 지니고 있다! 자기의 옳지 못함을 부끄러워하고 남의 옳지 못함을 미워하는 마음을. 모든 사람은 지니고 있다! 공손하고 자신을 깨닫는 마음을. 모든 사람은 지니고 있다! 옳고 그름을 판단할 줄 아는 마음을. 남의 불행을 가엾고 애처롭게 여기는 의미의 측은지심은 인이고, 자기의 옳지 못함을 부끄러워하고 남의 옳지 못함을 미워하는 의미의 수오지심은 의며, 공손하고 자신을 깨닫는 의미의 공경지심은 예이고, 옳고 그름을 판단할 줄 안다는 의미의 시비지심은 지다. 인의예지는 외부로부터 나를 구속하여 장식한 덕이 아니다. 내가 본디부터 지니고 있던 것이다. 사람들은 이것이 본디부터 있음을 생각하지 못하고 알지 못했다. 때문에 스스로 구하면 얻고 내버려두면 잃는다. 그 결과로 얻은 사람과 잃은 사람의 차이는 두 배 혹은 다섯 배까지 벌어지고, 결국에는 셀 수 없을 만큼의 차이가 나게 된다. 이는 본성으로 주어진 자신의 자질을 모두 발휘하지 못한 결과이다."[5]

사람의 마음에는 인의예지가 들어 있다. 그것은 어디까지나 인간에게 고유한 것이다. 인간에게 고유한 것으로서의 마음은 자신에게 가장 중요하다. 이는 외부로부터 주어진 것이 아니라, 자연의 질서를 통해 스스로 부여받은 것이다. 그러기에 가장 귀한 것으로 내면에 간직된다. 이렇게 내면에 간직된 인의예지(仁義禮智)의 마음이 바로 창조성(創造性)의 씨앗이자 뿌리이며 근거이다. 왜냐하면 이

---

5 『孟子』「告子」上: 惻隱之心, 人皆有之. 羞惡之心, 人皆有之. 恭敬之心, 人皆有之. 是非之心, 人皆有之. 惻隱之心, 仁也. 羞惡之心, 義也. 恭敬之心, 禮也. 是非之心, 智也. 仁·義·禮·智, 非由外鑠我也, 我固有之也, 弗思耳矣. 故曰求則得之, 舍則失之. 或相倍徙, 而無算者, 不能盡其才者也.

단서를 기초로 인간은 문화를 창출하며 삶을 가꾸어가기 때문이다.

4 창조적 덕성의 발현: 마음과 본성의 기능

그런데 눈여겨볼 대목이 있다. 그것은 본심(本心)과 사단(四端), 본성(本性)이라는 전제 조건과 그것을 잃은 후천적 결과 사이에 개입되는 생각과 구함이다. 본심의 존재를 생각하거나 알고 있는지의 여부에 따라 마음을 보존하느냐 상실하느냐의 사활이 걸린다. 구하느냐 내버려두느냐에 따라 사람이 지닌 마음의 자질을 발휘하는 상황이 달라진다. 이런 점에서 마음은 내면에 간직된 고유성과 외면으로 이끌릴 유동성 사이의 세계에서 서성인다. 하지만 맹자 이후 전통 유교는 본심의 고유성을 적극적으로 보존하고 그것을 확충할 것을 염원한다. 이는 특히, 측은지심과 수오지심, 사양지심, 시비지심의 네 가지 마음 가운데, 사양지심이 공경지심(恭敬之心)으로 전환된 상황을 통해 확인할 수 있다.

측은지심, 수오지심, 사양지심, 시비지심, 사단의 경우, 단(端)이라는 실마리를 부각시켜 말하였다. 사람들이 그것을 채우고 넓혀가는 과정에서는 실마리를 강조해서 말하지 않는다. 바로 그 마음에 드러나 쓰이고 사람의 몸에 행해지는 것이 중요하다. 사양지심은 예의 실마리였다. 하지만, 사양하는 마음은 밖으로 펼쳐지게 되어 있다. 그것이 공경(恭敬)이고, 공경은 안과 밖을 겸해서 실천되며 마음 속 깊이 인정되는 세계이다. 이런 자세는 자기 존중감을 향한 열망으로 표출된다. "귀하게 되고 싶은 것은 모든 사람에게 공통된 마음이다. 그런데 사람마다 자신에게 가장 귀한 내심(內心)의 덕성이 있는 것을 생각하지 못할 뿐이다."[6]

마음의 존재 양식이 어떠한지를 인식하는 문제의 하이라이트는 인간의 자기 파악에 있다. 세상 사람들은 보통 스스로에게 부여된 자연적 본성이나 마음을 외면하고, 외부로부터 부여되는 공(公)·경(卿)·대부(大夫)와 같은 높은 벼슬자리를 귀한 것으로 생각한다. 그러다 보니, 자신에게 자연적으로, 근원적으로 존재하는

---

[6] 『孟子』「告子」上: 欲貴者, 人之同心也. 人人有貴於己者, 弗思耳矣.

귀한 것이 무엇인지 알지 못한다. 하늘이 자연적으로 인간에게 부여한 인의(仁義)와 충신(忠信)의 마음으로 선을 즐기는 일은 인간의 행복이다. 그런데 인간은 공·경·대부와 같은 인위적으로 얻은 벼슬을 통해 자신의 부귀를 즐기려고 한다. 인위적으로 얻은 벼슬로 외부의 사물에 이끌리는 경우, 권세나 재력으로만 충만한, 욕망으로 가득 찬 비양심의 인간으로 전락하기 쉽다. 유교는 이를 경계한다.

다시 정돈하면, 마음은 자신의 내부로부터 추구하는 것이고 외부로부터 가져올 필요가 없는 것이었다. 그것은 삶의 전체적 조망을 자신으로부터 시작하고 자신에게서 우선적으로 구하라는 메시지이다. 그 현실적 모습은 다음과 같은 사례를 통해 확인된다. "풍년에는 젊은이들이 의식에 부족함이 없기 때문에 대체로 착하다. 반면에 흉년에는 젊은이들이 포악하게 된다. 하늘이 내려준 자질은 풍년과 흉년에 따라 이와 같이 다르지는 않다. 그것은 그들의 마음이 흉년에 겪는 물자의 부족을 채우려는 욕망에 빠지기 때문에 그러하다. 그러기에 모든 사람은 입으로 맛을 가릴 때 그 기호가 같고, 귀로 소리를 들을 때 그 듣는 소리가 같으며, 눈으로 색을 볼 때 그 아름다운 색을 같게 본다. 이런 차원에서 오직 마음에 이르러 똑같은 것이 없겠는가? 마음에서 똑같은 것은 무엇이겠는가? 그것은 다름 아닌 천리이고 의리이다. 성인은 우리들 마음에 한결같이 존재하던 천리와 의리를 깨달았을 사람이다. 때문에 우리가 마음으로 천리와 의리를 좋아하는 것은 입으로 고기요리를 좋아하는 것과 같다."[7]

마음은 인간의 행위를 어떻게 할 것인지에 대한 기준 역할을 한다. 그러기에 모든 사람에게 사람의 길인 의리의 형식으로 동일하게 부여된다. 의리로서의 마음은 늘 일정하게 자신의 자리를 지키고 있을 뿐이다. 그것은 풍년이건 흉년이건

---

7 『孟子』「告子」上: 富歲, 子弟多賴, 凶歲, 子弟多暴. 非天之降才爾殊也, 其所以陷溺其心者然也. 今夫麰麥, 播種而耰之, 其地同, 樹之時又同, 浡然而生, 至於日至之時, 皆熟矣. 雖有不同, 則地有肥磽, 雨露之養·人事之不齊也. 故凡同類者舉相似也, 何獨至於人而疑之. 聖人與我同類者. 故龍子曰, 不知足而爲屨, 我知其不爲蕢也. 屨之相似, 天下之足同也. 口之於味有同嗜也, 易牙先得我口之所嗜者也. 如使口之於味也, 其性與人殊, 若犬·馬之於我不同類也, 則天下何耆皆從易牙之於味也. 至於味, 天下期於易牙, 是天下之口相似也. 惟耳亦然. 至於聲, 天下期於師曠, 是天下之耳相似也. 惟目亦然. 至於子都, 天下莫不知其姣也. 不知子都之姣者, 無目者也. 故曰, 口之於味也, 有同嗜焉, 耳之於聲也, 有同聽焉, 目之於色也, 有同美焉. 至於心, 獨無所同然乎. 心之所同然者何也. 謂理也, 義也. 聖人先得我心之所同然耳. 故理·義之悅我心, 猶芻豢之悅我口.

외부적 요건에 구애받지 않는다. 풍년이 들면 젊은이들이 착한 행동을 하게 되고, 흉년이 들면 포악해지는 것은 환경의 지배를 받은 것이다. 결코 본성이나 마음이 달라진 것은 아니다. 사람의 마음은 이미 의리가 존재하고, 그것을 즐기는 것은 마치 고기가 맛이 있기에 입을 즐겁게 하는 것과 같다. 이는 이목구비가 모든 사람에게 동일하다는 감각적 차원을 사례로 들어 인간의 마음, 혹은 인성이 동일함을 강조한다.

본래부터 착하게 갖추어져 있는 본성, 그 근원인 마음을 따르면, 인간은 누구나 바른 사람이 될 수 있다. 이는 마음의 능력과 직결된다. 그것은 앞에서도 잠깐 말했듯이 '생각하는 일'이다. 이 생각하는 일, 사고는 창조성의 근원을 형성하고, 사람으로서 대인(大人), 큰 사람을 추구한다. 이 큰 사람은 사람 됨됨이가 사람답고, 인간의 완성을 염원하는 창조성을 구현한 존재이다. 아래 대화를 보면서 그 가능성을 성찰해 보자.

"공도자: 다 같은 것이 사람인데, 어떤 사람은 대인(大人)이 되고, 어떤 사람은 소인(小人)이 되는 것은 어째서 입니까?

맹자: 대체(大體)인 사람의 마음을 따르면 대인이 되고, 그 소체인(小體)인 입에 맞는 음식이나 눈이나 귀에 듣기 좋은 것을 따르면 소인이 된다.

공도자: 다 같은 것이 사람인데, 어떤 이는 대체를 따르고 어떤 이는 소체를 따르는 것은 어째서 입니까?

맹자: 귀나 눈 같은 감각 기관은 생각하지 않고도 외부의 사물에 가려진다. 외부의 사물이 눈과 귀와 같은 감각 기관에 섞인다면 이를 끌어당길 뿐이다. 하지만 마음이라는 기관은 생각한다. 때문에 생각을 하면 사물의 도리를 깨닫게 되고, 생각하지 않으면 사물의 도리를 깨닫지 못한다. 이것이 자연이 우리에게 준 것이다. 먼저 큰 것을 세운다면 작은 것은 빼앗을 필요가 없다. 이런 사람이 바로 대인이다."[8]

---

[8] 『孟子』「告子」上: 公都子問曰, 鈞是人也, 或爲大人, 或爲小人, 何也. 孟子曰, 從其大體爲大人, 從其小體爲小人. 曰, 鈞是人也, 或從其大體, 或從其小體, 何也. 曰, 耳目之官不思, 而蔽於物, 物交物, 則引之而已矣. 心之官則思, 思則得之, 不思則不得也. 此天之所與我者, 先立乎其大者,

맹자는 마음을 대체로 삼고 이목과 같은 감각적인 부분을 소체로 보았다. 이는 본심이나 양심을 음식과 같은 사사로운 이익과 대비하여 대체와 소체로 분별해 본 것이다. 본심과 양심은 선을 향한 가능성이고, 식욕과 개인적 이익 추구는 그 정도를 벗어나면 악으로 나아갈 가능성이 있다. 이목의 경우, 외물과 접촉하게 되면 유혹을 받기 쉽다. 그런데 마음은 생각할 수 있는 기능을 핵심으로 부여받았다. 마음은 사유하는 기관이고 사유는 마음이 활동한 결과이다. 이는 마음의 기능과 역할이 생각에 있다는 말이다. 때문에 마음을 간직한 사람은 누구나 생각할 수 있고 생각하는 것을 자신의 본분으로 삼는다.

사물이 다가올 때 마음이 자신의 본분을 얻으면 그 이치를 깨달을 수 있다. 이런 기능 때문에 사물은 본심을 가리지 못한다. 문제는 그 본분을 잃었을 경우이다. 이때 마음은 이치를 깨닫지 못하고 외물에 가리게 된다. 눈과 귀, 마음, 이 세 가지는 모두 자연이 우리에게 준 선물이다. 이 중에서 가장 큰 것은 마음이다.

5 창조성의 기초로서 사고 능력

마음을 세우기만 한다면, 마음의 생각할 수 있는 능력으로 인해, 어떤 일이건 생각하지 않음이 없다. 사유 능력으로서 마음의 기능, 대체의 역할은 소체를 억제하는 작용을 하여 이목의 욕망을 극복한다. 그런 인간이 바로 대인이다. 반대로 이목의 욕망에 마음이 빼앗기는 경우 소인으로 전락한다. 그러므로 대인은 늘 어린 아이와 같은 마음, 이른 바 적자심(赤子心)을 지닌다. "대인은 어린 아이와 같이 순진무구하고 천진난만한 마음을 잃지 않는 사람이다."

이런 마음은 범준(范浚)의 「심잠(心箴)」에서 다음과 같이 표현된다. "아득하고 아득한 우주여 굽어보고 / 우러러봄에 끝이 없네 / 사람들은 그 사이에 / 작은 듯 몸이 있고 / 이 몸의 작음은 / 큰 창고 돌피의 씨알 / 천지인의 삼재에 함께 참여하여 / 오직 마음이 되었다네 / 지나간 옛날과 닥쳐오는 지금 / 누구에겐

則其小者不能奪也, 此爲大人而已矣.

들 이 마음 없으리 / 마음이 형체에게 부려져 / 길짐승 날짐승처럼 되었네 / 먹고 듣고 보는 것 / 손과 발이 움직이고 가만히 있을 적에 / 무르고 틈에 다다라 / 그 마음에 병이 되네 / 한 마음이 작다고 / 여러 욕심들이 공격하니 / 더불어 남아 있는 것이 / 아주 드물도다 / 군자는 참을 보존하여 / 생각하고 깨달을 수 있으니 / 하늘 내린 본심이 태연하여 / 모든 사물이 명령을 따르네"9

물욕에 이끌리지 않는 마음의 본질은 '참'과 '생각'과 '깨달음'으로 표현된다. 일관되게 참을 말할 때, 모든 거짓은 사라진다. 일관되게 깨달음에 이를 때, 천만 가지의 나쁜 것을 대적할 수 있다. 그러기에 먼저 마음을 세우는 작업이 인간의 삶에서 가장 중요한 일이다.

마음, 있는 그대로의 특성을 생각하고 그것의 보존과 확충을 통해 최고 경지의 인간인 대인을 꿈꿔 보시라! 그러면 문제가 보이리라. 어떻게 마음을 수양하고, 보존하며 현실적으로 운용할 것인가? 마음은 두 가지 방향에서 공부를 고민한다. 하나는 내면적 교화로서 마음의 보존 및 함양이라는 차원이고 다른 하나는 외면적 정치로서 인정 및 왕도의 차원이다. 내면적 교화는 교육적 작업에서, 외면적 정치는 왕도 정치의 실현에서 완성된다. 이 내면과 외면의 수양과 운용은 창조성(創造性)이라는 인간 특성을 발견하고 그 발현을 꿈꿀 때 가능한 것이었다.

9 『孟子集註』「告子」上: 范浚心箴曰, 茫茫堪輿, 俯仰無垠. 人於其間, 眇然有身, 是身之微, 太倉稊米, 參爲三才, 曰惟心爾. 往古來今, 孰無此心, 心爲形役, 乃獸乃禽. 惟口耳目, 手足動靜, 投間抵隙, 爲厥心病. 一心之微, 衆欲攻之, 其與存者, 嗚呼幾希. 君子存誠, 克念克敬, 天君泰然, 百體從令.

PART 1

창의성과 창조성

CHAPTER 1

창의성은 **창조성**과 다른 개념인가?

1 창의성의 개념

인간이 모든 존재 가운데 최고로 인정받을 수 있었던 것은 '창조적 능력'을 지니고 있기 때문이다. 인간의 문화는 창조적 활동이 지속되어 나온 결과이다. 오늘 우리가 향유하는 모든 문명의 이기가 창조적 활동의 소산이다. 과학과 기술에서부터 예술과 종교에 이르기까지 인간 생활을 편리하고 풍요롭게 만든 모든 것은 창조적 작업을 통해 만들어진 것이다. 따라서 창조성이라는 말은 갑자기 생겨난 개념이 아니라 인류의 탄생과 생존을 통해 현재까지 이어졌다고 보아야 한다. 최근 들어 인간의 창의적 사고력에 대한 관심이 강조되고 있다. 그 이유는 급변하는 시대에 효과적이고 능동적으로 대처할 수 있는 능력이 '창의성'이라는 이름으로 교육적으로 요청되기 때문이다.[10]

주지하다시피 창의성에 대한 연구는 길포드(Guilford)가 창의성의 중요성을

---

10 김영채, 『창의적 문제해결: 창의력의 이론, 개발과 수업』(서울: 교육과학사, 1999).

강조한 이후, 심리학과 교육학 분야에서 활발하게 이루어져 왔다. 창의성에 관한 연구의 진척만큼이나 창의성의 개념도 다양하게 정의되고 있다. 창의성은 창의력, 독창력, 독창성, 문제해결력, 창의적 사고력과 같은 용어, 그리고 창조성과 혼용되기도 한다.

창의성은 발견이나 발명과 같이 결과의 측면에서 정의되기도 하고, 과정의 측면, 개인의 특성, 조건의 측면에서 정의되기도 한다. 창의성은 좁은 의미로는 발산적 사고 또는 확산적 사고를 말하며, 넓은 의미로는 새롭고 유용한 어떤 것을 생산해내는 행동이나 정신과정을 뜻하기도 한다. 새롭다는 말은 통상적인 것이 아니라 기발하거나 신기하며 독창적인 사안을 말하며, 유용하다는 말은 어떤 일에 적절하고 가치가 높으며, 어떤 문제에 대해 적절하게 대답하는 것이다. 이는 일상생활의 문제일 수도 있고, 학술적인 차원일 수도 있다. 일상적인 경우, 해결책이나 계획 등을 창의적으로 만들어내는 일이고, 학술적인 차원은 새로운 사실을 발견하고 그 실험 방법이나 설계를 새롭게 하거나 새로운 개념이나 이론, 모형을 개발하는 연구이다.

길포드는 창의성을 다음과 같이 정돈하였다.[11] "창의성은 사회와 문화에 가치를 부여할 수 있는 물건을 만들어 내거나 문제를 해결하기 위해 적절한 아이디어를 창출해 내는 일뿐만 아니라, 문제를 해결하기 위해 적절한 아이디어를 생산해 내는 능력이나 그것을 기초화하는 인격적 특성이다!" 이런 입장에 의하면, 창의적 인재는 고정된 관점이나 시각, 사고방식의 틀을 깨고 변화시켜 다양하고 광범위한 아이디어나 해결책을 산출한다. 특정 개념이나 현상, 상황에 대해 민감하고, 탐구심을 통해 자발적으로 아이디어를 산출하려는 성향을 지닌다. 또한 새로운 경험이나 생각을 적극적으로 수용하고, 의문이 되는 대상을 끊임없이 탐구하는 과제 집착력을 보인다.

---

11 J. P. Guilford, *The nature of human intelligence*(New York: McGraw—Hill, 1967).

2 인지적 · 정의적 측면의 창의성

창의성을 개인의 특성으로 볼 경우, 개인의 인지적 능력이나 성격에 초점이 맞추어진다. 창의성을 연구한 여러 학자들의 의견을 보면, 창의성은 개인이 독특한 방법으로 아이디어를 결합하는 능력이나 아이디어를 특이한 방법으로 연계시키는 능력으로 정의한다. 이러한 창의적 역량은 특별한 영역의 관련 지식이나 창의적 사고 기술, 내재적 직무 동기를 통해 표출된다. 나아가 상상력과 가능성을 통해 아이디어, 사람, 환경과의 상호작용 속에서 새롭고 의미 있는 관계를 만들어 가는 과정으로 확장된다. 욕구 이론으로 잘 알려진 매슬로우는 자발성, 표현 능력, 지구력, 심리적 개방성 그리고 자신과 반대되는 성향까지도 통합하는 능력을 창의성으로 이해하였다. 그리하여 창의성을 자아실현 과정과 동일한 것으로 정의하였다.

이런 인식에 기반하여, 많은 연구자들은 창의성을 개인의 인지적 특성과 정의적 특성으로 구분하여 연구하였다. 구스타프슨은 창의력을 다양한 인지적 특성과 정의적 특성을 포함하는 다변인적 현상으로 보았고, 길포드는 창의적 성취와 관계있는 정신 능력으로 보았다. 그런 인식에 근거한 길포드의 지능구조 모델은 인간의 인지를 세 차원에 따라 조직하였다. 한 차원은 조작(operation)이고, 또 다른 한 차원은 내용(content)이며, 나머지 한 차원은 산출물(product)이다. 이를 다시 5개의 조작, 4개의 내용, 6개의 산출물로 나누고, 120개의 가능한 정신능력으로 구성된 모델을 설명하였다. 이 모델의 조작, 이른 바 사고 과정 가운데 하나가 바로 '확산적 사고'이다.

길포드는 확산적 생산성의 아이디어를, '유창성, 융통성, 독창성, 정교성' 등 네 가지 핵심 성분으로 요약하여 개념화하였다. 예를 들어, '우리가 잠을 잘 필요가 없다면 어떤 일들이 일어날까?'에 대해 3분 동안 생각을 써보도록 한 다음, 이를 네 가지 기준을 토대로 창의성 점수로 산출해보았다. 첫째, '유창성'은 당신의 모든 아이디어의 개수이다. 둘째, '융통성'은 얼마나 많은 다른 범주를 생각해내는가 혹은 얼마나 많은 유형의 다른 아이디어를 생각해내는가를 평가한다. 셋째, '독창성'은 가장 독특한 아이디어를 낼 수 있는 것을 말한다. 독창성을 측정하는 간단한 방법은 여러 사람들에게 같은 질문을 한 후 사람들의 답변 빈도를 보는 것이다. 만일 어떤 답변과 같은 반응을 한 사람이 드물거나 전혀 없다면, 그것은 더 독창적이다. 하지만 독창적인 답변과 그냥 단순하게 괴상한 답변을 어떻게 구별할 수 있을까? 창의성에 대한 광의의 정의에서 보면 한 아이디어의 유용성에 초점을 맞춤으로써 그 질문에 답할 수 있을 것이다. 끝으로 '정교성'이 있다. 유창성은 많은 수의 아이디어를 산출하는 능력, 융통성은 다른 유형의 아이디어를 산출하는 능력, 독창성은 가장 독특한 아이디어를 산출하는 능력이다. 정교성은 이런 아이디어를 계발하는 능력이다.

이처럼 인지 능력은 창의성을 예측할 수 있는 가장 잘 개념화된 영역이다. 인지 능력이 뛰어난 사람은 정보처리 능력도 뛰어나다. 또한 새로운 상황에 신속하게 적응하며 과거의 학습과 경험을 잘 적용시킨다고 한다. 그러나 창의성은 단순히 높은 지능만으로 이루어지지는 않는다. 어느 정도의 인지적 수준이 필요하겠지만, 인지 능력이 일정 수준 이상이면 창의성의 발현에서는 큰 차이는 나지 않는다는 것이 학자들의 견해이다.

또한 어떤 학자들은 창의성을 인지 능력과 같은 지능상의 특징이 아니라 성격적 특성이라고도 한다. 용기 있는 신념이나 호기심, 독립적 사고판단, 일에 대한 몰두, 낙관적이며 위험을 감수하는 특성 등과 같은 것도 창의성이라는 것이다. 나아가 목적 달성에 대한 의지, 자신감, 열등감으로부터의 자유, 정신적·사회적으로 적응하는 인내력, 긴장으로부터 자유로운 성격도 창의성에 포함된다. 때문에 창의적 인재는 기존의 관점이나 시각, 사고방식의 틀을 깨고 변화시켜 다양하고 광범위한 아이디어나 해결책을 산출하고, 특정 개념이나 현상, 상황에 대해 민감하며, 탐구심을 가지고 자발적으로 아이디어를 산출하려는 성향을 지닌다. 또한 새로운 경험이나 생각을 적극적으로 수용하는 태도나 의문이 나는 대상을 끊임없이 탐구하는 과제 집착력을 지니고 있다.

이처럼 창의성은 크게 인지적·정의적 측면으로 볼 수 있다. 이는 사고와 성격의 차원, 즉 창의성을 지적 능력과 성격 특성으로 이해한 것이다. 지적 능력 차원인 인지적 측면의 창의적 사고는 독창성, 융통성, 유창성, 정교성 등이 이에 해당하고, 성격 특성인 정의적 측면의 창의적 성격은 민감성, 자발성, 개방성, 탐구심, 집요성 등이 이에 해당한다. 지적 능력으로서 창의성은 전통적 의미의 재능과는 그 요인이 다른데, 특히 발산적 사고와 관련된 능력이다. 성격 특성으로 보는 창의성은 활동이 사고의 과정과 결과로 이루어지기 때문에 창의적 태도와 욕구가 작용한다는 인식이다.

표 1 창의성의 요소

인지적 측면 : 창의적 사고	
요인	내용
독창성 (Originality)	· 유연한 사고에서 진전하여 자기만의 독특한 아이디어를 산출하는 능력
융통성 (Flexibility)	· 고정적인 관점, 시각, 사고방식의 틀을 깨고 변화시켜 다양하고 광범위한 아이디어나 해결책을 산출하는 능력 · 문제를 해결하거나 아이디어를 내는데 한 가지 방법에 집착하지 않고 여러 가지 방법으로 접근하여 반응하려고 하는 능력
유창성 (Fluency)	· 특정한 상황에서 다양한 아이디어나 해결책을 산출해내는 아이디어의 풍부함과 관련된 양적인 능력 · 문제에 직면하였을 때 문제에 대한 다양한 해결책 또는 다양한 아이디어를 산출해내는 능력
정교성 (Elaboration)	· 처음 제안한 아이디어를 다듬어 발전시켜 표현하는 능력 · 주어진 문제를 세부적으로 검토하거나 문제에 포함된 의미를 명확하게 파악하고 문제에 결여된 부분을 찾아 보완하고 정교하게 다듬는 사고 능력
정의적 측면 : 창의적 성격	
요인	내용
민감성 (Sensitivity)	· 주변 환경에 대해 민감한 관심을 보이고 이를 통해 새로운 탐색 영역을 넓히려는 특성 · 이와 관련된 학습경험으로는 일반적인 현상에 대해서 다시 생각해보기, 주변의 사물에 대한 관찰 결과를 서로 이야기해보기, 이상한 것을 친밀한 것으로 생각해보기 등이 있음
자발성 (Spontaneity)	· 문제 상황에서 아이디어를 자발적으로 산출하려는 성향이나 태도 · 주위의 문제를 자신의 문제로 인지하고 칭찬이나 상 같은 외적 보상 없이도 스스로 문제를 해결하려는 성향 · 유사개념: 자율성

개방성 (Patency)	· 새로운 경험이나 생각을 적극적으로 수용하는 태도 · 이 세상은 변화하고 있으며 나 자신이 변화의 주체가 되어야 한다 는 자발적인 태도로, 창의적인 사고력의 원동이라 할 수 있는 상 상력을 촉진함
탐구심 (Inquiry)	· 생동감 있게 주변의 사물에 대해 의문을 갖고 끊임없이 탐구하려 는 호기심 · 진리, 학문, 어떤 현상이나 상황을 깊이 파고들어 연구하려는 마음
집요성 (Persistency)	· 의문이 나는 대상을 끊임없이 탐구하려는 태도 · 어떤 일이든 인내심을 가지고 끝까지 포기하지 않고 일을 성취하 려는 태도 및 성향 · 유사개념: 과제집착력, 몰입, 몰두, 인내심

3 창의성의 수준과 과정

인지적·정의적 차원에서 정돈한 창의성은 인위적이고 기계적인 색채가 짙다. 이런 창의성의 인식에 대한 한계를 극복하기 위해 타일러는 창의성에 대한 다양한 수준을 제안하였다. 그것은 창의성을 '표현(表現), 생산(生産), 발명(發明), 혁신(革新), 신생(新生)'의 다섯 차원에서 구명한 것이다. '표현적 창의성'은 어린이들이 그린 꾸밈없는 그림처럼 기술, 독창성, 산물의 질이 중요하지 않은 독자적인 표현을 말한다. '생산적 창의성'은 방만함을 제한하고 통제하며 완성품 생산 기술을 발전시키려는 경향이 들어 있는 예술적 또는 과학적 산물들이다. '발명적 창의성'은 발명가, 탐험가, 발견자들이 재료, 방법, 기법 면에서 발명의 재능을 드러낸 것이다. '혁신적 창의성'은 개념화 기술을 포함하여 수정을 통한 개선을 말한다. '신생적 창의성'은 그 주변에 새로운 학파를 생기게 하는 전혀 새로운 원칙 또는 가정이다.

일반적으로 생각하는 창의성의 수준은 혁신적 창의성이나 신생적 창의성과 같은, 실제로는 매우 드물게 나타나는 차원을 의미할 때가 많다. 그러나 창의성은 그런 것만을 의미하지 않는다. 그렇다면 창의성 교육이 어떻게 가능하겠는가!

교육의 차원에서는 창의성을 상당히 다른 차원에서 이해해야 한다. 즉, 표현적 창의성에서 생산과 발명적 창의성으로 보다 세련화 과정을 거치면서 발전시켜나가는 능력과 인간이 하려고 하는 의지와 성격 특성을 지닌 학생들을 '창의적' 존재로 이해해야 한다. 그것은 인간이 창조적 능력을 지니고 있다는 차원에서 정당한 인간 이해이다.

창의성 연구에서 권위를 지니고 있는 스텐버그(Sternberg)의 경우, 창의성을 기존 패러다임을 인정하는 경우와 그것을 거부하거나 대체하는 경우로 구분한다.[12] 그리고 그 변화 정도에 따라 창의성을 범주화하였다. 기존 패러다임을 인정한 경우는 과거 작업을 재생산하고 현상을 유지하는 수준의 '반복(反復)', 다른 관점을 발견하는 '재정의(再定義)', 이미 존재하는 것에 작은 변화를 만들어내는 '전진증강(前進增强)', 그리고 시대를 앞선 큰 변화의 창의성을 '선(先)－전진증강' 이라고 하였다. 그리고 기존 패러다임을 거부하거나 대체하는 방향으로는 기존 영역을 새로운 방향으로 추진하는 '방향수정(方向修整)', 기존 분야가 위치했던 곳으로 이동하여 다른 방향으로 추진하는 '재건축(再建築)', 가장 급진적인 창의적 공헌으로서 전혀 새로운 출발점으로부터의 전진을 보여주는 '재창시(再創始)', 다양한 영역을 합하여 새로운 아이디어를 창조해내는 '통합(統合)'이 있다. 이러한 8개 범주에서 '반복'이나 '방향수정'이 간단한 수준의 창의적 과정 및 산출물이라면, '선－전진증강'이나 '재창시'는 매우 넓은 차원으로 일반적 수준을 뛰어넘는 창의성의 발휘로 이해해도 무방하다.

한편, 창의성을 결과가 아닌 과정으로 보기도 한다. 창의성은 새로운 결과를 야기하는 행동의 출현인데 이는 개인의 독특성(uniqueness)과 그 개인을 둘러싼 사건, 사람, 자료, 개인의 생활상에서 발생하는 특별한 사정 가운데 생성되는 과정이다. 그러나 창의성은 성격, 산물, 환경의 관점에서 정의되는 것이 아니라, 과정의 차원에서 정의된다.[13] 창의성을 성과물이 아닌 과정으로 보면, 교육을 통해 창의적 사고를 신장시키고 개발하기가 훨씬 쉬워진다. 왜냐하면 인간의 창의성

---

[12] J. Sternberg(Ed.), *The nature of creativity: Contemporary Psychological perspectives* (Cambridge: Cambridge University Press, 1997).

[13] E. P. Torrance, Guiding creative talent. Englewood Cliffs(N.J: Prentice－Hall, 1962).

과 관련된 능력은 보편적이고, 정도의 차이는 있지만 모든 사람은 창의적 능력을 지니고 있고, 그것은 훈련을 통해 향상될 수 있는 능력이기 때문이다. 여기에 창의성, 혹은 창의력 교육의 근거가 자리한다.

이러한 창의성은 특별한 것이 아니다. 인간의 일상생활에서 수시로 발생하는 현상이다. 어떤 경우에는 정신 건강을 유지하는 데 기여하는 개인적 능력이라는 측면에서 논의되기도 한다. 모호함을 잘 견디거나 끈기가 있거나 새로운 경험에 대해 개방적 특성을 띠거나 위험을 기꺼이 감수하며 자신에 대한 확신과 믿음을 갖는 일도 창의성에 속한다는 말이다. 이런 경우 창의성은 개인의 특성으로 모든 인간에게 발견되는 잠재력이자 문제를 감지하고 해결하기 위한 아이디어를 창출하고 실행에 옮겨 새롭고 더 나은 방법을 찾아내는 능력이라고 볼 수 있다. 창의성은 평범한 것 이상의 놀랄만한 새로운 발명이나 생산적 사고와 착상 및 독창적 사고 등을 포함하는 고차원적 사고 능력만을 의미하는 것이 아니다. 일상생활에서 당면하는 여러 사태나 문제를 새롭고 특유한 방식으로 해결해 나가는 자기를 표현하는 과정이다.

또한 상당수의 정신치료 학자들은 사람들에게 보다 많은 창의성을 갖도록 도와줄 경우, 그들이 살아가면서 받는 스트레스에 더욱 효과적으로 대처할 수 있다고 주장하였다. 이러한 입장에서 보면, 창의성은 발휘되는 능력의 측면뿐만 아니라 빠르게 변화하는 세상에 적응하고 정신적으로 건강하게 살 수 있도록 도와주는 일종의 삶의 도구이다. 즉, 모든 사람은 창의적 잠재력을 갖고 있고, 그들의 일상생활에서 창의성을 적절히 발휘하고 활용하여 정신적으로 더욱 건강할 수 있으며, 삶을 주도할 수 있고, 나아가 인류 문화에 기여하는 성과물을 만들어낼 수도 있다.

둔바(Dunbar)는 비디오나 오디오, 그리고 인터뷰를 통해 생물학자들을 1년간 관찰한 후, 창의적인 과학자들이 뜻밖의 통찰을 경험하는 것이 아니라, 신중한 추론을 사용한다는 연구를 하였다. 이에 창의성은 짧은 시간, 순간에 발휘되는 즉각적 반응이 아니라, 기존의 경험이나 지식 등을 토대로 이루어지는 추론의 과정이며, 그 과정은 인간 내부에서 준비되어 발현되기까지 어느 정도의 시간을 요한다고 보았다. 왈라스의 인지적 창의과정 모델에 따르면, 창의적 사고 및 산출물이 나오기까지 여러 단계의 과정을 거친다. 즉, 준비단계에서 부화단계, 그리고 암시단계를 거쳐 영감단계와 검증단계를 거친다. 이 가운데 영감단계에서 통찰을 갖게 된다. 즉, 창의적 사고와 산출물이 발현되기까지 그 이전의 '부화단계'를 거친다는 말이다. 이러한 부분이 교육에서 창의성을 고려하게 만드는 단서를 제공한다.

4 창의성의 문화적 차원과 구성 요소

창의성에 관한 인식은, 창의성을 연구하던 초기 단계에서는 확산적 사고 요소를 포함하는 인지적 특성이나 개인의 정의적 특성으로 간주되었다. 그러다가 문제해결 능력의 한 형태로 설명되기도 하였다. 나아가 그것은 새로움을 창출하는 사고 과정, 개인적 성향, 동기 유발 등 여러 요소들이 상호 작용하여 발휘된다고도 하였다. 그러나 최근의 연구에서는 전체적이고 통합적인 접근 방법이 필요하다는 역설이 힘을 발휘하고 있다. 또한 새롭고 우수한 창의적 산물이 사람들, 또는 사회에 의해 종종 인정되지 않는 사실이 발생함에 따라 환경 조건의 중요성을 강조하고 있다.

창의성의 유무를 판단하는 전문가들은 명백한 객관적 평가 기준을 적용하기보다는 자신의 과거 경험, 훈련, 사회 경향성, 개인적 가치, 개인별 선호도 등을 적용한다. 창의성을 창출한 생산자와 그것을 판단하고 받아들이는 사람들의 상호작용에 의해 창의성이 결정된다는 것이다. 즉, 창의성은 개인에 의해 만들어지지만, 그러한 것들을 인정하는 것은 사회 체제라는 말이다.

칙센미하일리와 울페(Csikszentmihalyi & Wolfe)는 창의성의 사회적·문화적 맥락을 강조하였다. 이는 생물학적 진화를 주장하는 논리와 유사하다. 다윈의 진화 이론에 따르면, 새로운 종의 진화는 개체의 생존 및 번식을 위해 주어진 환경 조건에 대한 적응을 함으로써 이루어진다. 이처럼 창의성도 새로운 종이 새로운 환경에 적응하는 데 비유한다. 개인은 기존 문화의 정보를 흡수하여, 새로운 사고 또는 산출물을 창출하며, 창출된 사고나 산출물은 사회적·문화적 환경의 영향 아래에 자연 선택의 과정을 거치면서 다음 세대로 전해진다.

이와 유사한 이론으로, 생태계 모형과 진화 생태계 모형도 있다. 생태학적 측면에서 개체는 소속되는 집단에서 다른 개체와 지속적으로 상호작용을 한다. 즉, 한 사람의 독창적인 사고나 창의적인 행위는 다른 사람의 인정이나 격려와 주변 환경과의 상호작용을 통해 발전된다. 따라서 사회 체제가 창의적 사고를 창조하거나 파괴할 수 있으며, 제한하거나 확장시킬 수 있다. 이런 관점은 역사적, 사회적, 제도적 맥락이 창의적 개인에게 미치는 영향과 아울러 창의적 개인이 사회에 주는 영향을 고려하고 있다. 창의성이 사회를 진화시키는 원동력이며, 사회는 창의성을 제한하거나 확장하는 기능을 제공하는 것으로 간주된다. 따라서 창의성은 사회적·문화적 맥락에서 종합적으로 정의될 필요가 있다.

길포드 이후 많은 연구에서 창의성은 문제해결 능력이라고 정의되었다. 이후 스텐버그는 창의성을 새롭고 문제 상황에 적절한 것을 만들어낼 수 있는 능력으로 보았고, 어번은 주어진 문제나 감지된 문제로부터 통찰력을 동원하여 새롭고 신기하고 독창적이며 유용한 산출물을 만들어 내는 능력으로 보았다. 그리고 크로펠리는 문제와 연관성이 있고 효과적인 새로운 사고나 산출물을 생산하는 능력으로 정의하였다. 이들의 주장은 공통적으로 창의성이 인지적 요소와 개인적 성향, 사회적 환경에 복합적으로 작용하며, 문제해결 능력에 영향을 미친다고 본다.

이와 같은 창의성의 이론을 통해 우리는 창의성과 사회적·문화적 요소 간의 관계가 매우 긴밀하다는 것을 파악해야 한다. 창의성이 높다는 것은 이미 존재하는 것을 비교 기준으로 적용하여 독창성, 가치, 실현성을 평가한 결과이다. 기존의 문화적, 사회적 맥락에서 만들어진 기준으로 창의성의 유무와 탁월성을 평가하게 된다는 의미이다. 다시 말해, 창의성은 특정 아이디어나 산출물이 사회·문화 속에서 가치를 인정받고, 실현 가능한 문제해결 능력이어야 한다. 새롭고 독창적이기만 해서는 안 되며, 그것이 문화적, 사회적으로 가치가 실현될 때 창의적이라고 할 수 있다. 이처럼 창의성은 사회·문화적 맥락에서 가치 있고 실현 가능한 독창적 사고나 산출물로서 문제를 해결할 수 있는 능력이다.

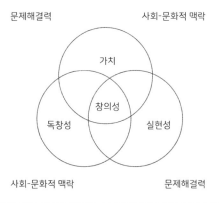

문제해결력　　　　　　　　　　사회-문화적 맥락

가치

창의성

독창성　　　　실현성

사회-문화적 맥락　　　　　　　문제해결력

그림 1　창의성 모형

5 창의성의 구성 요소

　　창의성에 영향을 미치는 구성 요소는 다양하다. 여러 학자들에 의하면, 내적 동기나 영역 관련 지식, 지적 능력, 사고 유형, 성격 특성, 동기 등이 있다. 또한 일반적 영역의 지식과 기능 기반, 동기 요소, 특정 영역의 지식과 기능 기반, 비판적 사고, 확산적 사고를 들기도 한다. 나아가 생물학적 요소, 개인적 성향, 인지적 요소, 미시적 환경, 거시적 환경을 제시하는 경우도 있다. 어번(Urban)의 경우 창의성의 구성요소를 인지적 요소와 개인적 성향으로 구분하였다. 인지적 요소에는 확산적 사고력, 일반지식과 비판적·논리적·분석적 사고력, 특정 영역 지식과 기능이 포함되며, 개인적 성향에는 과제 집착력과 집중력, 동기 유발, 개방성과 모호성에 대한 인내심이 포함된다.

　　그러나 창의성은 한두 가지 구성 요소에 의해 결정되기보다 여러 구성 요소들의 상호작용에 의해 발휘된다. 이는 전체적·통합적 접근방법으로 설명되며, 창의성의 생태계설과 연결된다. 교육을 통해 창의성을 신장시키고자 한다면, 창의성의 여러 구성 요소들의 상호작용을 신중히 고려할 필요가 있다.

　　먼저, 인지적 차원에서 보자. 인지적 요소는 확산적 사고력, 일반지식과 사고력, 영역지식과 기능으로 분류된다. 확산적 사고력은 창의적으로 문제를 해결하는 과정에서 문제를 새롭게 발견하고, 새롭게 정의하고, 새로운 해결책과 대안을 찾아보는 상황에서 활용된다. 따라서 확산적 사고력은 창의적 사고력과 문제해결력으로 연결된다. 또한 특징적 요소로는 독창성, 유창성, 융통성, 정교성, 문제민감성, 연결시키는 능력, 재구성력, 재조직력 등을 들 수 있다.

일반지식과 사고력은 학교 밖의 광범위한 경험에서 무의식 중에 얻어지는 지식을 주로 의미하며, 이는 사고의 자원으로서 새로움을 창출하는 데 중요한 역할을 한다. 일반지식과 연관되는 사고력은 수렴적, 비판적, 논리적, 분석적, 종합적, 통합적 사고력과 메타인지, 기억연결망 등이 포함된다. 특히 비판적 사고력은 문제를 해결하기 위해서, 적절한 과제나 문제를 찾고 정보를 이해하고 해석하며, 정보의 정확성과 관련성을 판단하고 가정, 오류, 편견을 찾아내며, 귀납적으로 결론을 도출하고 평가하는 데 활용된다.

영역지식과 기능은 문제 해결에 직접적으로 연관되는 특정 영역의 지식과 기능으로서 창의적 문제 해결력에 영향을 미치는 중요한 요소로 인식되고 있다. 영역지식은 창의성의 기반으로서 매우 중요하며, 새롭게 창조되는 지식이 기존의 지식과 연결될 때 창의성에 민감하게 영향을 끼친다. 특히 창의성 발현 단계의 초기에 작용하는 요소로서, 기존의 지식과 새롭게 창출되는 지식 간의 격차를 줄이는 데 많은 영향을 주며, 창의적 사고의 창출 과정에서 필수적인 전제 요소가 된다. 영역지식은 교과별 기초 개념과 지식, 사고방식, 문제해결 유형과 관련되며, 과학에서는 특히 탐구 기능으로도 볼 수 있다. 영역지식의 측면에서 새로운 사고는 기존에 이미 인정된 사고와 비교하여 창의성의 판별 자료가 된다.

창의성의 개인적 성향 차원을 보면, 창의성이 높은 사람은 개인적 태도와 사회적 행위에서의 독립성, 독점성, 내향성, 개방성, 광범한 영역의 관심, 직관, 융통성, 사회에 대응하는 태도, 외적 저해 요소들에 대한 저항, 반사회적 태도 등이 두드러진다. 창의성이 높은 사람의 성향으로 자율성, 여론을 추종하지 않는 성향, 자극에 대한 개방성, 유연성, 모호성에 대한 인내, 내적 집착력, 자기중심적 성향 등이 있다.

표 2 창의성의 구성요소

구분	구성요소	하위 구성요소	비고
인지적 요소	확산적 사고력	독창성, 정교성, 연결시키는 능력, 재구성력, 재조직력, 유창성, 융통성, 문제 민감성 등	확산적 사고 창의적 기능 사고 유형
	일반 지식과 사고력	메타인지, 비판적 사고력, 논리적 사고력, 분석적 사고력, 종합력, 기억연결망, 포괄적 견해 등	일반 지식과 기능 비판적 사고 지적 능력
	영역지식과 기능	영역별 지식과 기능, 전문성 등	영역지식 및 기능 지식
개인적 성향	과제 집착력과 집중력	주제·대상·상황·산출물에 집중하는 능력, 안정적 속도, 지구력, 집착력, 선택하는 능력, 열정 등	동기 요소 내적 동기 성격 특성
	동기 유발	새로움에 대한 흥미, 호기심, 지식과 탐구에 대한 욕구, 의사소통, 자기실현화, 헌신, 책무감, 외적 동기, 도구적 이익 등	동기 요소 내적 동기 동기
	개방성과 모호성에 대한 인내	실험을 즐기는 것, 위험감수에 대한 적극성, 비추종성, 자율성, 유머, 역행하거나 여유를 가지는 것 등	동기 요소 내적 동기 성격 특성

　　그러나 이러한 개인적 성향이, 창의성이 높은 모든 사람에게 일관되게 나타난다고 보기는 어렵다. 창의성이 높은 사람은 환경 조건에 따라 양면성을 띤 역설적 성향을 가진다. 개인적 성향의 복합성도 강조되는데, 여기서 복합성이란 민감성과 조잡성을 통합하거나, 고도의 지성을 순수성과 통합하는 것 등을 말한다. 때로는 자율성과 자신감, 거친 남성적 성향과 민감성, 직관, 책임감, 섬세한 여성적 성향을 동시에 보이는 것처럼 개인적 성향은 양면적이기도 하다. 극도로 치우친 양면적인 성향과 함께 균형 있게 조화된 성향이 창의성이 높은 사람의 특성이라고 말할 수 있다. 즉, 창의성이 높은 사람의 개인적 성향은 극도로 상반된 상황을 통합하는 능력이라고 표현할 수 있다.

　　사람들은 다양한 능력을 가지고 태어나지만, 성장을 할수록 사회적인 제약을 받아 창의성 발현 가능성이 감소된다. 사회가 인간이 사고하는 데 걸림돌이 된다면, 새로운 사고나 획기적인 변화, 발전을 기대하기는 어렵다. 설령 기존의 규칙을 거스르는 아이디어라 하더라도 그것을 받아들일 수 있는 열린 사회야말로 창의성을 독려하는데 필요한 요소이다. 왜냐하면 창의성은 인지적 요소 및 개인적 성향의 구성요소가 서로 역동적으로 작용할 때 효율적으로 발휘되기 때문이다. 여기서 창의성 발현에 적합한 환경 조건은 개인적·주관적 차원, 집단적·지역적 차원, 사회적·역사적·지구촌 차원으로 구분할 수 있다.

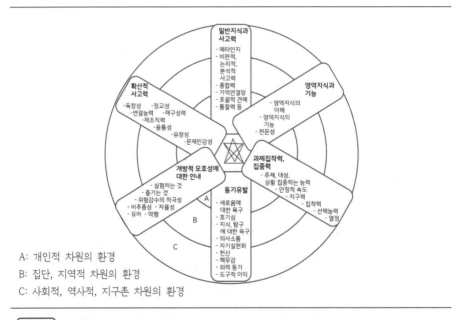

A: 개인적 차원의 환경
B: 집단, 지역적 차원의 환경
C: 사회적, 역사적, 지구촌 차원의 환경

그림 2 창의성의 구성요소 모형

개인적·주관적 차원의 환경 조건이란 개인에게 직접적으로 영향을 미치는 개인적 상황을 의미한다. 다시 말해 개인이 새로운 아이디어를 산출할 수 있도록 자극하는 다양한 상황, 풍부한 소재가 제공되는 것을 의미한다. 개인적 차원이 충족된다면 새로움에 대한 필요성, 지식과 탐구에 대한 욕구 등의 동기 유발의 수준이 높아진다.

집단적·지역적 차원의 환경 조건은 가족, 동료 집단, 학교, 지역사회가 포함된다. 가정의 환경 조건은, 부모가 자녀의 자유를 허락하고 의견을 존중하며, 적당한 수준의 감정적 거리를 유지하고, 규칙보다는 가치를 우선으로 하며, 성적보다는 성취를 강조하고, 부모가 전문성을 추구하는 것의 모범을 보여주며, 미래에 대한 이상을 가지며, 유머가 있는 가정을 유지하는 것을 의미한다. 학교에서는 급우들이 이질감을 수용해 주거나, 교사가 새로움과 그것에 따르는 실패를 수용해 주는 것을 말한다. 아이디어가 모호하더라도 인내심이 생기게 되어 위험을 감수할 수 있고 더욱 적극적으로 창의성을 발휘할 수 있다. 지역사회에서는 시설과 재정적 투자를 통해 다양한 지식과 정보를 개인에게 공급할 수 있도록 사회 인프라가 구축되어 있어야 한다는 것이다.

사회적·역사적·지구촌적 차원의 환경 조건은 문화, 정치, 과학적 조건 등이 포함된다. 창의성을 지닌 사람이 인정받고 독창적인 능력을 발현하도록 긍정적으로 지원하는 사회, 새로운 생각을 개방적으로 수용하는 사회, 눈앞의 만족이나 쾌락에 안주하지 않고 무엇인가 새로운 것을 추구하도록 지원하는 사회, 문화적 매체가 사회계층의 차별 없이 제공되는 사회, 다양하고 상반되는 문화를 경험할 수 있거나 교류가 이루어지는 사회, 창의성에 대한 보상과 진급이 제공되는 사회를 의미한다. 때문에 지식 위주, 학력 중심, 경쟁의 논리보다는 개인의 잠재력이 최대한으로 발휘될 수 있도록 지원해야 한다.

CHAPTER *2*

창조성은 무엇을 지향하는가?

1 '창조'의 의미와 '창의성'의 한계

창조성과 창조교육, 또는 창조주의 교육을 이해하기 위해서는 '창조(創造)'라는 말의 뜻을 분명하게 이해할 필요가 있다. '창조(創造)'라는 말은 『설문해자』에서 다음과 같이 설명된다.

'창(創)'은 '시작하다[始也], 상하다[傷也], 징계하다[懲也]'는 의미로 설명되어 있다. 따라서 창(創)은 '처음 시작하다, 상처가 나다, 징계하다'는 의미를 원초적으로 지닌다. 이는 일반적으로 무(無)에서 유(有)를 만들어내는 의미를 지니며, '처음으로 시작하다'라는 기원(起源)의 뜻으로 사용된다. 여기에서 파생된 '상하다', '징계하다'는 말은 '새롭게 하거나 잘못된 것을 바로 잡는' 내용을 함축한다. 상하다[傷也]는 '상처를 치료하여 새롭게 고쳐야 된다'는 뜻이고, 징계하다[懲也]는 '잘못된 것을 바로 잡는다'는 의미로 '올바르게 하다'는 내용을 담고 있다. 이런 점에서 창(創)은 '새롭게 시작하다', 또는 '올바르게 완성하다'라는 뜻을 가진 말로, '가치 지향적인 기원'이나 '변화와 발전'을 의미하는 내용을 포함한다.

조(造)는 '짓다[作也], 시작하다[始也]'의 뜻으로 '구성(構成)을 처음으로 시작하다'는 내용으로 쓰이고 있다. 이 조(造)의 의미는 인간의 인위적 활동을 담고 있는 말로 기존의 만들어진 재료를 통해 '재구성한다'는 뜻이다. 즉, '어떠한 것을 만들기 위해 맨 처음 시작한다'는 내용을 담고 있다.

창조를 의미하는 영어의 '크리에이션(Creation)'은 라틴어의 크레오(Creo)를 어근으로 하는 크레아티오(creatio)에서 유래한 여성형 명사인데, '만들다'에 어원을 두고 있다. 이 또한 무(無)에서 새로운 것을 발견하고, 기존의 재료를 사용하여 새로운 것을 발명해 내며, 생명의 탄생인 출산(出産)의 의미를 지닌다.

이처럼 창조의 어원적 의미는 원재료를 통해 새로운 것을 구상하거나 기존의 것을 수정하고 다듬어 새로운 것을 만들어내는 일을 뜻한다. 즉, 어의상(語意上) 창조성은 새로운 것을 구상하거나 만드는 성질이라고 규정할 수 있다.

'창조(創造)'라는 말에 기초한 '창조성(創造性)'은 일반적으로 '창의성(創意性)'이라는 개념으로 많이 알려져 있다. 창의성은 창의력(創意力), 독창력(獨創力), 독창성(獨創性) 등의 표현과 혼용되어 쓰이고 있고, '고등정신능력(高等精神能力)'이라는 측면에서 문제해결력, 창의적 사고력으로 표현되기도 한다. 그러나 창조성 이외의 다양한 표현은 인간의 지능(知能)이나 사고(思考)의 지적(知的) 측면을 중심으로 하는 인간의 심리적 차원과 관련하여 설명한 것이다. 능력의 심리적 측면에서 지적 개념에 역점을 두고, 그것을 조작적 의미로 정돈하여 창의성의 의미를 밝혔다. 창조성의 일반적 개념으로 알려진 '창의성'은 기존의 요소들로부터 적어도 자기 자신에게 새롭고 유용한 결합을 이루어내는 능력에 해당한다.

앞의 1장에서 설명했지만, 이러한 관점에서 창의성은 사고요인설(思考要因說), 과정론(過程論), 문제해결론(問題解決論), 성격특성론(性格特性論) 등의 입장에서 규명된다.

사고요인설의 대표적인 이론은 길포드(Guilford)의 지능요인설이다. 길포드는 지능의 요인을 내용과 그 정신적 조작, 그리고 그 결과로 얻어지는 산출의 요인으로 구분하고, 이들의 작용을 입방체(立方體) 모형으로 설명하고 있다. 그 가운데 정신적 조작 영역을 '인지, 기억, 확산적 사고, 수렴적 사고, 평가'의 5개 영역으로 구분하여, 이 가운데 확산적[발산적] 사고를 창의적 사고와 관련된 능력으로 본다. 그리고 그 하위 요인들을 문제에 대한 감수성(sensitivity), 사고의 유창성(fluency), 사고의 융통성(flexibility), 사고의 독창성(originality), 면밀성(elaboration), 재구성(reorganization), 집요성(persistency) 등으로 보고 있다. 과정론의 입장에서 창의성은 인간이 자신의 주관적 생활을 조직해 나가는데 보이는 변화와 발전과 진화의 과정을 추구하는 하나의 과정이라고 보는 견해이다. 즉, 과정으로서의 창의성은 기존하는 질서의 불만으로부터 시작하여 새로운 질서의 발견 또는 완성에서 끝나게 된다. 이러한 변화 과정에서 보다 큰 작용을 하는 것은 의식보다는 무의식이다. 그것은 무의식이 의지와 주의집중의 방해를 받지 않기 때문이다. 여기에는 일반적 현상에서 고립과 이탈을 수반해야 하기 때문에 주체자의 용기를 필요로 한다.

창의성을 문제해결로 보는 입장으로 왈라스(Wallas)의 창의적 산출단계설, 로스맨(Rossman)의 발명적 사고단계설, 듀이(Dewey)의 문제해결 단계설, 오스본(Osborn)의 창의적 문제해결 단계설 등이 있다. 이러한 문제해결 이론의 공통적 입장에서 인간의 창의성은 주어진 문제를 해결하기 위해 사고의 단계적 과정에서 나타난다. 이는 인간의 지력(知力)에 의한 문제해결력을 창의성으로 본 것이다.

또한 창의성을 성격 특성으로 보는 입장은 인간의 '욕구(慾求)'와 '상상(想像)'의 측면을 중시한다. 매슬로우의 경우 인간의 욕구를 다섯 단계로 나눈다. 그리고 욕구의 위계적 순서에 따라 자아실현(自我實現)이 이루어지고, 자아실현을 통해 창의성이 발휘된다고 본다. 프로이드(Freud)를 비롯한 정신분석학자들은 창의력을 상상이라고 이해한다. 창의적 상상력은 개인이 경험한 갈등에서 연유하고, 인간이 갖는 현실적 갈등을 해소하려는 본능을 창의적 소산으로 본 것이다. 인간의 창의적 소산은 주어진 무의식적 갈등을 해소하려는 과정에서 자유스럽게 나타나며 상상으로 구체화 과정을 거친다.

다시 강조하면, 사고 요인설, 과정론, 문제해결론, 성격특성론 등의 입장에서 본 창의성은 인간의 지적 능력이나 사고력, 또는 심리적 관점에서 설명하고 있다. 때문에 창조성(創造性)의 차원에서 볼 때, 그 특성의 일부는 될지언정 전인적 입장에서 인간의 본질을 설명해 내기에는 한계가 분명하다. 따라서 지적 측면이나 심리적 차원으로 설명된 창의성의 한계를 지적하고, 창조성의 본질을 그려내기 위해서는 전인격체적 차원을 바탕으로 하는 인간을 새롭게 구명해야 한다. 왜 냐하면 창조성을 전인격적 입장에서 해명하고, 그러한 관점에서 창조성을 개발하 는 작업이 교육의 본질이고, 그 궁극적 목표는 '창조적 인간' 형성이기 때문이다.

그렇다면 인간 존재의 가치는 어디에 있는가? 인격 창조와 문화 가치 창조의 주체가 되는 데서 발견할 수 있다. 그것은 창조성이 모든 인간에게 구유되어 있 다는 전인적 관점을 필연적으로 유도한다. 이 지점에서 창조성의 해명이 핵심으 로 부각한다.

창조성은 인간에게만 부여되어 있는 특징이다. 그것은 인간의 모든 특성을 지배하는 근본적인 바탕이다. 따라서 창조성이란 인간의 제반 특성들이 독창적 으로 발휘되는 성질로서 인간의 근본적 본성이라고 할 수 있다. 여기에서 '독창 적으로 발휘되는 성질'은 인간의 모든 특성이 합리적으로 작용하는 것이라기보다 인간의 특성들을 바탕으로 순간적으로 떠오르는 관념을 이용하여 자연스럽게 나 타나 산출되는 것을 말한다. 때문에 창조성은 인간이 지닌 제반 특성보다 상위 개념이며, 이는 인간에게 부여되어 있는 잠재능력과 유사하다. 예를 들면 유아의 소꿉장난은 사회적 적응을 위한 생존 본능의 잠재능력이 표출된 것으로 인간 본 연의 선천성이 표현되는 창조성이다. 즉, 인간이 환경이나 상황에 적응하기 위한 생존 본능의 잠재능력이 표출된 것으로 인간 본연의 선천성이 표현되는 일이다. 다시 말해 인간 본성의 가치적 표현이 창조성의 근원이라 할 수 있고, 그러한 의 미에서 창조성은 인간의 근본적 본성이 된다.

일반적 의미에서 창조는 두 가지로 구분할 수 있다. 하나는 무(無)에서 유 (有)를 창조하는 절대적 창조로, 주로 종교적 의미의 신(神)적 창조나 불가사의(不 可思議)한 창조를 의미한다. 다른 하나는 유(有)에서 새로운 유(有)를 창조하는 인 간적 창조로 상대적 창조를 말한다. 우리 인간이 갖는 창조성이란 바로 후자를 의미하는 상대적 창조를 말한다.

2 창조성의 본질

그렇다면 유에서 유를 창조하는 인간의 창조성, 상대적 창조는 어떤 특성을 지니는가? 그 본성은 어떤 양상을 띠는가? 인간의 근본적 본성으로서 창조성은 항상 목적 지향적 성질을 수반한다. 그렇다면 이러한 창조성을 갖게 한 본질은 무엇인가?

인간에게 목적 지향적이고 유의미적 활동을 하게 만드는 일은 '관심(關心: interest)'으로부터 출발한다. 관심은 욕구와 사고를 유발하여 인간 활동의 능동성을 제공해 준다. 관심으로부터 출발하는 활동을 이루게 하는 본질은 다름 아닌 '사랑[愛]'이다. 사랑은 모든 면에서 적극적 관심을 유발하게 만들며 생동감을 준다. 다시 말해 사랑은 관심을 유발하고 그 관심은 의욕과 상상과 사고를 펼치게 만든다. 창조성이 인간의 사고와 상상의 중간적 접점에서 발휘된다는 것은 이미 알려진 사실이다.

창조성은 인간의 사고를 비현실적 사고와 현실적 사고로 구분한다. 이 두 가지 사고의 중간 접점에서 독창적 사고가 나타난다. 비현실적 사고는 인간의 상상 작용에 가깝고, 현실적 사고는 인간의 이성에 의한 사고 작용이다. 이와 같은 현실적 사고와 비현실적 상상의 사이를 왕복하는 가소성(可塑性) 혹은 그 통합에 의해 창조성은 성립된다. 이와 같은 창조성의 궁극적 본질은 사랑이다. 사랑이 있는 곳에 의욕이 샘솟고, 이러한 의욕에서 창조성이 있게 된다. 따라서 창조 활동에는 필연적으로 사랑이 전제되어야 한다.

이 창조성의 본질이 되는 사랑은 무엇인가? 그것은 다름 아닌 교육애(教育愛)이다. 일반적으로 사랑은 진리에 대한 로고스(Logos)적 사랑, 헌신하는 아가페(Agape)적 사랑, 그리고 육체적·신체적 사랑으로 구분된다. 로고스로서의 사랑은 지적 관심인 이데아(Idea)에 관한 사랑이자 진리에 대한 규명 노력이다. 여기에서 싹터 성립한 것이 철학(Philosophy)이다. 철학을 의미하는 필로소피(Philosophy)는 '지혜에 관한 사랑[love of wisdom]'이다. 때문에 철학(哲學)을 '애지학(愛知學)'이라고도 한다. 이 철학에서 가치론(價値論)을 논의한 것이 윤리학(倫理學)으로 정립되었고, 윤리학의 영역에서 선(善)과 악(惡), 사(邪; 간사함; 바르지 못함)와 정(正;

올바름)을 규정하는 도덕철학이 성립되었다. 미적(美的) 영역에서는 미(美; 아름다움)와 추(醜; 추함)의 가치 기준을 논의하는 도덕 이외의 철학이 확립되었다. 아가페(Agape)로서의 사랑은 이타적(利他的) 사랑을 의미하는 것으로 주로 종교적 차원의 헌신적 사랑을 말한다. 그것은 타자와 사회를 위해 봉사하며 헌신하는 사랑으로 정립되었고, 교육적 의미에서는 스승이 제자를 사랑하는 스승의 헌신적 사랑으로 귀결되었다. 신체적 사랑은 건전한 체력을 유지하는 건강의 미덕을 말한다. 인간은 건강한 체력이 있어야만 건전한 정신이 유지된다. 그 말은 인간의 창조적 활동을 가능하게 하는 생물학적 원천이 건전한 체력에서 비롯됨을 의미한다.

따라서 인간의 창조성을 발휘하게 만드는 본질로서의 사랑은 로고스(Logos)적 사랑, 아가페(Agape)적 사랑, 그리고 신체적 사랑이 조화되어 나타난다. 이것을 우리는 포괄적으로 교육애(教育愛)라고 한다. 교육애는 로고스로서의 사랑을 종축(縱軸; y축)으로 하고, 아가페로서의 사랑을 횡축(橫軸; x축)으로 하여 종축과 횡축이 교차하는 지점에서 성립되는 일이다. 그것은 진리에 대한 동경과 헌신적이고 수평적 사랑이 교차되어 이루어지는 사랑을 말하며, 여기에 건강한 신체를 소유한 인간의 활동이라는 점을 전제로 하는 사랑이다.

이런 점에서 교육애는 교육 행위의 출발점으로서 학생에 대한 교사의 사랑, 교사로서 학생을 가르치는 행위에 대한 사랑을 포괄적으로 지칭하며, 교육적 자아를 길러 주는 일을 말한다. 여기에서 우리는 창조성의 본질인 사랑이 곧 교육적 자아를 실천하는 데 있음을 알 수 있다. 사랑의 작용은 교육적 자아를 실천하게 만든다. 사랑의 작용은 인간의 모든 영역에서 관심과 의욕을 갖게 하여 발상(發像)을 불러오고, 이러한 발상은 새로운 것을 발견(發見)하고 발굴(發掘)하여 발현(發現)함으로써 발전(發展)을 지향하는 창조성을 낳는다.

창조성의 본질인 사랑은 교육적 관점에서 교육애로 표현된다. 때문에 교육은 어떤 입장을 견지하고 있든 간에 교육애라는 공통분모를 지닌다. 교육의 본래적 의미가 인간의 본질적 소질을 계발하고 발전시킨다는 측면에서 창조성을 함양하는 일은 교육애를 바탕으로 한다. 그러기에 이는 교육적 자아를 실천하는 일이 된다. 창조성의 발현은 사랑을 정점으로 관심이 유발되고, 이에 따른 대화와 협력의 과정을 거쳐 희생과 헌신의 가치 지향적 교육애가 실현될 때, 창조성이 이루어진다. 창조성의 실현은 인격의 구현이며, 궁극적으로 사랑의 실현을 본질로 한다.

이런 점에서 창조성은 인간의 본질이고 인격의 중심 정수(精髓)이며 전인격체이다. 그러므로 인간의 특수한 영역으로 설명되는 것이 아닌, 인간의 근본적 본성이며, 인간 생명의 근원이다. 창조성은 인간의 의욕과 사고와 활동의 원동력으로 새로운 가치를 실현하려는 가치 창조의 본성이고, 자유와 자발성을 전제로 하는 인간의 제 측면을 통합하는 종합적 성질을 지니게 된다. 따라서 전인적 관점에서 창조성의 본질을 살펴보면 다음과 같다.

첫째, 창조성은 인간의 특수한 재능이 아니고 인간의 근본적 본성이다. 창조성으로 논의된 기존의 창의성은 인간의 특정 능력인 지적 수월성이나 독창력에 역점을 두었다. 때문에 창의성과 동일하게 인식된 창조성은 개별적 특수능력으로 이해되었다. 그러나 인간은 모두가 자아발달을 이룰 수 있는 존재라는 점에서, 인간의 자아발달과 인격의 형성은 교육을 통해 가능하다. 이런 점에서 창조성은 개별적 보편능력이 된다. 이런 차원에서 본다면 인간은 누구나 교육적 발달이 가능한 존재이고, 그 교육의 가능성은 누구에게나 보편적으로 충족되어 있기 때문에 창조성은 인간의 근본적 정신으로 보아야 한다.

둘째, 창조성은 초인간적이거나 신비적이지 않은 생명의 근원에서 나온다. 창조성은 앞에서 서술한 것처럼 절대적 창조와 상대적 창조로 구분된다. 절대적 창조는 무(無)에서 유(有)를 창조하는 것으로 종교적 관점에서 보면 신(神)의 창조를 말하고, 보편적 관점에서 보면 인간의 능력으로 파악될 수 없는 창조성이다. 따라서 절대적 창조는 인간의 가치 창조에서는 일반성을 지닐 수 없다. 따라서 인간의 창조성은 바로 상대적 창조를 말한다. 이는 유(有)에서 새로운 유(有)를 창조하는 일로 인간의 능력으로 가능한 창조성을 의미한다. 다시 말해, 생명체로서의 인간이 발상(想像)을 통해 발견(發見)하며 발굴(發掘)하고 발현(發現)함으로써 발전(發展)시켜 나가는 창조이다. 때문에 인간의 생명은 인간 창조성의 가장 근원적 출발점이며, 그러한 의미에서 인간을 창조적 존재라고 하는 것이다.

셋째, 창조성은 인간의 의욕과 사고 활동의 원동력이고, 새로운 가치를 실현하는 가치 지향적이다. 창조성은 모든 인간에게 의욕적 사고를 조장하게 만든다.

인간은 창조성을 본성적으로 갖고 있는 존재이므로 창조적 의욕을 갖게 되고, 이와 같은 의욕은 창조적 사고를 갖게 한다. 인간의 사고는 활동의 방향을 결정짓기 때문에 창조적 사고는 새로운 활동을 낳고, 이것이 곧 새로운 인격과 문화의 가치를 낳는 원동력이다.

넷째, 창조성은 자유와 자발성이 허용될 때 최대한 발휘되는 가치 창조의 본성이다. 인간에게 자유와 자발성이 주어진다는 의미는, 다른 측면에서 이해할 때, 인간의 인격을 최대한 존중해 준다는 뜻이다. 인격을 존중해준다는 것은 각자의 개별성과 주체성, 그리고 자율성을 인정한다는 말이다. 전인교육의 역사적·이론적 배경이 아동의 개성과 흥미, 욕구 등을 최대한 존중하는 데 있다는 사실을 보아도, 자유와 자발성을 존중해주는 일은 한 인격체의 독특한 가치를 완성해주는 절대적 필요조건이며, 창조성 발현의 근본이 된다.

이런 점에서 보면, 창조성의 본질은 지적 능력이나 사고 과정, 심리적 요인뿐만 아니라 인간의 신체적·심리적·지적·정서적·사회적으로 다양한 성질을 지니고 있다. 전인적(全人的) 의미로서 인격의 중심 정수이고 인간의 근본적 본성이라 할 수 있다. 그렇기 때문에 전인격체적(全人格體的) 관점에서 창조성은 신체(身體)·생리적(生理的), 사회적(社會的), 이지적(理智的), 도덕적(道德的), 예술적(藝術的), 종교적(宗敎的)인 6개 영역으로 구분된다. 창조성의 신체·생리적 영역은 생동력(生動力), 사회적 영역은 협동력(協同力), 이지적 영역은 탐구력(探究力), 도덕적 영역은 선행력(善行力), 예술적 영역은 심미력(審美力), 종교적 영역은 신애력(信愛力) 등이 그 가치적 성질로 제시된다. 이는 창조성이 교육적 자아의 관점에서 인간의 모든 영역과 관련된 전인교육을 목적으로 지향하며 교육의 방향을 지시한다.

CHAPTER **3**

창조성의 질적 특성에서 **인간**을 보다

1 신체·생리적 생동력

인간은 출생 이전부터 유전적 체질과 환경이 태아의 인격에 영향을 주어 유전자와 경험에 의한 창조적 능력을 갖게 된다. 이러한 창조적 능력은 출생 후 환경과의 교섭을 통해 창조적 능력을 발달시켜 나간다. 인간이 지닌 유전자의 결합과 경험군은 독자적이며, 창조성은 생물학적인 동시에 환경적 원인에서 발생한다. 유기체로서 인간은 신체적 측면에서 창조성을 발휘할 수 있는 체력 및 생리적 조건을 지니고 태어나는 존재이다. 이러한 입장은 인간의 창조성이 생물학적 및 환경적 원인에서 나오는 신체적 성질을 지니고 있음을 밝혀 준다.

창조성의 유기체적 특성은 인간이 지니고 있는 체력에 있다. 체력은 외부 환경의 스트레스(Stress)에 대해 생명을 유지하는 생동력의 표현이다. 인간이 활동해 나가는데 필요한 신체적인 능력이다. 이러한 생동성의 바탕인 체력은 어떠한 자극이나 피로, 질병에 대해서도 이겨낼 수 있는 능력, 다시 말해 건강을 말한다. 건강은 신체적 건강을 바탕으로 정신적 건강, 사회적으로 건강한 생활까지를 포함한다.

　건강은 선천적 소질과 후천적 요인의 지배를 받으면서 이루어진다. 유전학적 소질의 개량도 이제는 인간 게놈 이론에 의해 현실적으로 파악 가능하게 되었으며, 생활 환경의 개선, 위생학의 이론도 실천적으로 실현되고 있다. 따라서 건강을 유지하고 관리하기 위해 신체적 요소뿐만 아니라 정신적 요소도 고려하여 건강 증진에 보탬이 되게 하는 것이 창조성을 형성하는 일이다.

　창조적 건강과 관련된 인간의 유기체적 특성은 체력이다. 체력은 포괄적 의미에서 신체적 요소와 더불어 정신적 요소를 포함하는데, 행동 체력과 방위 체력으로 나누어진다. 행동 체력은 작업 능력 또는 운동 능력이라고도 하는데, 대체적으로 근력, 지구력, 민첩성, 유연성, 순발력, 평형성과 같은 요소를 포함한다. 방위 체력은 신체의 생리적 측면인 체온 조절, 면역, 적응, 신체의 스트레스에 대한 저항력 등을 포함한다.

　행동 체력 가운데 근력은 근육이 실제로 수축하거나 수축하려는 상태에서 발생하는 힘을 말하며, 정적 근력(static strength)과 동적 근력(action strength)으로 나누어진다. 정적 근력은 근섬유의 길이가 변하지 않은 채 수축하여 힘을 내는 등척성 수축(等尺性 收縮; isomertic contraction)으로, 예를 들면 천장이나 벽을 손으로 밀고 있는 상태를 말한다. 동적 근력은 근섬유의 길이를 펼쳐 늘이는 이심성 수축(離心性 收縮; eccentric contraction)으로, 예를 들면 철봉에 매달리기 같은 것을 말한다. 또 향심성 수축(向心性 收縮; concentric contraction)으로 단축시키면서 수축하는 것으로 턱걸이 같이 길이는 변하고 있지만 힘은 변하지 않는 등장력적 수축(等張力的 收縮) 등이 동적인 근력에 속한다. 이러한 정적 근력과 동적 근력 외에도 근지구력이라는 것이 있다. 근지구력은 일정한 근력을 얼마나 오랫동안 계속하여 발휘할 수 있는가에 관계하는 능력으로 이는 주로 근육 안에 있는 글리코겐(glycogen), 미오글로빈(myoglobin), 모세혈관의 발달 정도에 따라 결정된다.

　행동 체력에서는 일상적으로 동적인 지구력이 더 많이 쓰인다. 순발력이란 근섬유가 순간적으로 수축할 때 발현되는 최대 근력으로 근력에 속도를 곱한 개념이다. 속도는 근육의 수축 속도를 말한다. 일반적으로 뜀뛰기와 던지기를 할 때 나타나는 형태이다. 유연성은 관절의 가동성에 의해 결정되는데 관절의 가동 범위를 결정짓는 것은 관절면의 가동성뿐만 아니라 관절을 둘러싸고 있는 연부의 조직인 관절낭, 인대 등의 기능이 중요한 역할을 한다. 신체의 부분이나 신체 전체를 재빠르게 움직이거나 방향을 바꾸는 능력을 뜻하며 생리학적으로 중추신경계의 작용에 속한다. 고도의 민첩성을 가지려면 신경이 필요한 시간과 근육에 정확하게 작용되어야 하며, 불필요한 근육에 힘이 작용해서는 민첩성이 생길 수 없다. 민첩성은 근력과도 큰 관계가 있어 강한 근육은 근의 수축 속도를 증대시켜 빠른 속도를 낼 수 있다. 따라서 민첩성은 근의 수축 속도가 빠르고 중추신경계의 작용이 원활하며 급격하게 방향을 전환할 수 있어야 가능하다.

평형성은 공간에서 신체를 안정적으로 유지하는 능력을 말하며 정적 평형성(static balance)과 동적 평형성(dynamic balance)으로 나눌 수 있다. 전자는 운동이 작아서 평형성을 유지하기 위한 조정이 작은 경우의 평형성을 의미하며, 후자는 신체 전체를 어떤 지점에서 다른 지점으로 뛰어 이동하는 경우의 평형성을 의미한다. 지구력이란 긴 시간 동안 작업을 계속할 수 있는 능력을 말한다. 지구력에는 전신 지구력과 국부 지구력이 있는데, 그 어느 것이나 지구력이 큰 역할을 하게 된다. 전신 지구력은 신경의 통신 정보, 대뇌의 명령 지시 하에 염통, 허파, 내장 등의 전신 기관이 공급 역할을 원활하게 해주고, 근육이 실제 운동을 끊질기게 해냄으로써 성립되는 것이다. 국부 지구력은 신체 부분의 근지구력을 말한다. 이와 같은 행동 체력의 요소는 창조성을 신체적으로 원활하게 발휘하는 외현(外現) 조건이라 할 수 있다. 그러나 신체의 활력인 생동력을 갖게 하는 행동 체력을 지원하는 본질은 생리적 특성에서 연유한다.

인간의 방위 체력에 해당하는 생리성은 중추신경계의 작용에 따라 특징지어진다. 중추신경계의 작용에 의해 체내 각 기관들의 기능이 형성되어지는 것이다. 인간의 신체는 정신과 체질의 인간 형질이 총화이며, 이 총화의 활력을 유지하고 건강을 이루는 생리적 건강은 생물학적 과정에 있다. 이러한 과정을 찾아 체력을 조장하는 것이 창조적 건강을 이루는 일이며, 그 창조적 건강의 바탕이 되는 것을 총칭하여 생동력이라고 한다. 따라서 생동력은 창조성의 생물학적·환경적 원인으로서 신체적 성질의 바탕이 된다. 이런 생동력은 창조성과 관련된 신체·생리적 요소로서 창조적 행동과 창조적 건강을 낳는 기반이 된다.

생동력은 인체의 뇌 기능과 관련되어 인간의 자율과 규칙성에 영향을 미친다. 인간이 갖는 활력의 바탕으로서 생동력은 뇌 발달을 증가시키며, 대뇌의 작용은 생동력에 영향을 주어 인간에게 활력적 체력을 갖게 한다. 생동력을 증가시키는 운동이 뇌를 발달시킨다는 보고서는 1930년대 초반부터 여러 학자들의 관찰을 통해 입증되었는데, 운동에 의해 훈련이 잘된 사람은 그렇지 않은 사람보다 몸의 무게 중심이 낮다. 이는 운동에 의한 생동성의 증가가 중추신경계를 촉진시켜 적당한 제어 및 협응력을 길러준다. 때문에 생동력의 증가 여부는 성격 형성에 중요한 영향을 미친다.

생동력의 변화는 중추신경계의 변화를 일으키고 이것은 다시 행위의 변화를 수반한다. 이 생동력의 증가가 수초(Meylin)의 발달 및 모세혈관의 발달을 가져오기 때문이다. 따라서 생동력이 수초와 모세혈관의 발달을 증가시켜 중추신경계에 영향을 미치고, 중추신경계의 자극은 또한 수초와 모세혈관의 발달로 생동력을 증가시키는 것이다. 즉, 생동력이 모세혈관 증가 원인 중의 하나가 됨을 알 수 있으며, 뇌기능에 영향을 미치는 정신 능력에 관계되어짐을 알 수 있다. 중추신경계의 생동성에 대한 작용은 대뇌의 대뇌피질과 관련된다. 대뇌반구의 중심 전회에 일차 운동 영역의 기능을 담당하는 운동 중추가 생동력에 관여한다. 그러나 생동력에 영향을 미치는 뇌의 작용은 대뇌피질의 독자적 기능으로 이루어지는 것이 아니라 소뇌의 자문을 받아 그 기능이 발휘된다. 소뇌는 운동 영역과 직접 또는 간접적으로 연관을 맺으며 신체의 운동 조정에 관여한다. 소뇌는 운동 기관인 골격근과 대뇌피질의 운동 중추의 중간에서 생동력을 조정하는 중재자로서 자문 기관의 역할을 하고 있다.

이와 같은 생동력은 인간의 생물학적·체력적 활동 요인에 의해 표현되는 것으로 어떤 물리적 상황이나 정신적 상황에 처해서도 이를 극복해 낼 수 있는 창조성의 체력적 활력이다. 그러므로 생동력은 인간의 신체·생리적 건강을 도모하게 함은 물론, 나아가 정신적 건강, 사회적 건강에까지 확대되어 전인격체적 활동의 바탕이 된다.

2 사회적 협동력

사회는 인간 삶의 장(場)으로 집약된다. 때문에 인간의 삶은 사회 속에 있으며, 사회를 떠난 인간을 생각할 수도 없다. 즉, 사회는 인간의 관계적 존재에서 이루어진다. 관계적 존재의 삶은 인간의 사유(思惟)와 행동을 가능하게 할 뿐만 아니라 제약하기도 한다. 이러한 의미에서 사회는 인간의 의식을 위한 선험(先驗)으로서 경험의 장(場)이다. 인간이 인간 존재로서 사는 것은 인간들 사이의 사회적 관계가 성립되었을 때만 가능하다. 그렇기 때문에 인간은 인간들의 사회적 관계에 있어서만 인간이라 할 수 있다. 따라서 인간은 그의 존재의 장(場)으로서 사회를 추후에 그리고 우연히 택한 것은 아니다. 인간은 사회 밖으로부터 창조적으로 이루어진 것이고 사회와 더불어 되어가는 창조적으로 열린 존재이다. 사회가 간직한 문화적 전통과 그것을 따르는 인간들 사이의 상호작용, 즉 관계적 존재를 통해서만 형성되어가는 것이 인간 존재이다. 이러한 사회의 본질을 어떻게 보느냐는 것은 여러 가지 측면에서 논의되어지고 있다.

첫째, 사회 집단이 자기와 동류(同類)라는 의식이 사회의 본질이라는 점이다. 이러한 입장에서의 사회는 사회 생성(social composition)과 사회 조성(social constitution)으로 나뉜다. 사회의 생성은 개인이나 집단이 보다 큰 집단이나 사회로 확대되어 가는 것을 말하고, 사회 조성은 한 사회의 집단이 상호의존적 계급이나 소규모의 기능 집단 또는 소집단으로 복잡하게 분화되어 가는 것을 말한다. 따라서 사회란 생성 과정을 통한 동류화(同類化)와 또 다른 한편으로는 조성 과정을 통해 이질적인 계층을 형성해 왔다. 이러한 사회 과정 속에서 사회는 분화와 재통합을 되풀이 한다.

둘째, 사회의 형성은 인간의 모방 심리에 의한 인간 사회 행위의 본질을 추구한다고 보는 점이다. 인간은 타인이나 다른 사회의 문화를 본떠 그것을 동일시하고 동질화 하려는 충동을 가지고 있다. 사회의 현상은 반복, 대립, 적응의 과정을 통해 이루어진다. 대립은 적응을 가져 올 수도 있고, 적응은 결과적으로 반복을 가져오기 때문에 사회현상은 이러한 변증법적 발전을 겪는다. 변증법적 발전 과정에서 사회는 모방, 투쟁, 발명의 사회화 과정으로 나타나며, 모방의 사회화는 그 모방된 사회화의 상호간의 투쟁을 통해 새로운 발명이나 발전을 추구하게 된다. 이 발명과 발전은 모방되어 다시 보급되고, 이와 같은 모방을 통해 사회는 체제, 질서, 조직, 제도 등을 동일화 내지는 유사화(類似化)해 간다.

셋째, 사회를 형성하는 것은 인간의 정신이나 의지이며, 이러한 정신과 의지의 포섭 관계가 사회의 본질이 된다. 이러한 의미의 사회 유형은 사회의 형성에서 두 유형으로 나뉜다. 인정과 이해와 협동을 바탕으로 하는 것은 공동사회이고, 합리적이고 타산적인 인간관계를 바탕으로 성립되는 사회를 이익사회라 한다. 이 두 유형의 개념을 바탕으로 사회의 발전 과정을 보면, 혈연이나 지연으로 결합되어 자연발생적으로 성립된 사회는 점차 어떤 목적 아래 계획적이고 인위적 사회로 발전해 간다.

넷째, 사회의 본질은 생물적 유기체와 유사하다는 점이다. 사회의 본질은 개인이 평등해지려는 속성으로 그 전체적인 것은 균형과 진보라고 보는 입장이다. 따라서 사회의 구성 요소인 개개인은 자유로운 경쟁을 통해 기술과 능력을 개발하게 됨은 물론, 결국 그것은 개인의 발전을 가져오며, 개인의 발전은 사회의 진보를 가져온다. 이러한 생존 경쟁을 위해서는 그 조건이 평등해야 한다. 이와 같이 사회적 기능에서 자유와 평등을 이룩하기 위해서는 사회 자체가 산업형 사회로 형성되어야 한다. 이는 개인의 고도한 개성화와 상호의존의 연립성이라는 유기적 원리, 즉 사회유기체설이며, 또한 균형의 근본 조건인 자유와 평등이라는 개인주의 원리가 작용한다.

이런 사회는 작게는 친구 간의 관계에서, 크게는 전 인류의 상호 관계에 이르기까지 여러 가지 유형이 있다. 일반적으로는 발생학적 견지의 입장과 목적의지의 견지에서 분류되고 있다. 발생학적 견지에서는 자연사회와 인위사회, 목적의지의 견지에서는 공동사회와 이익사회로 분류된다.

자연사회는 생물적 조건 또는 지리적 조건 등의 자연적 규정의 작용으로 인하여 생긴 것으로, 혈족단체나 지역공동체 등이 이에 속한다. 혈족단체는 동일혈족을 기초로 성립되는 것으로, 가족·씨족·부족·민족 등을 말하고, 지역공동체란 동일 지역에 거주함을 기초로 촌락·마을·국가와 같은 것이다. 이와 같은 자연사회는 인류의 발생과 동시에 일어난 것으로 처음에는 원시적이었으나 인류의 발달과 동시에 점차로 고등한 상태로 진전하여 오늘에 이르렀다. 인위사회는 기능사회라고도 하며, 주관적 의지나 목적 때문에 자발적으로 구성된 사회로 이해단체나 문화단체 등이 이에 속한다. 이해단체란 이해를 같이 하는 이익조성을 위해 성립하는 것으로 영리회사나 정당과 같은 것이고, 문화단체란 문화가치의 수용과 창조를 위해 구성되는 각종의 학회·연구회·클럽과 같은 것이다. 자연사회는 일정한 목적도 없고, 그 범위도 정해져 있지 않다. 따라서 성원 간의 약속도 없고 또 성원 간의 이익도 기대할 수 없다. 우리는 이익과 불이익의 여하에 관계없이 자연사회의 일원에 포함되어 있다. 이에 반해 인위사회는 일정한 목적을 가지고 그 범위가 확정되어 있다. 따라서 어떠한 목적이나 이익을 목적으로 하고 있으므로, 그 성원이 되는 것이 불이익이라고 느껴졌을 때는 자유로이 그것에서 벗어날 수 있다.

공동사회와 이익사회는 퇴니이스(F. Tönies)가 분류한 것으로 대표적인 사회 분류 형태이다. 이 분류방식은 단체를 구성하는 의지의 본질에 따라 사회를 공동사회와 이익사회로 나눈 것이다. 공동사회는 본질 의지에 기초하여 형성된 사회이고, 이익사회는 임의 의지에 기초하여 형성된 사회이다. 공동사회를 구성하는 본질 의지는 생명 통일의 원리에서 그 중에 사유(思惟)를 포함하고, 그 기초를 두고 과거에 의하여 설명되는 것을 말한다. 이익사회를 구성하는 임의 의지는 사유 그 자체가 구성물이 됨으로써, 관념이 미래를 포장하고, 미래에 의하여 설명되는 것이다. 따라서 본질 의지에 기초하는 공동사회는 영속적이면서 순수한 유기적·생명적 결합이고, 임의 의지에 기초하는 이익사회는 잠시적·표면적이면서도 관념적이고 기계적 결합이다. 그러므로 공동사회의 결합 요소는 주로 애정이고, 이익사회의 결합 요소는 이익 관념이다. 공동사회는 예를 들면 가족·씨족·국민 등이어서, 그것은 애정을 요소로 하여 결합이 공고하고, 그 성원이 가끔 사회를 위해 희생되는 일이 있으므로 희생사회라고도 한다. 이에 반하여 이익사회에서는, 예를 들면 노동조합·주식회사 등에서 볼 수 있는 것처럼, 그 성원은 항상 이익 여부를 따지며, 불이익이 주어진다고 생각할 때 그 사회를 벗어나므로 그 결합은 상대적으로 탄탄하지 못하다. 이익사회는 자본주의 사회의 발달과 자본주의적 문화가 진행되면서 점차로 증가하고 강화되는 경향이 있다.

인간은 사회화 과정을 거쳐 그 윤곽과 기반이 결정된다. 때문에 인간이 사회로부터 출생한다는 의미에서 인간의 사회성은 규정되고 있다. 아리스토텔레스(Aristoteles)는 인간이 사회적인 존재이기 때문에 삶과 모든 경험은 언제나 관계적 존재와 협동력으로 구성되는 사회적 영역, 즉 가정, 학교, 직장, 민족, 국가에서 이루어진다고 하였다. 쉘러(M. Scheler)도 모든 인간의 의식 속에 이미 사회라는 것이 내면화 되어 있으며, 인간은 사회의 일부일 뿐만 아니라 사회는 관계 영역으로서 그 인간의 본질적 부분임을 강조하며 사회와 인간의 필연적 관련을 역설하고 있다. 영(K. Young)의 경우에도, 인간은 먼저 한 개인이고 다음으로 사회의 한 구성원이 되는 것이 아니라, 이미 인간의 실존과 그 성품이 이웃들과의 공동생활과 문화에의 참여를 통한 산물이라고 하였다. 따라서 인간은 임의대로 사회의 일원이 되는 것이 아니라 개인의 존재와 그의 성품은 사회 내 공동생활의 산물로서 숙명적 관계가 있음을 암시한다. 융(C. G. Jung)도 인간은 사회성 없이 존재하지 않는다고 하면서, 산소나 수분, 단백질이나 지방 없이 인간 존재를 생각할 수 없는 것처럼 인간의 사회성은 실존의 가장 필수적 요건 중의 하나라고 강조하였다. 이런 견해들로 볼 때, 인간은 본질적으로 사회성을 기반으로 한 존재라는 것을 알 수 있다. 즉, 자연으로부터 미완성의 존재로 태어나는 인간은 무한한 가능성을 가진 동물에 불과하다. 그러므로 출생하면서부터 인간이라기보다는 사회생활을 통해 사회화 혹은 인간화를 거치는 존재라고 할 수 있다.

인간은 사회 집단 안에서 태어나며 사회적 과정을 통해 성장하고 발달하며 생활을 영위한다. 사회화를 통해 자신이 소속된 사회에 유기적으로 편입되어 자기 능력을 발달시켜 생활에 필요한 지식과 태도·기술을 익히게 된다. 따라서 사회화란 한 개인이 통과 집단을 거치는 동안, 사회가 인정한 행위나 지식·가치·생활양식 등을 습득해 가는 모습이자 학습해 나가는 과정이다.

개인이 어떻게 사회화 되느냐에 대해 뒤르껨(E. Durkheim)은 집합표상(representation collectives)의 구속력으로 설명한다. 집합표상은 사회구성원이 공유하고 있는 관념·행동유형·태도와 가치체계를 망라하여 말한 것이다. 이 체계는 현대의 문화기대에 의해 개인에게 강요되는 것인데, 이 집합표상이 개인에 의해 자기 것으로 수용되는 일이 사회행동에 해당한다. 그래서 사회화는 문화를 개인에게 내면화시키는 과정이 된다.

인간은 영상자아(looking-glass self)를 기준으로 자기를 생각하고 판단하며 반응한다. 타인과의 상호작용을 통해 처음에는 몸짓에 의해, 그 다음은 의미 있는 언어적 상징(verbal symbol)에 의해, 자기의 행위와 말이 타인에게 어떠한 반응을 일으키는가를 알게 되고, 나아가 자기에게 투사되는 타인의 반응을 모방하게 된다. 이렇게 타인의 태도를 모방·내면화하고 남의 역할을 스스로 체득하여 실행함으로써 동일시 현상을 보이게 된다. 일반화된 타자(generalized other), 자신과 직접적으로 상호작용하는 특정인의 태도를 취득하는 과정이 바로 사회화이다. 개인이든 사회체제이든 간에 그것이 속한 사회의 조건과 요구에 맞도록 적응시키되 인간의 사회화는 개인이 사회성원으로 성장해 가는 과정이며, 이러한 성장은 다름이 아닌 관계적 존재 속에서의 협동력을 바탕으로 한다.

사회의 본질이 어떻게 설명되어지든 간에, 그것은 사회의 성원인 개인 간의 협동적 관계인 마음의 상호작용을 기본으로 하고 있다. 따라서 개인과 사회의 관계도 분명해진다. 개인은 사회를 떠나 존재할 수 없고, 사회의 영향을 받지 않는 개인도 생각할 수 없다. 사회는 개인에 의존하고 개인은 사회에 의존한다. 이러한 협동적 존재의 상호작용이 인간의 창조성을 발현하게 하며, 그것이 곧 인류 문화의 가치로 축적된다. 사회가 개인에 의존한다는 것은 어떤 특정한 개인을 떠나 사회가 존재할 수 없음을 뜻하는 것은 아니다. 일반적으로 사회의 관계적 요소들이 일정한 법칙을 유지하고 있을 때, 그 관계적 요소 자체는 독립적 존재로 구성된다. 이러한 독립적 존재는 일정한 법칙을 가질 수 있고, 그 일정한 법칙에 의해 독자적 발전을 할 수 있는 자생력을 가지게 된다.

때문에 사회가 많은 개인의 상호관계에 의해 성립되는 것은 사실이지만, 개별적이고 특수한 개인에 의존하는 것은 아니다. 한 국가 사회가 국민 전체가 없이는 존재할 수 없지만, 개인의 특수한 상황이 변한다고 해서 사회 존재가 변하는 것은 아니다. 다시 말해, 사회가 개인에 의존하는 것은 사회구성원 전부에 의존한다는 의미이지, 특정한 개인에 의존한다는 의미는 아니다. 또 개인이 사회에 의존한다는 것은 관계적 존재의 요소들이 관계성 자체를 떠나서는 관계 요소로 존재할 수 없음을 의미하는 것일 뿐, 관계적 요소 자신이 단순히 하나의 존재로서 존재할 수 없음을 의미하지는 않는다. 따라서 개인이 사회에 속해 있다고 해도, 그것 때문에 개인의 독자성이 위협받는 것은 아니다. 오히려 사회 속에서 개인으로서의 독자적 존재를 다할 수 있다. 때문에 개인은 반드시 일정한 사회의 성원이 될 필요는 없지만, 반드시 항상 어떤 사회의 성원이 되지 않으면 안 된다. 이리하여 인간은 사회 선택의 자유는 있지만, 반드시 사회의 성원이 되지 않으면 안 되는 협동적 존재인 것이다.

협동적 관계에서 이루어지는 인간의 사회적 행동양식은 개인에게 그 사회나 집단에 일치되는 창조적 사고방식이나 행동을 마련하게 한다. 사회인 규범이나 제도 등은 인간에게 그 사회에 일치하는 행동 방식을 요구하게 되는데, 이 행동 방식은 관계성에 의해 협약된 것이다. 이것을 우리는 문화기대라고 부른다. 문화기대는 문화가 그 사회에 속해 있는 구성원에게 그 문화에 따른 생활양식으로 행동할 것을 요구하고 기대하는 일이다. 이는 문화가 갖는 구속력을 말하는 것으로 그 사회에서 지향해야 할 인간성의 이상향(理想鄕)을 의미하며, 그 사회의 관습과 문화가 된다. 그러한 관습과 문화는 인간의 성격, 능력, 욕구 등 개별적 특성을 갖춘 개인의 인성을 형성하는 데 영향을 미친다. 이러한 인성이 동일한 환경에서 관계적 존재 간에 공동의 성격을 띨 때, 그것이 곧 사회적 성격이 된다.

각자의 개성으로 창조성을 가진 개인이 사회나 집단의 협동적 관계를 맺으며 사회활동과 행동으로 표출될 때, 거기에 일치되는 창조적 사고 방식과 행위양식이 형성되고, 거기에 따른 일정한 문화가 형성된다. 다양한 욕망과 능력, 기술을 가진 인간은 그 욕망을 채우기 위해, 협동적 관계를 형성해가고, 그 협동성을 유지하기 위해 창조성을 개발한다. 따라서 그 사회가 요구하는 문화기대는 인간에게 일정한 압력과 요구를 하게 되는데, 이러한 자극이 협동적 관계로 살고 있는 인간에게 경쟁, 또는 협력을 하게 함으로써 창조성을 발휘하게 한다. 이와 같이 협동적 관계에서 나타나는 사회적 압력이 더해져 창조적 사고와 정서가 자극되고, 거기에 자율적 통제가 가해져 창조성을 더욱 발휘하게 하고, 사회적 협력을 유효하게 만든다.

3 이지적 탐구력

창조성에서 가장 핵심적 기능은 이지성이라고 할 수 있다. 이는 사고(思考)에 의한 이성(理性)과 지성(知性)을 소유하고 있는 인간 존재가 그 이지성을 통해 만물을 다루는 영장으로서의 능력인 창조성을 지니고 있다는 말이다. 인간이 창조적 존재라고 하는 뜻은 바로 이성과 지성의 능력을 지닌 이성적 존재라는 측면을 근간으로 한다. 창조성은 이와 같은 인간의 사고 능력으로 나타나는 이지성을 중핵(中核)으로 인간성을 설명한다. 인간에게서 창조성의 이지적 성질은 탐구력인데, 이는 일반적으로 '고등사고기능(高等思考機能)', 이른바 고차원적 사고력이다. 따라서 창조성의 질을 높이기 위한 교육에서는 예외 없이 고등사고기능의 함양을 강조해 왔다.

사고(思考: thinking)의 개념처럼 다양한 의미로 사용되는 용어도 드물다. 현재까지 진행된 사고 관련 연구는 사고나 고등사고기능에 대한 공통적 정의나 분류 방법을 도출해 내기가 어려운 수준에 있다. 사고를 목표 지향적 정신활동으로만 한정해 보아도 사고의 개념은 다양하다. 정신활동을 지식의 표상과 활용으로 나누어 보았을 때, 넓은 의미의 사고는 상상까지 포함하지만, 좁은 의미의 사고는 지식의 활용을 부각시키는 측면이 강하다. 사고의 과정은 외부에서 투입되는 자극을 받아들이고 인식하는 지각에서 투입 정보를 부호화 하는 암기와 투입 정보를 재생시키는 기억, 그리고 지각된 차원의 학습된 정보를 포함한다.

사고에 대한 일반적 의미는 목표 지향적 인지활동을 말한다. 메이어(Mayer)는 사고를 문제해결과 같은 어떤 목적을 성취하려는 목적 지향적 사고와 백일몽이나 무의식적 생각과 같은 비지향적 사고로 나누었다. 이 중에서 목적 지향적 사고를 문제해결과 동일한 것으로 정의하며 의미를 부여하였다. 문제해결은 주어진 상태에서 목표 상태로 움직이는 행위이며, 사고는 문제를 해결할 때 일어나는 정신활동이다. 메이어가 강조한 사고 또는 문제해결의 개념을 이해하려면, '문제'와 '문제해결'의 개념을 보다 심도 있게 이해해야 한다. '문제'란 하나의 주어진 상태에 있으면서, 문제를 해결하는 사람이 주어진 상태를 목표 상태로 옮겨 놓고 싶은데 주어진 상태에서 목표 상태로 가는 과정에서 어떤 장애에 봉착한 상태에 있는 것이다. 문제해결은 주어진 상태에서 목표 상태에 놓인 장애를 지적 조작자(operator)를 이용하여 극복하고 주어진 상태에서 원하는 목표 상태에 도달하는 작업이다.

사고의 의미에서 본 것처럼 모든 사고가 고등정신 기능을 의미하는 것은 아니다. 때문에 사고의 구분이 요구되고, 고차원적 사고와 저차원적 사고를 구분하는 일은 결국 사고 과정이나 문제해결 과정에 작용하는 사고 기능의 수준을 구분하는 일이다. 문제해결의 과정에서 작용하는 사고 수준을 가늠하는 데는 과제 분석이라는 방법이 사용된다. 과제 분석은 사고 과제를 여러 개의 요소 사고 기능, 즉 문제를 해결하는 데 필요한 사고 기능으로 나누어 본다. 예를 들면, 언어 유추문제를 해결하는 인지 과제는 단어의 부호화, 추론, 적용, 정당화 등의 요소 사고 기능을 필요로 한다. 지각이나 기억 등의 단순한 요소 사고 기능만을 요구하는 경우에는 낮은 수준의 사고라 할 수 있다. 고등사고의 기능은 추론, 판단, 비교, 적용 등과 같이 단순한 기억을 넘어서는 요소 사고 기능들이 보다 복합적으로 적용되어야 한다.

사고의 수준은 결국 어떤 종류의 문제를 해결하는데 사고가 적용되었는가에 따라 달라진다. 문제의 유형은 사고의 고차원성을 가늠하기 위한 중요한 준거가 될 수 있다. 여러 가지 분류방법이 적용될 수 있겠지만, 가장 흔히 분류되는 문제의 유형은 '잘 정의된(well-defined) 문제'와 '잘 정의되지 않은(ill-defined) 문제', 또는 '확산적 사고를 요구하는 문제'와 '수렴적 사고를 요구하는 문제'이다. '잘 정의된 문제'는 주어진 상태와 목표 상태가 명확하게 정의되어 있으며, 사용할 수 있는 조작자도 확실한 문제이다. 예를 들면 x+4=6이라는 방정식의 x값을 구하는 문제이다. 이와 반대로 '잘 정의되지 않은 문제'는 주어진 상태나 목표 상태가 명확하게 정의되어 있지 않으며 사용할 수 있는 조작자도 별로 확실하지 않은 문제이다. 예를 들면 '대중을 감동시킬 수 있는 연설문을 작성'하는 것은 잘 정의되지 않은 문제이다. 수렴적 사고를 요구하는 문제는 단 하나의 정답을 요구하는 문제이며, 확산적 또는 발산적 사고를 요구하는 문제는 복수의 답이 가능한 문제이다. 수렴적 사고만을 요구하는 문제는 창조성이나 창의력을 크게 요구하는 것은 아니다.

    문제유형에 대한 고찰은 모든 문제해결력 또는 문제해결 기능이 바로 고등사고기능이 아니라는 점을 확인시켜 준다. 문제해결 기능은 문제의 종류 또는 유형에 따라 고등사고기능이 될 수도 있고 그렇지 않을 수도 있다. 틀에 박힌 문제를 해결하는데 적용되는 요소 사고 기능은 주로 지각이나 기억과 같은 것이므로, 결코 고등사고기능이라 할 수 없다. 예를 들어 초등학생에게 2+2=?과 같은 틀에 박힌 문제는 단순 기억만으로도 해결될 수 있다. 이를 해결하는 능력은 문제해결력이라고 불릴 수는 있지만 결코 고등사고기능에 속한다고 할 수는 없다. 문제해결 개념은 이와 같이 광범위한 것으로, 맥락에 따라 어떤 종류의 사고를 의미하는지 파악해야 한다. 문제해결은 목적 지향적 사고와 동일시 할 수 있으면서도 경우에 따라서는 고차원적 사고 기능을 의미하는 제한적 용어로 사용하기도 한다. 넓은 의미에서 문제해결은 인지 및 사고와 동일한 개념이며, 좁은 의미의 문제해결은 높은 수준의 사고를 요구하는 고등사고기능으로서의 문제해결이다. 우리가 교육에서 '문제해결력을 함양시켜야 한다'고 주장할 때의 문제해결력은 분석이나 판단 등, 기억보다 높은 수준의 요소 사고 기능을 요구하는 고등사고기능인 좁은 의미의 문제해결력을 의미한다.

    또한 고등사고기능으로 자주 언급되는 비판적 사고, 추론, 의사결정, 창의성, 또는 창의적 사고는 모두 문제해결의 한 영역이다. 추론 중에서 연역적 추론은 전제가 주어진 문제해결자가 논리 규칙을 적용하여 어떤 결론에 도달하는 문제를 해결하게 되는 사고이다. 귀납적 추론은 문제해결자에게 일련의 사건이나 사례가 주어지고 이들로부터 어떤 규칙을 찾아내어 문제를 해결하게 되는 사고이다. 비판적 사고는 어떤 주장을 생성하고 평가하는 문제를 해결하는 사고이며, 창조적 사고는 새로운 아이디어를 생성해내야 하는 문제해결을 할 때 적용되는 사고이다. 결국 모든 문제해결이 고등사고기능에서 가능한 일이 아니듯이 모든 의사결정, 비판적 사고가 고등사고기능은 아니다. 이러한 구분은 여전히 문제의 유형 또는 문제가 요구하는 사고 수준에 따라 달라진다. 이는 문제를 해결하는 과정에 필요한 사고 기능이 단순 기억과 같은 단순한 사고 기능에만 치중되면 고등사고기능에 속할 수 없음을 의미한다.

    그러나 고등사고기능과 낮은 수준의 사고 기능이 확연히 구분되는 것은 아니라고 보는 견해도 있다. 예를 들면, 읽기와 같은 비교적 단순해 보이는 과제에서도 추론과 같은 고등사고의 기능이 나타날 수 있다. 따라서 고등사고기능은 문제해결에 의해 구분되는 것이 아닌 몇 가지 특징을 가지고 있다. 고등사고의 특징은 다음과 같은 몇 가지 특징을 지닌다. 첫째, 사고 행위의 행로가 미리 완전하게 구체화 되어 있지 않다. 둘째, 어떠한 단 하나의 관점에서도 모든 사고의 과정이 한눈에 보이지 않을 정도로 복잡하다. 셋째, 단 하나의 독특한 해답보다는 비용과 이득이 각각 다른 복수의 해결안을 산출하는 경우가 많다. 넷째, 판단과 해석을 포함한다. 다섯째, 때로는 서로 상충하기도 하는 여러 개의 준거를 적용하는 경우가 많다. 여섯째, 과제가 내포하고 있는 것들이 모두 일시에 알려지지 않는 경우가 많아서 불확실성을 안고 있다. 일곱째, 사고 과제가 자기 규제를 포함한다. 여덟째, 보기에 무질서한 것 가운데 구조를 찾아내는, 즉 의미부여를 포함한다. 이러한 고등사고의 과정에서는 정교화와 판단을 요구하는 등 상당한 지적 노력이 필요하다. 따라서 고등사고기능은 창조적 사고의 특징을 나타낸다.

사고에서 탐구력은 개인이 선천적으로 타고나는 능력이기보다 훈련이나 연습에 의해, 교육에 의해 향상될 수 있는 인간의 잠재적 성향이다. 고등사고기능의 교육 가능성에 대한 문제는 그것이 전이(轉移) 가능한, 즉 탐구력이 얼마나 일어나느냐의 창조성 발현을 위한 교육 효과를 가늠하는 척도가 될 수 있다. 고등사고기능은 전이 가능하지만 구체적 결과는 조건에 따라 크게 달라진다. 따라서 고등 정신인 탐구력의 교육 조건을 조성해주고 찾아내는 일이 창조성 교육의 핵심 과제라 할 수 있다. 이러한 고등사고의 기능은 넓은 의미에서 지성의 작용인 탐구력으로 상상과 사고를 바탕으로 한다.

지성(知性)은 감정(感情)이나 의지(意志)와 상대되는 의미로, 감각(感覺), 지각(知覺), 직관(直觀), 오성(吾性) 등의 지적 작용을 맡은 능력을 총칭하는 말이다. 이성적 사고나 판단을 이루는 포괄적 의미의 고등사고를 뜻한다. 지성의 성질을 기초로 그 이치를 헤아려 깨닫는 능력이 이성이다. 즉, 지성의 개념을 사유하는 능력으로 인간에게 주어진 선천적 능력이 이성인 것이다. 이렇게 보면 지성은 상상의 속성을 내포하고 있는 것으로 이미 아는 사실이나 관념을 재료로 삼아 새로운 사실이나 관념을 통찰하는 고등사고의 작용이다. 이성은 사고의 속성을 내포하고 있는 것으로, 생각이나 궁리를 통해 그 이치를 헤아려 통각(統覺)하는 지성의 이론적·추리적 전이 작용이라고 할 수 있다.

상상(想像) 작용에 가까운 지성은 비현실적 사고 작용에까지 전이될 수 있으며, 사고 작용에 가까운 이성은 현실적 상상의 전이로 봐야 한다. 이러한 인간의 지성[想像]과 이성[思考]이 전이되는 접점에서 인간은 새로운 정신세계를 만들어간다. 지성적 상상 작용에 이성적 사고 작용이 가해져 어떤 장면을 상정하고, 그 속에서 취사선택할 수 있는 탐구력이 전체적 구상을 낳게 하여, 새로운 독창적 사고, 즉 창조성이 발현된다.

4 도덕적 선행력

도덕이 궁극적으로 추구하는 것은 인격 형성이다. 인간의 도덕성을 강조하는 것은 올바른 삶을 가르치기 위해서이다. 도덕이 대상으로 삼는 것은 인간 삶의 문제이며, 그 도덕적 실천의 목적은 인간에게 덕성을 함양하게 하여 삶을 바람직하게 향유하게 하기 위해서이다. 덕성이 함양된 사람을 '인격자'라고 부르며, 이 인격자가 지니고 있는 특성을 도덕성이라고 부른다. 따라서 도덕적 실천은 덕성을 함양하기 위한 것으로 볼 수 있으며, 이 덕성은 개인의 관계적 존재에서 발현된다. 이는 대체로 인간이 덕성을 가진 존재이기도 하지만, 동시에 관계적 존재로 이루어지는 사회의 일반적 행동양식을 따라야 하는 의무를 지닌 존재임을 의미한다. 다시 말해, 각 개인의 덕성이 어떻게 발현될 것인가를 결정할 때, 사회적 규범이 개입하여 조정된다. 이러한 과정에서 사람은 개인적 덕성, 즉 인격과 사회적 규범을 조화시키는 도덕적 인간으로서 인격자로 형성된다.

인격자로서의 준거는 선행력(善行力)의 정도에 따라 결정된다. 선행력의 도덕적 실천은 인간생활의 전반적 영역과 관련된다. 그것은 도덕적 실천의 대상이 인간의 바람직한 삶을 목표로 해야 하기 때문에 그렇다. 이런 이유에서 도덕은 사람이 지켜야 할 도리, 즉 윤리(倫理)라는 의미로 일반화된다. 사람과 사람 사이의 관계에서 지켜야 할 도리가 구체화된 것을 '윤리'라고 하는데, 윤리의 개념은 독자적으로 논의될 수 없다. 거기에는 반드시 인간관 및 사회관을 수반해야 한다. 왜냐하면 윤리 개념을 뒷받침하는 조건들에 따라 선행력이 발현하는 바람직한 측면과 그렇지 않은 기준이 달라지기 때문이다. 여기에서 인간의 창조성 교육이 요청된다. 도덕실천의 기준이 선행력의 의미를 확산시키고, 가치적 갈등을 일으키는 도덕의식들 사이의 조화와 통일을 이루기 위한 창조성의 조장이 당연한 일이 된다. 때문에 도덕적 실천의 본래적 의미는 사람과 사람 사이의 도리를 이해시키고, 이러한 도리에 따라 선행력을 실천하는 데 있다.

그렇다면 도덕적 실천을 의미하는 선행력은 구체적으로 무엇을 의미하는가? 그것은 너와 나, 우리로 구성되는 사회 공동체의 행복에 기여하는 행위 규칙이다. 사회 공동체의 행복에 기여하는 행위 규칙은 가치 높은 성장 과정을 통해 그 사회의 공동선인 문화를 창조하고, 인간의 덕성 함양을 통한 인격의 창조와 사회 및 국가의 가치를 창조하는 일이다. 긍정적으로 볼 때 도덕의 의미는 선행력의 실천을 통해 인격과 그 사회 및 국가의 가치를 창조하는 일을 본질로 한다.

도덕이 참된 의의를 지닐 수 있는 것은 도덕적 의식이 존재하기 때문이다. 따라서 도덕적 의식의 존재가 무엇보다도 중요하다. 도덕은 도덕적 의식에 의해 비로소 존재하고, 도덕적 의식은 도덕을 성립시키는 근원이다. 그렇다면 도덕적 의식이란 어떤 것인가? 도덕적 의식은 사람의 행위나 품성 및 그 선악정사(善惡正邪)에 관하여 어떠한 관심을 가지는 일이다. 이것이 가장 확실한 모습으로 발현하는 것은 도덕적 판단에서이다. 도덕적 판단이란 선악정사의 가치를 판정하는 일을 말한다. 판단에는 판단의 주체와 그 대상이 있어야 한다. 도덕적 판단의 주체는 양심이며 그 대상은 덕성 및 행위이다. 여기서 양심 및 덕성, 행위는 도덕을 논하는 가장 핵심적인 일이다. 양심은 도덕적 의식의 일종으로 선악정사의 가치판단을 말한다. 이러한 양심의 작용은 모든 인간이 소유하는 것으로 양심 없이는 도덕이 성립되지 않는다.

양심의 본질은 도덕적 의식의 전체적·통일적 작용이다. 그 속에서 이성을 명시하고 행위를 인식하며 선악의 환경을 조율하는 지적인 묘사가 이루어진다. 행위 이전의 지도적 작용이나 행위 이후의 심판적 작용을 하는 정신적 요소도 있고, 악에 대해 억제나 선의 발동작용을 하는 요소 등이 포함되어 있다. 양심은 누구나 소유하고 있으며 그 양심의 도덕적 가치판단은 자기의 행위나 품성에 관해 실천되는 것이 일반적이다. 이를 인간의 도덕적 실천으로서 선행력이라고 하는 것이다.

이러한 도덕적 실천으로서의 선행력은 인격이 있는 자가 자유의지에 기초하여 행하는 의식적 활동이다. 도덕적 실천을 분석해보면, 대체로 그것은 다섯 가지의 요소에 의해 성립된다. '동기, 지향, 결의, 동작, 결과'가 그것이다. 양심은 도덕적 실천에 관해 평가를 내리는 일이지만, 다섯 가지 요소 가운데 어디에 중점을 두느냐에 따라 도덕적 판단이 결정된다. 일반적으로 도덕적 판단의 중점은 동기설과 결과설로 나누어진다. 동기설은 결과가 악이라 하더라도 동기가 선이라면 그 행위는 선이라는 이론이다. 결과설은 행위의 선악은 결과의 여하에 따라 결정된다는 이론이다. 그러나 가장 정확한 도덕적 판단은 행위의 모든 요소를 깊이 생각한 후에 이루어져야 한다. 동기와 결과 모두에서 인간의 도덕적 실천은 선행력으로 시작되고 귀결되어야 한다.

이런 점에서 인간의 덕성은 행위에 기인하는 의지의 습관화에 의해 형성되는 것으로, 그 행위를 결정한다. 덕성은 습관화된 의지이기 때문에, 그 의지도 강한 것과 약한 것의 두 방면에서 생각할 수 있다. 의지가 선한 방향으로 작용하여 인간 덕성이 창조적으로 발현되도록 인도하는 것을 선행력이라 하고, 악으로 향하는 것은 나쁜 품성이기 때문에 이 나쁜 품성은 인간성 본질의 전도, 즉 창조성의 퇴보이다. 따라서 도덕적 판단에 의한 실천은 선의 강한 품성으로서 선행력의 창조적 표현인 것이다.

도덕적 판단과 실천은 양심이 행위 및 덕성에 대해 그 선악정사의 가치결정이 선행력으로 나타나는 것이다. 이때 도덕생활의 기초가 되어야 할 가장 중요한 것이 창조적 활동이다. 이를 기초로 활동할 때, 우리는 선을 따르고 악을 피하는 도덕적 판단과 실천을 할 수 있다. 선을 알고 행하며, 악을 알고 배척하는 일은 우리의 자유의지로서 창조적 활동에 기인한다. 즉, 우리의 의지가 어떤 다른 데 구속되지 않고 완전히 자유롭게 활동하는 창조적 활동을 전제로 하지 않으면, 우리의 도덕생활은 성립될 수 없다. 이 지점에서 창조성에 관한 의지 문제가 제기된다.

5 예술적 심미력

예술은 창조적·직관적으로 미적(美的) 이념을 표현하는 행위이다. 다른 사람과 공유할 수 있는 심미적 대상, 환경, 경험을 창조하는 과정에서 재질과 상상력을 발휘하는 창조 활동과 그 성과를 나타내는 인류의 문화 현상이다. 사람의 창조성을 가지고 삶에 필요한 것을 만들어내는 창조적 활동, 또는 그 활동의 결과로 만들어진 것을 뜻하는 말로, 기술(技術)의 의미까지도 포함한다.

원래 예술(藝術)에 해당하는 그리스어 테크네(techne), 라틴어의 아르스(ars), 영어의 아트(art), 독일어의 쿤스트(kunst), 프랑스어의 아르(art) 등은 일반적으로 일정한 과제를 해결해낼 수 있는 숙련된 능력, 또는 활동으로서의 기술을 의미하는 말이었다. 그러나 오늘날 예술이란 말은 미적 가치를 형성시키는 일체의 창조적 생산 활동과 그 소산을 뜻한다. 인간의 타고난 능력으로 독창적이고 직관적으로 얻은 아름다운 생각을 형상으로 만들어내는 역동적 과정, 또는 그 과정을 통해 이루어진 작품을 말한다. 이때 드러나는 예술성은 인간 모두에게 인간의 본성으로 내재되어 있는 예술적 창조성이 발휘되어 생성되는 것이다. 따라서 예술이란 미적 가치를 나타내는 일체의 생산 활동과 그 결과를 말한다.

이 예술성은 선천적 본성이기 때문에 모든 사람들에게 내재하고 있다. 인간은 특별히 미술이나 음악이나 율동을 배우지 않아도 일상생활에서 심미적 감정으로 생활환경을 아름답게 꾸미고 흥겨운 노래를 부르며 율동을 즐길 수 있다. 이는 인간에게 선천적 예술성이 있기 때문이다. 이와 같은 인간의 예술성은 다른 동물에게서는 찾아볼 수 없는 근원적 특성이며 인간의 생활을 더욱 아름답게 하고 감정을 순화하여 환경을 아름답게 가꾸어 나가게 한다. 요컨대, 예술성은 인간 모두에게 선천적으로 내재되어 있는 것으로 그 창조적 작용은 예술적 심미력으로 발휘되어 이루어진다.

심미력(審美力)으로서 예술의 창조적 심리는 모든 사람이 지니고 있는 선천적 요소이다. 때문에 인간은 예술의 충동이나 예술 의지를 갖게 되고, 이러한 충동이나 의지가 창조 작용을 일으켜 예술적 창작 심리를 발현하게 만든다. 창조성의 예술적 성질에서 핵심적인 것은 '심미적 구상'이라고 할 수 있는데, 이것이 바로 심미력이다. 심미력은 아름다움이나 가치 있는 것을 생산하게 만드는 가치 실현적인 생산적 구상력이다. 인간은 예술을 지향하는 의지성을 바탕으로 아름다움을 느끼고 체득하는 심미성, 아름다움을 구성하는 구상성, 미적 개성을 표현하는 유연성, 아름다움을 섬세하고 교묘하게 표현하는 정교성 등을 발휘하여, 창조적 예술 가치를 실현한다. 따라서 인간이 갖고 있는 심미력을 정점으로 예술의 창조 작용은 다음과 같은 단계를 거쳐 이루어진다.

첫째, 무엇인가를 생산하거나 만들고 싶은 단계이다. 이는 예술적 창작 충동의 원천으로서 아름다움에 대해 희미하게 일어나는 마음의 상태를 말한다. 보통의 심리상태와는 다른 특수한 마음의 상태로서 약간의 긴장, 기대, 노력의 동기가 개성적 특성으로 발동되어지는 상태이다. 여기서 작품을 구상하고 싶어진다.

둘째, 창조적 상상력이 자극되는 단계이다. 무엇인가를 만들고 싶은 희미한 마음의 상태가 하나의 예술로 전체적 테두리를 얻게 되는 단계이다. 이는 영감(inspiration)에 의해 구상 작용이 시작되는 것을 말한다. 이 단계에서는 세부적 내용은 아니지만, 전체적 모습이 머릿속에서 싹틈을 말한다. 예술의 창조적 심리로 이 지점이 가장 핵심적이고 중심적인 단계이다.

셋째, 구상하는 내용이 통일과 질서를 얻는 단계이다. 이 단계는 예술적 창작이 아직 완전치는 않지만 그만큼 정리된 내용이 반(半)형상화 된다. 작품이 완성에 이르는 동안의 중간 준비에 지나지 않지만, 예술가의 창조력이 우러나온 상태에 가장 가까이 다가가는 개성이 엿보이기 시작한다.

넷째, 구상력이 완성되는 단계이다. 구상으로 가다듬은 형상이 외현되는 예술 창조의 마지막 움직임의 단계이다. 이 단계에서는 심신 작용이 동시에 이루어지기 때문에 비로소 하나의 예술성이 완성된다.

이와 같은 심미력의 예술적 창조 작용에 의한 가치 실현이 예술적 창조성의 통일체를 만들어 낸다. 예술적 창조성은 인간의 정신적, 사회적 문화생활과 밀접한 관계를 맺으며, 독자적 가치를 지닌 독립적 창조성을 유지하게 된다. 심미력은 예술적 구상력을 갖게 하는 창조성으로 모든 사람이 선천적으로 갖고 있다. 때문에 인간은 예술의 충동이나 의지를 갖게 되며, 이러한 충동이나 의지가 창조 작용을 일으켜 예술의 창작 심리를 발현하게 만든다. 예술 창작 심리의 핵심은 인간의 심미력으로, 그 심미력은 아름다움이나 가치 있는 것을 생산하는 가치실현으로써 생산적 구상력이다.

인간의 이와 같은 심미력에 의한 예술적 창조성은 예술적 가치 외에도 지적·도덕적·종교적·사회적으로 여러 가지 가치를 창출해낸다. 예술적 창조 안에는 그것이 가지는 아름다움 외에도 여러 가지의 가치가 인간의 감정에 맞게 형성되고 있다. 예술적 태도의 심미력이 예술로서 의의를 가진 여타의 가치를 만들어내고 있는 것이다. 예술적 창작품 속에는 예술로서의 아름다움이 아름다움 이외의 것으로 통합되고 있다. 그러므로 예술은 사람의 정신적·사회적인 문화생활과 밀접한 관련을 맺고 있으면서도 그 독자적 가치를 따라 창조적 가치를 형성한다.

6 종교적 신애력

종교는 일반적으로 인간과 초월적 절대자와의 신앙적 관계이다. 인간의 마음속에는 항상 스스로의 약함과 어떤 한계 안에서 살고 있음을 인정하고 미래 지향적 심성을 갖고 생존한다. 인간은 무능하고 무지하며 내일을 예측할 수 없는 두려움 때문에 절대자에게 의지하려는 심성을 갖는다. 이것을 의빙성(依憑性)이라고 한다. 때문에 인간이 존재하는 곳에 종교가 있고, 인간은 자기와 현실을 초월하여 미지의 세계를 이상화하고 동경하며 추구하는 심성을 갖게 된다.

종교는 인간 정신문화의 하나이며, 인간의 여러 가지 문제 가운데 가장 기본적인 것에 관하여 경험을 초월한 존재나 원리와 연결 지어 의미를 부여하고, 또 그 힘을 빌려 일반적 방법으로 해결이 불가능한 인간의 불안, 죽음, 심각한 고민 등을 해결하려고 한다. 이러한 인간이 생로병사(生老病死)에 이르는 것도 어쩔 수 없는 운명이지만, 인간은 행복을 구하다 불행을 얻으며, 삶을 아끼면서 죽음에 도달하고, 영원함을 뜻하나 소멸과 공허로 돌아간다. 그것이 인간의 삶이다. 여기에 모든 인간들은 자연스럽게 자신의 존재와 능력을 초월하는 어떤 힘의 실재를 찾게 되고, 그 초월적 능력의 실재와 신앙 관계를 가지게 된다.

인간은 많은 종교를 알고 또 그것들을 인정하고 있다. 종교 자체의 형태가 어떠하든, 종교적 이해와 신앙을 통해 삶의 근본이 되는 교훈을 초인간적 실재로부터 얻는다. 이는 종교라는 차원에서 그 본질이 동일하기 때문이다. 종교의 본질은 실재가 어떠하든 인간의 믿음과 사랑인 신애력(信愛力)이라는 데 있다. 따라서 종교의 의미는 인간의 믿음과 사랑이 본질에 자리하고 있으며, 이러한 신애력은 신앙과 사랑의 실천을 통해 가치 창조의 길을 실현하게 만든다. 인간의 종교적 의빙성(依憑性)은 자아에게 무한한 자신감과 정신적 힘을 갖게 한다. 종교는 믿음과 체험에서 그 중심 내용이 이루어진다. 이 믿음과 체험의 본성이 다름 아닌 사랑이다.

예수 그리스도의 사랑, 석가모니의 자비, 무함마드의 평화, 공자의 인(仁) 등, 종교적 체험의 바탕은 사랑이다. 초월적 실재로부터 주어지는 사랑에 의해 인간은 구원받고, 또 그 사랑을 다른 사람에게 실천하는 데서 무한한 정신적 힘이 발휘된다. 기독교에서는 천지와 인간을 창조하신 하나님이 인간에게도 창조의 능력을 주심을 믿고 사랑의 실천과 신앙에 의한 길의 실천에서 가치 창조 실현의 길로 나아간다. 불교에서는 자기 스스로를 구명(究明)하여 깨달음을 통해 흔들리지 않는 각성을 통해 자아 창조의 길을 찾는다. 이슬람교에서는 평화와 복종을 통해 가치 창조의 길로 나아가고, 유교에서는 인간의 심신을 닦아 성인의 길에 이를 것을 강조하는데, 이는 인간관계에서 사랑인 인(仁)의 실천을 통한 자아 창조의 실현인 것이다. 이와 같이 인간은 의빙성에 의한 신앙을 통해 그 믿음과 사랑으로 무한한 자신감과 힘과 인내로 창조적 자아와 창조적 문화를 찾아, 가치 창조 실현의 길로 나아간다. 그 종교의 믿음에 입각하여 자아의 존재를 구명하고, 그 믿음의 교의를 바탕으로 인격 도야와 초월된 자아로 창조적 자아를 찾고 부단한 초월을 통해 창조적 자아를 발전시킨다.

종교는 신앙의 대상이 되는 초세속적 실재의 본질에 따라 제각각의 특색을 지닌 종교문화를 창조한다. 불교에서는 불교 특유의 불교 문화를, 기독교에서는 천지와 인간을 창조하신 하나님과 예수 그리스도의 사랑을 근거로 한 독특한 기독교 문화를 창조해 왔으며, 이슬람교에서도 평화와 희사(喜捨)를 중심으로 하는 독특한 이슬람 문화를 창조해 왔고, 유교에서는 인간의 보편적 생활 속에 사람을 사랑하는 것이 곧 자연의 이치라는 유교 문화를 창조해 왔다. 역사적으로 이러한 종교에서 믿음과 사랑은 그 사회의 문화를 이룩하여 그 창조적 가치를 빛내고 있다. 이처럼 종교에 의한 믿음과 사랑은 인간으로 감당하기 어려운 고난과 희생을 담대하게 감수하여 초인간적인 업적을 창조하게 된다. 종교성에 깊이 각성한 사람은 비범한 업적을 창조하게 되며, 인류 역사상 철저하게 종교성에 각성하고 헌신적인 노력을 실행했던 위대한 많은 위인들을 찾아볼 수 있다. 인간의 근원적 본성으로서 창조성의 종교적 성질인 신애력은 그 종교에 대한 신앙으로 자아를 창조하고, 인간에 대한 사랑을 실천하여, 가치 창조의 실현을 이룩하는 일이다.

인간은 종교적 신애력에 의한 실천에서 자아를 창조하고 정신문화를 창조하며, 가치 창조 실현의 길로 나아간다. 그것은 믿음과 사랑인 신애력을 바탕으로 한다. 믿음이란 종교에 대한 신앙을 갖고 그 종교상의 교리와 교의적 내용을 굳게 믿고 실행하는 자세이며, 사랑이란 종교적 뜻에 따라 이웃과 사회와 국가를 위해 헌신적으로 도와주거나 일하는 봉사를 말한다. 이는 종교적 인간애를 전제로 한다. 헌신적 봉사정신에 의한 믿음과 사랑은 인간에게 신념적 힘을 갖게 한다. 이 신념적 힘은 인간에게 무한한 가능성을 열어준다. 신애력에서 나타나는 믿고 사랑하는 정신은 스스로 약한 인간의 마음을 굳건하게 만들어 생활과 삶의 목적으로서 지표가 되며, 모든 일에 활력을 불어 넣는다. 여기에서 인간의 의지적 자유와 힘이 생성되며, 그 힘은 인간이 무한한 도전과 창조의 신념을 갖게 한다.

7 욕구를 통한 의욕과 사고 형성

욕구는 기본적으로 인간의 창조적 의욕과 사고를 형성하게 한다. 우리에게 익숙한 매슬로우(Maslow)는 인간의 기본적 욕구를 다음과 같은 단계로 구분하고 있다. 제1단계는 생리적 욕구로 생명의 정상적인 상태(Homostasis)를 유지하려는 욕구이다. 제2단계는 안전의 욕구로 신체적 보전이라고도 하는데, 폭력과 경제적 곤란에서 생명과 재산을 보호하려는 욕구이다. 제3단계는 애정의 욕구로, 사랑하고 사랑을 받으며 집단에 속하고 우애로운 사회 환경 등에 대한 욕구이다. 제4단계는 자기존중과 사회존중의 욕구로 업적에의 욕구와 타인으로부터 인정받으려는 사회적 승인의 욕구이다. 제5단계는 성취욕구이며 자기완성의 욕구이고 자기발전에 유익한 것을 현실화하여 그 능력을 건설적으로 이용하려는 욕구이다. 이와 같이 인간의 기본적 욕구는 자기생명의 보전과 사회적 승인, 그리고 자기실현을 위한 욕구이며 인간의 본성인 창조성의 기본적 표현이다.

오기다 히로모도(扇田博元)는 창조성에 대해 인간의 성질 가운데 하나의 특수능력으로 생각하지 않고, '인간성의 중심적 요소'로 생각하였다. 인간은 이런 창조성을 통해 사회 속에서 새로운 가치를 창조하고 발견하려는 욕구를 지니고 있다고 보았다. 창조하려는 욕구에서 출발하여 창조성을 창조적 능력과 창조적 태도로 구분하고, 다시 그 능력을 창조적 사고력과 창조적 표현력으로, 그 태도는 창조적 의욕과 창조적 활동으로 구분하여, 창조하려는 욕구의 발전과정을 해명하였다.

인간성과 욕구의 핵심에 자리하는 창조성에 대해 로웬펠드(Lowenfeld)는 그 특질을 8개로 제시하고 있다. 첫째는 문제에 대한 민감성(Sensitivity to problems), 즉 주어진 문제에 대하여 민감하게 반응하는 능력이다. 둘째는 융통성(融通性: Fluency), 즉 관념적으로나 실리적으로나 융통적으로 사유를 자유롭게 판단하는 능력이다. 셋째는 유연성(柔軟性: Flexibility), 즉 자기의 능력을 새로운 사태에 적응시키는 능력이며 어떠한 경우에도 자유자재로 적응하는 능력이다. 넷째는 독창력(獨創力: Originality), 즉 새로운 것을 창조하는 능력이다. 다섯째는 재결정 및 재구성력(Redefinition and ability to rearrange), 즉 대상에 대한 힘의 방향을 바꾸어 새로운 각도에서 재구성화함으로써 문제해결의 방향을 제시한다. 여섯째는 분석 또는 추상력(抽象力: Analysis or ability to abstract), 즉 일반법칙을 발견하기 위해 마음속의 영상을 분석하고 추상하는 능력이다. 일곱째는 총합과 결합(Synthesis), 즉 많은 요소를 모아서 새로운 체계와 의미를 만들어 내는 능력이다. 마지막 여덟째는 조직의 일관성(Coherence of organization), 즉 창조력을 발휘하기 위해 하나의 목표를 향하여 모든 경험을 조직화하는 능력이다. 로웬펠드는 이런 점을 전제로 전체로서의 개인 발달을 강조하였고, 잠재하고 있는 창조성을 발현시키기 위해 사고, 감정, 지각 등을 모두 같이 발달시켜야 한다고 보았다.

길포드(Guilford)도 창조성의 기능을 분석하여 7개의 창조 인자를 제시하였다. 그 첫째는 문제를 받아들이는 능력, 즉 문제에 대한 감수성과 평가하는 능력이다. 둘째는 사고의 원활성, 즉 사고의 풍부성이며 언어연상(連想), 표현, 관념의 원활 등 네 개의 인자를 포함한다. 셋째는 사고의 유연성, 즉 낡은 생각을 버리고 새로운 생각을 채용하는 능력이며 그것은 자발적인 유연성과 적응의 유연성의 2개 인자를 포함한다. 넷째는 독자성, 즉 보통 사람과 달리 비범한 새로운 생각을 만들어내는 능력이다. 다섯째는 교묘성(巧妙性), 즉 사태를 판단하고 처리하는데 뛰어난 능력이다. 여섯째는 재구성하는 능력, 즉 현실 문제를 새로운 각도에서 재구성화 함으로써 해결하는 능력이다. 일곱째는 완성하는 능력, 즉 전술한 6개의 능력에 의하여 새로운 해결을 시도하는 능력이다. 그는 문제를 해결하기 위하여 사고의 원활성, 유연, 독창성을 발휘하는 확산적 사고와 문제를 집중적으로 생각하고 재구성하여 나가는 집중적 사고 그리고 행동적 사고를 제시하고 있는 점에서 특이하다. 그러나 창조성의 기능으로서 제시한 창조인자는 대체로 로웬펠드의 창조성의 특징과 유사한 부분을 발견할 수 있다.

오기다 히로모도(扇田博元)는 창조적 사고를 두 가지로 생각한다. 하나는 생활에서 '감성적 사고'로부터 '논리적 사고'로 다시 논리적 사고로부터 높은 차원의 사고를 나아가는 힘을 창조적 사고라고 한다. 또 하나의 측면은 '자아적 욕구'로부터 사회향상을 위해 필요한 '사회적 욕구'로 높여 나가려고 하는 사고를 창조적 사고라 하였다. 이 양면을 통합한 것이 '생활 창조의 사고력'이다.

이나모(稻尾訓風)는 적극적 창조성과 수동적 창조성으로 구분하였는데, 적극적 창조성은 구가치에서 신가치를 창조하는 일이고, 수동적 창조성은 모방력, 수용력, 동화 등이다. 또 실질적 견지에서 개체적인 것과 초개체적인 것으로 구분하였는데, 개체적인 것은 인격의 본성을 형성하는 일이고 초개체적인 것은 민족 국가를 형성하는 일이다. 그리고 체육교과목을 통한 신체적 창조성과 기본 교과와 예능 교과 등을 통한 심적 창조성, 종교적인 것이나 정의적인 것을 통한 도덕적 창조성을 제시하기도 하였다. 이외에도 브루너(T. S. Brunner)의 경우, 창조성에서 '분석적 사고'와 '직관적 사고'를 중시하였다.

문제는 인간의 의욕과 사고가 인간의 활동으로 나타난다는 점이다. 인간의 활동은 창조성의 발현이며 생물적 생명을 보전하고 성장시키려는 활동으로부터 자아의 정신과 이상을 보전하고 현실화하는 활동, 그리고 사회문화적 가치를 실현하는 활동으로 전개된다. 머레이(H. A. Murray)는 창조성을 독창적 관념을 산출하고 발전시키는 현재적 능력, 새로운 방법을 산출하는 능력 가설을 구성하는 능력, 새로운 설명을 제출하는 능력, 예술적 가치가 있는 작품을 구성하여 나가는 능력이라고 하였다. 그가 말하는 관념을 생산하고 발전시키며 새로운 방법을 산출하고 가설을 구성하며 작품을 구성하는 능력은 활동으로 전개된다. 그러나 모든 활동이 창조적인 활동이라고 할 수 없다. 자발성에서 전개되는 활동만이 창조적 활동이 될 수 있다.

모레노(Moreno)는 세계는 무한한 창조에서 시작되고 창조는 자발성에서 출발한다고 하며, 창조성과 자발성의 관계를 상호작용으로 설명하였다. 자발성은 창조성을 자극하여 문화가치를 다시 창조하게 만들고 축적된 문화가치는 다시 자발성을 자극하여 왕성한 창조활동을 전개하게 만든다. 세계는 '자발성−창조성−문화축적−자발성'으로 순환되며 회전되는 장이다. 이를 도시하면 다음과 같다.

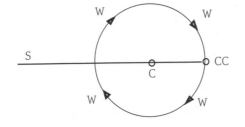

S	자발성(spontaneity)
c	창조성(creative)
CC	문화적 축적 (cultural conserve)
W	자발성의 조작적 표현 (warming up)

그림 3 창조적 순환과정

이 도식에 의하면 자발성은 창조성을 일으키는 출발점이며[S→C], 창조성은 자발성에 대하여 수용적이다[S⇌C]. 자발성과 창조성의 상호작용에서 문화적 축적이 생긴다[S-C→CC]. 문화축적은 무한히 축적되어서 저장된다[CC→S→C]. 이러한 환경과정에서 창조활동이 전개되며, 이는 자발성을 기점으로 한다.

오기다 히로모도(扇田博元)도 이와 유사한 견해를 가지고 있다. 즉, 창조성의 근본에 존재하는 특성이 자발성이라고 지적하고 있는데, 그 견해를 도식하면 다음과 같다.

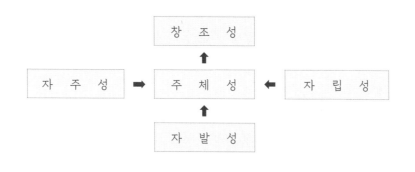

[그림 4] 자발적 행동

여기서 자발성은 욕구와 정서가 자연스럽게 발현하여 직접적이고 외부적인 행동으로 표현되는 일이다. 주체성은 타인의 의사에 좌우되지 않고 자신의 주의에 따라 대상을 향하여 자발적으로 활동하고 자아의 확립이나 개성의 확립을 이루는 일이다. 창조성의 뿌리에는 바로 이 자발성과 자주성이 자리한다.

로저스(C. R. Rogers)의 경우, 창조성을 조장할 수 있는 조건으로 심리적 안정과 심리적 자유를 들고 있다. 심리적 안정은 개인의 가치를 무조건적으로 수용해 주고 개인의 능력, 특히 이성을 인정해 주며 외부적 평가가 없는 심리적 조건을 제공해 주고 개인을 진지하게 이해해줌으로써 가능하다. 심리적 자유는 개인의 감정, 충동, 사고, 행동상의 완전한 자유를 허용함을 의미한다. 이러한 심리적 안정과 자유가 허용될 때 창조성이 발견된다.

8 발동의 심리와 논리

창조성은 인간의 욕구와 사고를 바탕으로 하여 그것이 활동을 통하여 나타나는 것임을 알 수 있었다. 그렇다면 이러한 창조성은 어떻게 발현되는가?

온다 아끼라(恩田彰)는 창조의 과정을 세 단계로 구분하였다. 의욕의 단계와 개성적 단계 그리고 문화가치 창조의 단계가 그것이다. 이는 창조성의 발동과정을 내적 의욕에서 출발하여 인격을 형성하고, 나아가 문화가치를 창조하는 심리적 행동과정으로 파악한 것이다. 또한 에드먼드 신놋(Edmund sinnot)은 추론적 과정과 자발적 과정으로 구분하였다. 추론적 과정은 사실과 아이디어를 모아 신중하게 그것 사이에 새로운 관계를 구하는 과정이고, 자발적 과정은 새로운 아이디어를 산출하는 과정이다.

그리고 마크스버리(M. L. Marksberry)는 창조를 네 단계로 구분하고 있다. 첫째, 준비의 시간이고, 둘째, 숙고의 시간이며, 셋째, 통찰(洞察) 해명, 영감의 시기이고, 넷째, 검증 구체화 완성 및 평가의 시기이다. 준비의 시기는 활동을 전개하는 데 충분한 욕구를 가질 때 시작된다. 숙고의 시기는 문제의 성질을 탐색하고 다른 것과 비교하여 해결 방법을 모색하는 시기이다. 통찰의 시기는 각성 또는 예감에 의하여 해답이 나오는 시기이고, 성공감 및 성취감을 가지는 것이 그 특색이다. 검증의 시기는 창조 과정의 완결부로 구체화와 완성·평가를 포함한다. 만족한 해결을 얻을 때까지 실행하고 실험하며 비판하고 완성하는 시기이다.

러그(Rugg)도 창조의 과정을 네 개의 단계로 구분하였다. 제 1단계는 곤역(困役)과 분투(奮鬪)의 의식적 준비기이고, 제 2단계는 문제를 마음에서 추출하여 무의식 상태에 있는 시기이며, 제 3단계는 돌연 예기할 수 없는 통찰의 각성이 나타나는 시기이고, 제 4단계는 검증, 비판, 음미, 재구성의 시기이다. 월러스(Wallas)도 창조 과정을 네 개의 국면으로 구분하였다. 준비, 숙고, 해명, 수정의 과정이 그것이다. 이와 같은 견해들은 거의 유사한 구분을 하고 있는데, 길포드(Guilford)는 여기에서 중요한 것은 동기적 요인이라고 하여, 의욕과 흥미, 태도 요인이 창조 과정에서 크게 작동하는 것으로 인식하였다.

창조성이 발동되는 과정은 논리적인 형식적 과정과 심리적인 실질적 과정으로 구분될 수 있다. 논리적인 면에서 소극적인 단계와 적극적인 단계로 구분하고, 심리적인 면에서 불만의 단계, 질의(質疑)의 단계, 부정의 단계, 창의의 단계, 구상의 단계, 가치실현의 단계 등으로 구분할 수 있다. 소극적 단계는 창조를 위한 준비 단계로 소재(素材)를 받아들이며 기성(旣成)의 가치를 모방하고 습득하는 단계이다. 적극적 단계는 창조성이 발동되어 창조활동을 전개하는 단계로 소재를 분석하고 취사선택하여 새로운 가치를 실현하는 단계이다.

창조성 발동의 심리적·실질적 과정을 보면, 첫째, 불만의 단계는 창조성이 막연하게나마 발동되어 불만을 가지고 이유와 근거가 명확하지 않은 단계이다. 둘째, 질의의 단계는 불만의 이유와 근거를 명확하게 하기 위해 질의하고 탐구하는 과정이다. 셋째, 부정의 단계는 기성가치에 대한 배격의 과정이다. 넷째, 창의의 단계는 새로운 가치에 대한 긍정과 새로운 가치에 의욕과 정열을 가지게 되는 과정이다. 다섯째, 구상의 단계는 창의에 의한 자유로운 상상이 합리적이고 계통적인 구상으로 바꾸어지는 과정이다. 새로운 가치를 향한 목적적이고 통일적인 구상이 이루어지는 과정이다. 여섯째, 가치실현의 단계는 새로운 구상을 객관화함으로써 새로운 가치를 창조하는 과정이며 모든 소재를 자유롭게 활용하여 구상을 실천·구현하는 과정이다.

PART 2

교육 이해의 기초

CHAPTER **4**

교육은 어떻게 **개념**을 정립하여 왔는가

1 '교육'의 어원

앞에서 살펴본 창조성의 개념과 발현 양식은 필연적으로 교육과 직결된다. 그것은 다름 아닌 인간성의 핵심이고 잠재능력이기 때문이다. 이 지점에서 교육의 의미를 창조성의 차원에서 고심할 필요가 있다.

교육이라는 말은 근원적으로 한자어 교육(教育)에서 기인한다. 우리는 일반적으로 '교(教)'를 '가르치다'는 의미로 인식한다. 글자를 분석해 보면, 왼쪽은 효(爻)와 자(子), 오른쪽은 복(攴)으로 구성되어 있다.

교(教)의 왼쪽 윗부분인 효(爻)는 본래 '사귀다'라는 말이다. 사귐[keeping company]은 사전적 의미로는 "서로 가까이하여 얼굴을 익히고 사이좋게 지낸다"는 뜻으로 인간의 교제, 사물 간의 교차, 얽힘, 섞임, 관계, 그물과 같은 하나의 망(網: net)을 보여준다. 즉, 이 세상의 우주 만물이 어우러진 모습으로 세계의 구성과 존재 양식을 말해준다. 다시 말하면, '하늘 아래-땅 위'의 사이 세계에는 인간을 비롯한 우주의 모든 사물이 존재하는 모습을 상징한다. 하나의 사물은 다

른 사물과 서로 의지하며 자기를 드러낸다. 이것이 뒤섞임의 상황이다. 우주 만물은 종횡으로 복잡하게 교차된 얽힘의 존재 양식을 지니고 있다. 요컨대, 교(敎)의 왼쪽 윗부분인 효(爻)는 이미 서로 관계하고 있는 우주 사물의 상황을 상징하고 있다.

교(敎)의 왼쪽 아랫부분인 자(子)는 '어린이, 혹은 아기'를 나타낸다. 글자의 모양은 아기가 포대기 안에 싸여있는 형상이다. 둥글고 뭉툭한 윗부분은 머리를 본떴고 가운데의 십자가 모양은 두 팔을 본떴다. 갓 태어난 아기나 유아는 팔을 아래로 내릴 수 없다. 그러므로 위로 올린 모양을 하고 있다. 아랫부분은 다리를 본떴는데, 다리가 하나로 보이는 것은 포대기에 싸여있기 때문이다. 이때의 아기는 남녀 구별이 없다.

이런 의미 분석을 기초로 교(敎)의 왼쪽 부분인 효(爻)와 자(子)를 정리하면, 복잡하게 얽혀 있는 우주 사물의 상황을 아기가 접촉하는 모양이다. 즉, 아이가 이 세상에 태어나서 우주 사물의 관계와 질서 체계를 전면적으로 마주치면서 느끼는 상황이다. 따라서 교(敎)─가르침의 지평에서 절반은 원초적으로 세계와 인간의 만남을 전제로 하고 있다. 교(敎)의 오른쪽 부분인 복(攴)은 '가볍게 살짝 때리다'라는 뜻을 지니고 있다. 글자 자체의 소리는 복(卜)을 따랐으나 의미는 우(又; 손)를 나타낸다. 본래 손에 잡아 쥐는 모양을 본떴기 때문에 손을 들어 일을 하는 손작업은 모두 이를 따른 것으로 생각되며, 한 걸음 더 나아가 '손으로 치다, 때리다'는 글자로 사용한 듯하다.

이렇게 볼 때, 교敎라는 가르침의 지평은 '우주 만물의 어우러짐[爻],' '어린 아이[子],' '치다·때리다[攴]'라는 복합적 의미가 혼재되어 있다. 다시 의미를 확장해 보면, 왼쪽 부분은 어린이가 우주 상황과 마주치고 어우러져 본받는다는 의미를 지닌다. 즉, 우주의 어우러진 존재 근원을 어린 아이가 인식하고 모방하는 것과 관련된다. 오른쪽 부분은 손으로 쳐서 사람을 인도한다는 의미가 깃들어 있다. 즉, 세상의 어우러진 사물에 대해 어린 아이가 이해하려고 할 때, 윗사람이 손으로 살짝 때려 깨우쳐 조심하도록 주의를 주니 아랫사람이 이에 따르는 것을 말한다. 『설문해자』에서는 이를 "위에서 베푸는 것을 아래에서 본받는다"라는 말로 압축하여 표현했다. 결론적으로 말하면, 교(敎)의 글자 모양은 선생이 한 손에 회초리를 들고 아이에게 이 세상에서 마주치는 모든 사물에 대해 공부하라고 재촉하는 모습이다. 즉, 동양에서 '가르치다'는 의미의 교는 세상과 마주치는 제자에게 스승이 회초리로 깨우침을 주는, 스승과 제자 사이의 '베풂과 본받음'이 동시에 각인되어 있다.

육(育)은 옛날 글자의 모습으로 보면, 한 여자와 그녀의 몸 아래에 머리를 밑으로 한 아기가 있고, 그 옆에는 약간의 물이 있는 모습이다. 이는 어머니가 아이를 낳을 때의 모습을 상징적으로 보여준다. 그러므로 육은 본래 '아이를 낳는다'는 의미를 지니고 있다. 또 다른 해석은 포대기에 싸인 아기를 나타내는 자(子)와 고기를 표현하는 육(肉)이 합쳐진 모습이다. 육(肉)은 '크게 저민 고기'를 말한다. 육(肉)자의 바깥은 큰 덩이 고기의 모양을 본떴고, 가운데의 두 획은 고기의 살결을 본떴다. 이때 육(肉)은 어머니의 몸으로 이해할 수 있다. 이런 점에 바탕하여 육(育)은 흔히 어머니가 자식을 낳아 기르는 데 비유되고, '기르다[養]' 혹은 '가르치다[敎]'라는 말과 통용되기도 한다.

그런데 육(育)의 윗부분에서 아이가 뒤집은 모습으로 되어 있다. 우리는 이 점에 주의할 필요가 있다. 앞에서 설명한 것처럼 문자학적으로 육은 어머니의 자식 출산과 관련되어 있다. 이를 염두에 두고 다시 육(育)자를 살펴보면, 아이가 거꾸로 있는 모습은 아이가 태어날 때 반드시 머리가 먼저 태어남을 상징한다.

한편으로는 아이가 어머니 배 속에서 순탄하게 출산하지 못할 정도로 구부려 있거나 뒤집어진 자세를 하고 있어, 그것을 바로 잡아 출산함을 의미하기도 한다. 이처럼 육에는 '아이를 낳는다' 혹은 '배 속에서 제자리를 잡고 바른 자세로 있지 못하고 뒤집어진 모습으로 들어 있는 아기가 순탄하게 출산하도록 아이의 자세를 바로 잡아준다'라는 의미가 포함되어 있다. 이것이 『설문해자』에서는 "자녀를 길러 착하게 만든다"는 의미로 확장되었다. 요컨대, 기른다는 의미는 출생을 통한 번식과 성장, 지속적인 인간의 자기 생성이라는 적극적인 의미를 담고 있다.

이러한 교(敎)와 육(育)의 어원적 맥락을 고려하면, 교육(敎育)의 이미지를 어느 정도 이해할 수 있다. 교(敎)는 스승과 제자, 어른과 아이, 교사와 학생 사이에 일어나는 2차적인 삶의 장면이다. 반면 육(育)은 부모와 자식 사이에 일어나는 혈육의 정이 오고 가는 1차적인 삶의 상황이다. 그러므로 교육은 인간관계에서 가장 기본이 되는 출생과 양육을 포함하는 동시에, 세계의 인식과정에서 발생하는 '베풂과 본받음'이 어울려 있는 형상이다. 육(育)은 보육, 양육 등의 용례에서 볼 수 있듯이, '낳아서 기른다'는 의미의 인간에 대한 직접적 생명력의 보존과 관계된다. 그에 비해 교(教)는 교학, 교습 등에 쓰이듯이 '가르치다'는 의미의 간접적 생명력의 보존과 관계된다. 이런 점에서 오늘날 우리가 흔히 쓰는 학교 교육, 사회 교육, 평생 교육 등, 교육(教育)이라는 용어는 '교(教)' 한 글자로도 충분하다.

그렇다면 교육에서 왜 직접 출산하여 자식을 기른다는 의미의 육(育)자를 덧붙였을까? 이런 유추를 해 본다. '내가 낳은 혈육을 친근하게 잘 보살피는 것처럼, 남의 자식일지라도 내 자식 기르는 것처럼 정성을 다해 가르쳐 달라!' 즉, 자식 사랑하는 마음으로 아이들을 사랑하고 가르쳐 달라는 소망이 깃들어 있는 것은 아닐까? 이런 인간의 희구에서 '교'와 '육'이라는 이질적인 성격이 '교육'이라는 하나의 이미지로 통합되어 인간의 가르침에 대한 욕구가 투영되었으리라. 이와 같이 교와 육을 문자적으로 이해해 볼 때, 동아시아 전통에서 교육(教育)의 의미는 다음과 같이 이해할 수 있다.

'교육은 미성숙 상태에 있는 인간인 어린 아이를 성숙한 상태인 어른이 되도록, 위에서 모범을 보이고 베풀면서 격려하면 아래에서 이를 동경하고 본받으며 따르도록 하는 의도적 과정이다.' 이런 교육의 양상이 다름 아닌, 창조성의 발현 과정이다.

2 교육이라는 말의 출현

그런데 문자적 의미를 넘어 교육(教育)이라는 말은 『맹자(孟子)』에서 구체적으로 확인된다. 『맹자』「진심」에는 군자(君子)[14]에게 세 가지 즐거움이 있다고 했

---

[14] 군자(君子): 소인(小人)과 상대되는 말로, 현대적 의미로는 '건전한 인격의 소유자' 혹은 '교양인', '신사', '교육받은 사람' 등으로 이해할 수 있다.

다. 그 가운데 세 번째 즐거움을 "교육하는 일"이라고 하였다. 여기에서 교육이라는 말이 처음으로 등장한 것으로 보인다. "군자[건전한 인격자]는 세 가지 즐거움이 있는데, 올바르지 않은 방법으로 권력을 쟁취하여 왕 노릇 하는 일은 여기에 해당되지 않는다. 부모님이 모두 생존해 계시고 형제들이 무사하게 잘 살고 있는 것이 첫 번째 즐거움이다. 나 자신이 하늘을 우러러 부끄럽지 않고 다른 사람들에게 내놓아도 마음이 떳떳한 것이 두 번째 즐거움이다. 세상을 살아가는 사람[영재]을 건전한 인간으로 교육하는 것이 세 번째 즐거움이다."[15]

맹자[16]가 말하는 세 가지 즐거움 중, 세 번째 즐거움에 '교육(教育)'이라는 말이 포함되어 있다. 이른 바, 군자, 즉 건전한 인격자는 어떠한 즐거움을 지니고 있는가? 왜 굳이 세 가지 즐거움을 말했는가? 그것은 인간 삶의 전체 면모와 관련된다.

첫 번째 즐거움은 생사(生死)와 관련된 문제로 인간이 마음대로 조종할 수 있는 것이 아니다. 건전한 인간이라면 대부분 부모님이 나란히 오래도록 장수하기를 소망하며 효도를 다하고, 형제가 무사하기를 기원한다. 왜냐하면 부모는 내 생명의 존재 근거, 즉 내 삶을 가능케 한 근원이고, 형제는 그것을 공유하는 피붙이기 때문이다. 이는 부모라는 인간의 수직 질서와 형제라는 수평 질서를 통해 우주 세상의 이치와 법칙 체계를 담고 있다. 하지만 나의 효도나 형제애가 아무리 극진하다고 해도 부모님의 목숨이나 형제의 삶을 내가 책임질 수는 없다. 이는 인간으로서 어쩔 수 없는, 인간의 능력 범주를 넘어서 있는 숙명적 상황이다. 그러기에 하늘에 달린 일이라고 한다.

두 번째 즐거움은 부끄럽지 않은 인생과 관련되는 문제로 자기반성과 수양, 양심의 지속을 통해 달성할 수 있는 개인적 작업이다. 다시 말하면 인간의 자기 존재의 확인이자 삶의 방향을 찾는 주체적 활동이다. 이때 중요한 문제는 얼마만

---

15 君子有三樂, 而王天下不與存焉. 父母俱存, 兄弟無故, 一樂也. 仰不愧於天, 俯不怍於人, 二樂也. 得天下英才而敎育之, 三樂也. 君子有三樂, 而王天下不與存焉.

16 맹자(孟子, B.C.372~B.C.289경): 중국 전국시대의 학자로 인간의 본성은 선할 가능성이 있다는 선단설(善端說; 또는 性善說)을 주장하였고, 정치에서는 인의(仁義)의 도덕을 바탕으로 하는 왕도(王道)를 주장하였다. 특히 모든 인간은 측은(惻隱)·수오(羞惡)·사양(辭讓)·시비(是非)의 마음이 있다고 하여, 이를 잘 확충해 나가는 것을 교육의 핵심으로 보았다.

큼 자기에게 충실하고 성실히 하느냐, 나의 책임과 임무를 다하여 이 우주 내에서 기능과 역할을 제대로 수행하느냐와 관련된다. 이는 전반적으로 인간의 자기 노력 여하에 달린 문제로 인간 각자의 몫이다. 교육적으로 말하면, 자기교육이자 인격의 완성을 추구하는 과정으로 해석할 수 있다.

세 번째 즐거움인 교육은 인간의 개인적 작업이긴 하지만, 자신의 인덕(人德)과 학덕(學德)을 후세에 전하여 사회에 기여하는 데 무게 중심이 있다. 교육은 두 번째 즐거움처럼 자기 교육이 기본이다. 그러나 '영재(英才)를 얻어' 교육한다고 했을 때, 영재는 내가 아닌 타인이다. 즉, 자기 교육이 일정한 수준에 도달한 스승이 타인인 제자를 맞아들여 교육하는 일이다. 이는 개인적 작업이 타인, 혹은 타인과 관계하는 사회 공동체로 확장된다는 점에서 사회성이 강하다. 즉, 타인을 교육하는 행위는 개인 교육의 사회적 확대이자 공동체 교육이 된다.

이러한 군자 삼락(三樂)의 교육은 개인과 사회적 차원의 인간성 양성이라는 점에서, 인간에게 근원적으로 존재하는 창조성의 발현을 도모하며, 본질적으로 창조성 교육이 될 수밖에 없다. 맹자의 언급은 크게 하늘의 길, 즉 '하늘에 달려 있는 부분[天道, 天命]'과 인간의 길, 다시 말하면 '인간 자신에게 해당하는 부분[人道, 人事]'으로 대별해 볼 수 있다. 첫째 문제는 하늘에 달린 숙명적(宿命的)인 일이고 둘째와 셋째 문제는 인간에게 달린 운명적(運命的) 노력의 차원이다. 요컨대, 혈연관계인 부모 형제들의 생존과 무사함, 나 자신의 양심에 기반한 떳떳한 삶, 다른 사람과의 관계와 이해를 통한 교육, 여기에서 교육은 우주적 존재 근거와 자기 수양, 그리고 필연적으로 타자를 지향하고 있다.

3 한글과 서구의 교육 의미

이러한 교육(教育)을 우리말인 한글로 바꾸면, '가르치고 기르다'이다. 교(教)에 해당하는 '가르치다'라는 말은 '갈다'와 '치다'의 합성어라고 한다. 우리는 일상 생활에서 '갈고 닦는다' 또는 '칼을 간다', '갈아 치운다' 등 '갈다'라는 말을 많이 사용한다. 일상어로 사용하는 '갈다'라는 말에는 다양한 의미가 포함되어 있다.

'낡은 것을 새 것으로 바꾸다', '숫돌에다 문질러서 날이 서게 한다', '맷돌로 갈아서 가루를 만들다', '문질러서 광채가 나게 한다', '쟁기로 논밭의 흙을 갈아 뒤집는다' 등. 이러한 말에는 공통적으로 '연마·노력하고, 다듬어 깎아서 새롭게 만든다'라는 의미가 들어 있다. 또한 '갈다'와 짝 말로 쓰이는 '치다'에는 다음과 같은 의미가 들어 있다. '다른 사람을 때리다', '식물의 가지나 잎을 베어내다', '동물을 길러 번식하다' 등. '치다'라는 말 또한, 사물을 있는 그대로 보존하는 일이 아니라 어떤 행위를 가하여 새로움을 추구하는 의미가 스며 있다. 이렇게 볼 때, '갈다'와 '치다'의 합성어인 '가르치다'에는 옳고 그름[是非], 착함과 악함[善惡]을 골라 판단하고, 나쁘고 거친 것을 다듬어 착하고 아름답게 만드는 일이 내포되어 있다.

한편, 육(育)에 해당하는 '기르다'에는 다음과 같은 의미가 내포되어 있다. '동물이나 식물에게 영양분을 주어 그것을 섭취하게 해서 자라거나 목숨을 이어가게 하다', '육체나 정신에 도움이 될 것을 주어 쇠약해지지 않게 하다', "길(道)'과 통하는 말로 목적을 향하여 나아가는 도정이다', '짐승을 쓸모 있게 길들이다', "질'과 통하는 말로 반짝 반짝 윤이 나게 한다' 등. '기르다'는 말은 사람과 다른 동물, 식물을 잘 자라나게 하는 전반적인 행위이다. 먹을 것을 주고 거름을 주어 영양분을 섭취할 수 있게 하여 성장시키는 전 과정을 말한다.

우리말에서 교육을 뜻하는 '가르치고 기르다'는, 위에서 살펴 본 의미를 종합해 볼 때, 다음과 같이 정리할 수 있다. '학습자가 지니고 있는 선천적인 재능을 발견하여, 이를 갈고 닦아 펼쳐 보일 수 있도록 이끄는 작용이다.'

서구[17], 특히 고대 그리스 시대의 교육을 의미하는 말은 파이데이아(paideia)이다. 파이데이아는 어린이를 뜻하는 그리스어 파이스(pais)를 어원으로 한다. 이것이 상태를 나타내는 접미어 에우오(euo)와 연결되면, 파이데우오(paideuo)가 되어 '어린이와 함께 있다'라는 의미를 파생한다. 파이데이아는 바로 파이데우오의 변형으로 '어른이 어린이와 함께 있는 상황'을 표현한다. 즉, 교육이라는 말의

---

17 서구(西歐, west)의 개념은 서구라파, 즉 현대의 유럽에 해당한다. 오늘날 세계 최강대국인 미국은 신대륙의 발견 이후에 등장한 나라인데, 교육의 기본 개념을 형성한 문명권은 그리스 로마 문화이고 그것을 바탕으로 형성된 문화가 미국으로 이식되었다.

어원인 파이데이아의 의미는 바로 이런 것이다. 어른이 어린이와 함께 있다는 의미를 좀더 깊이 사고하면, 아이의 탄생과 직결됨을 알 수 있다. 아이의 탄생은 필연적으로 부모를 탄생시킨다. 이때부터 어른은 어린이와 함께 있는 상황에 놓인다. 이 동시적인 어른—아이의 탄생이 바로 파이데이아에 담겨 있는 교육 현상이다. 부모—자식, 어른—아이라는, 이 본래적 의미로부터 훈련하다, 교육하다, 도야하다, 수업하다, 길들이다와 같은 의미가 도출되었다.

그러기에 파이데이아를 한 마디로 표현하면, 교육은 인간을 인간답게[arete]하는 모든 활동이다. 인간을 개·돼지처럼 만든다든가, 여자를 남자처럼, 혹은 타인에게 자신을 닮도록 강요하거나, 자식을 부모처럼 키우려는 것은 교육의 오류이다. 아레테(arete)는 각자의 영혼에 딱 들어맞는 명예를 주는 일이다. 이는 현대 교육적 의미에서 풀이하면, 각자의 잠재능력과 소질에 따라서 탁월하게 자라나게 하는 작업이다. 이러한 교육의 본질적 이해를 바탕으로 고대 그리스의 교육은 미와 선, 행복과 유용성, 개성과 규범의 조화라는 특징을 지닌다.

미와 선의 조화는 이상적 인간상인 영웅과 무사를 통해 확인되는 신체의 아름다움과 영혼의 빛남을 의미한다. 다음으로 행복과 유용성의 조화이다. 인간 개체는 전체와 조화를 이룰 때, 가치가 있다. 즉, 내 삶의 즐거움이 너의 마음에 들 때 비로소 가치가 있고 내 삶의 즐거움이 너의 마음에 들 때 비로소 타당하다. 그러므로 교육도 개인의 삶이 의미 있고 행복할 수 있도록 개인을 도야하는 일일 뿐만 아니라 동시에 국가와 사회의 유용한 시민생활로 확인될 수 있어야 한다. 세 번째로 교육은 개성과 규범의 조화를 이루어야 한다. 달리 표현하면, 자연과 법의 조화이다. 개인의 적성은 인간의 도야에서 놓쳐서는 안 되는 중요한 요인이다. 하지만 개성은 집단과 전체의 규범 안에서 적절하게 자극을 받아서 실현되어야 타당성을 확보할 수 있다. 동시에 규범도 인간 개개인의 적성에 적절하게 적용되어야 한다.

파이데이아 외에도 교육을 뜻하는 서양 말에는 에듀케이션(education)과 페다고지(pedagogy)가 있다. 에듀케이션은 라틴어 에듀카레(educare)에서 유래하였는데, 이는 '무엇 무엇으로부터[from], 혹은 밖으로[out]'를 의미하는 에(e)와 '이끌다[lead]'라는 의미를 지닌 듀카레(ducare)의 합성어이다. 그러므로 에듀케이션은 인간 속에 지니고 있는 것을 밖으로 꺼내어 키워준다. 즉, 인간이 선천적으로 타고나는 여러 가지 자질을 잘 길러주는 일이다. 다시 말하면 학습자가 지니고 있는 선천적인 소질, 또는 잠재능력을 바람직한 방향으로 표출할 수 있도록 신장·발전시킨다는 뜻이다. 페다고지는 그리스어의 파이다고고스(paidagogos)에서 유래하였는데, '어린 아이'를 의미하는 파이도스(paidos)와 '이끌다'라는 의미인 아고고스(agogos)의 합성어이다. 그러므로 페다고지는 '어린이를 이끈다'는 말이 된다. 다시 말하면 '어른인 교사가 학생인 어린이를 지도한다'는 의미이다. 이렇게 볼 때, 서양에서 교육을 뜻하는 에듀케이션과 페다고지는 어린이를 바람직한 방향으로 이끌어 소질을 계발시켜 준다는 뜻을 담고 있다.

요컨대, 교육은 동서양을 막론하고 다음과 같은 공통적인 의미를 담고 있다. 첫째, 아동이 지니고 있는 자연적 성장의 힘인 잠재능력(potentiality), 가능성(possibility), 소질(disposition)을 교육자의 노력으로 끄집어 낸다. 둘째, 불완전한 상태에 있는 것을 완전한 상태로 발달시키고, 미성숙 상태에 있는 것을 성숙한 상태로 나아가게 하며, 잠재되어 있는 가능성을 이끌어 올리고 계발하여 완전하게 실현한다. 물론 이 과정에는 크게 두 측면이 있다. 하나는 아동의 내적 능력을 외부로 표출하는 계발·전개이고, 다른 하나는 외부의 지식과 가치를 아동의 내면으로 주입·훈련하는 측면이다.

4 교육의 정의

앞에서 교육이라는 말이 어떤 어원을 지니고 있었고, 개념화를 거쳤는지 간략하게 살펴보았다. 그렇다면, 교육이란 무엇인가? 그것을 어떻게 정의할 수 있는가? 교육은 개념 정의를 통해 그 의미가 분명해 진다. 정의는 바로 개념의 의미를 구체적으로 밝히는 작업이다. 그러나 사물을 하나의 문장으로 진술하여 정의하는 일은 결코 쉽지 않다. 정의는 어떤 사물을 하나의 명제로 형식화하여 논리적으로 표현하는 방식이다. 이러한 정의는 인간 사이에 이루어지는 언어적 약속이기 때문에 사실의 진위를 따지기가 매우 힘들다. 하지만 우리는 정의를 통하여 사물을 이해한다. 따라서 정의는 사물을 이해하는 기본 방식으로 인정된다.

교육을 이해하기 위해서는 그것에 대한 정의가 필요하다. 다시 말하면, '교육은 ~이다'라는 표현은 그것이 교육의 모든 것을 알려주는 언표는 아닐지라도 교육을 이해하는 중요한 방식이 된다. 이를 교육의 정의라고 한다. 교육에 대한 정의는 여러 학자들에 의해서 이루어져 왔는데, 강조점에 따라 차이가 있다. 여러 교육학자들의 다양한 관점은 크게 세 가지로 분류할 수 있다. 즉, '규범적 정의', '기능적 정의', '조작적 정의'로 범주화 할 수 있다.

규범적 정의는 어떤 대상이 취하는 궁극적 목적과 연관하여 규정한 것이다. 인간은 다른 동물과 달리 인간이 되어야만 하는, '인간됨' 또는 '된 사람'이라는 궁극적 이상을 지닌다. 그것은 인간이라는 가치실현을 위해 인간 자신의 성장을 주요 목적으로 설정하는 작업이다. 인간을 '인간답게' 형성하려는 수많은 노력들이 이에 해당한다.

교육의 경우, 규범적 정의는 현재 인간의 모습이나 현재 사회의 상태에 초점을 맞추는 것이 아니라 미래에 당연히 확보해야 하는 어떤 것을 그린다. 그러기에 교육은 미래에 좀더 가치 있고 의미 있는 것을 추구하며 계발하는 과정으로 이해된다. 다시 말하면 규범적 정의는 교육의 가치실현을 위한 교육 자체의 발전에 무게비중을 둔다. 따라서 개인적 차원에서나 공동체의 차원에서 인격완성이나 자아실현이라는 내재적 가치의 실현 또는 영원한 진리나 가치를 추구하는 것을 교육의 중요한 목표로 제시한다. 예를 들면 다음과 같은 정의가 가능하다. '교육은 민주 시민으로서의 자질을 함양해 가는 과정이다', '교육은 영원한 진리나 가치로 접근하는 과정이다', '교육은 인간을 인간답게 형성하는 과정이다', '교육은 인간을 창조한 신의 모습을 닮도록 하는 과정이다' 이런 규범적 정의는 지극히 주관적일 수 있다. 왜냐하면 인간에게서 기본적 규범에 해당하는 인격완성이나 자아실현 등은 내재적 가치의 실현이자 진리 추구이므로, 객관화할 수 없기 때문이다. 규범적 정의는 그 자체의 행위나 실천이 목적 지향적이기에 '목적론적 정의'라고도 한다.

기능적 정의는 교육의 도구적 가치를 강조하는 관점이다. 즉, 교육을 사회 문화의 계승 및 사회 발전의 수단으로 본다. 다시 말하면, 교육을 무엇을 위한 수단으로 규정한다. 교육은 어디에 이바지해야 하는가? 국가나 사회와 같은 공동체에 기여해야 하는가? 정치나 경제발전의 수단이 되어야 하는가? 종교에 봉사해야 하는가? 대상을 어떻게 정하느냐에 따라 다양한 기능적 정의가 가능하다. 예를 들면 다음과 같은 정의를 할 수 있다. '교육은 국가 사회 발전을 위한 수단이다', '교육은 사회문화의 계승 및 발전을 위한 주요한 수단이다', '교육은 개인의 직업 선택과 취업을 위한 수단이다', '교육은 합리적 경제활동을 위한 자질을 길러주는 수단이다', '교육은 개인의 사회적 출세를 위한 수단이다', 이러한 기능적 정의는 지나치게 기능적이고 도구적이며 수단적이다. 따라서 교육 본래의 가치 실현에 소홀히 할 소지가 있고, 교육 자체의 발전에 지장을 줄 수도 있으며, 개인의 출세를 위한 수단으로 전락하여 부조리를 초래할 우려도 있다.

위에서 살펴본 규범적 정의는 지나치게 주관적일 수 있고, 기능적 정의는 수단적 가치로 전락할 우려가 있다. 조작적 정의는 두 가지 정의의 이러한 취약점을 보완하기 위해 마련된 것이다. 조작적 정의는 교육을 인간의 행동특성을 계획적으로 변화시키려는 과정으로 본다. 이때, 인간의 행동특성은 심리학적 개념 용어이다. 인간의 행동은 웃거나 울거나 슬퍼하거나 기뻐하는 등 겉으로 드러난 행동인 외현적인 것뿐만 아니라, 지식이나 사고, 태도, 자아개념과 같은 포착하기 힘든 내면적인 행동까지도 포함한다. 즉, 인지적·정의적·운동 기능적 영역을 모두 포괄한다. 교육은 학생들의 내·외면을 아우르는 포괄적인 행동특성을 우선순위에 둔다. 특히 겉으로 드러난 행동보다 포착하기 어려운 내면의 세계에 보다 관심을 두면서, 육성하고 함양하고 계발하고 교정하며 인간의 발달을 도모한다. 그리하여 이전과는 다른 변화를 유도한다. 지식을 습득하면서 지성인으로 거듭나고, 창의적인 사고력을 증진하며, 새로운 관점으로 세계를 바라보는 능력을 획득한다. 이 과정은 저절로 이루어지기보다는 명확한 목표와 과정에 의하여 진행된다.

계획적인 변화라는 말은 이처럼 인간의 행동이 자연적으로 변화해 가는 데 관심을 두기보다 의도적으로 변화시키는 데 관심을 둔다는 의미이다. 즉, 어떤 인간으로 기르려고 하는지에 대한 교육적 모델을 설정하고, 그것을 기를 수 있는 실제적인 계획과 과정이 있어야 한다. 다시 말하면, 교육에서 구체적인 교육목적과 교육과정, 그리고 교육방법을 갖추는 것이다. 이런 점에서 조작적 정의는 규범적 정의나 기능적 정의에 비해, 교육활동이 전개되는 전체 과정을 비교적 포괄적이고 합리적이며 과학적으로 잘 설명해 준다.

5 몇몇 학자들의 교육에 대한 정의

교육에 관한 규범적·기능적·조작적 정의는 어디에 중점을 두고 교육을 실천할 것인가를 범주화하여 살펴 본 것이다. 물론 대부분의 학자들의 정의는 이세 범주 가운데 어느 하나로 설명할 수 있다. 그렇다면 개별 학자들은 어떻게 교육을 정의해 왔는지 간략하게 살펴보자.

유명한 교육 소설 『에밀(Emile)』을 쓴 루소[18]의 경우, "교육은 인간의 자연적 발전을 위한 조성작용이다"라고 하여, 인간의 자연성에 중점을 두었다. 즉, 교육은 자연의 이법에 따라 개체의 발달을 지성적으로 조장하려는 인간만이 지닌 고유한 사업이며, 미성숙한 자연인을 자율적이고 독립적인 생활인으로 성숙할 수 있도록, 성숙한 자가 미성숙한 자를 육성하는 모든 작용이라고 하였다. 근대 관념론을 완성한 독일의 철학자 칸트[19]는 "교육은 인간을 인간답게 형성하는 작용이다"라고 하여, 도덕적·인격적 측면을 중시하였다. 즉, 교육의 목표를 도덕적 인간 형성에 두고 인격적 측면을 핵심으로 여겼다.

또한 미국 철학의 바탕을 형성한 듀이[20]의 경우, 생활과 경험적 측면을 매우 강조하며, 다음과 같이 다양하게 정의하기도 하였다. "교육은 생활이다", "교육은

---

[18] 루소(J. J. Rousseau, 1712~1778): 근대 프랑스의 사상가로 유명한 교육소설 『에밀』의 서문에서 인간이 선하게 태어났음을 주장하고 아동을 새롭게 바라볼 수 있는 전기를 마련하여, 자연주의 교육의 선구자가 되었다.

[19] 칸트(I. Kant, 1724~1804): 독일의 철학자로 독일의 쾨니히스베르크 대학에서 교육학 강의를 개설하여 강의하였고, 교육학을 학문 체계로 인정하기 시작하였다. 그 강의록을 출판한 것이 유명한 『교육학 강의』이다.

[20] 듀이(J. Dewey, 1859~1952): 미국의 철학자이자 교육학자이다. 프래그머티즘(Pragmatism)의 대표적인 철학자로 미국 사상계에 절대적인 영향을 미쳤고 민주주의의 철학적 기초를 세우는 데 공헌하였다. 「나의 교육학적 신조」, 『민주주의와 교육』, 『경험과 교육』 등 교육철학과 관련하여 수많은 저서가 있다.

성장이다", "교육은 사회화 과정이다", "교육은 축적된 경험의 재구성이다" 독일의 슈프랑어[21]의 경우는 문화적 측면을 중시하면서, "교육은 성숙한 사람이 미성숙한 사람을 자연적 상태에서 이상적 상태로 끌어올리기 위하여 의미 있고 구체적이며 계속적으로 문화재를 부여하는 문화 작용이다" 그러므로 "교육은 문화의 전달·유지·번식·발전·창조이다"라고 보았다.

우리나라의 경우, 조선시대의 대유학자 율곡 이이[22]는 "교육은 삶과 동떨어진 특별한 것을 추구하는 것이 아니다. 부모는 자식을 마땅히 사랑하고 자식은 마땅히 효도하며, 신하는 마땅히 충성하고, 부부는 마땅히 분별이 있고, 형제는 마땅히 우애하고, 어린이는 마땅히 어른을 공경하며, 친구 사이에는 마땅히 신의가 있는 삶의 도리일 뿐이다."라고 하였다. 즉, 일상생활에서 기본예절을 습득하여 실천하는 일이 교육의 핵심이었다.

이외에도 사회성에 중점을 두고, "교육은 사회화 과정이다"라고 정의하거나, 종교적 측면에서 "교육은 신의 의사를 실현하는 과정이다"라고 정의하는 경우도 있다. 이처럼 학자들마다 다양하게 교육에 대한 정의를 하였는데, 공통적인 견해는 다음과 같다. 교육은 인간을 대상으로 하는 바람직한 인간 형성의 과정이자 작용이다. 이때 바람직함은 올바름, 적절함, 합당함, 참됨, 진선미(眞善美), 지덕체(智德體) 등 다양한 말로 표현할 수 있다.

---

21 슈프랑어(E. Spranger, 1882~1963): 독일의 정신과학적 교육학의 초석을 놓았다. '깨우침'을 사상의 중심으로 삼고, 교육학적 사고를 전개하였다.

22 율곡 이이(栗谷 李珥, 1536~1584): 조선시대를 대표하는 유학자로 과거에서 아홉 번이나 장원으로 급제하여 구도장원(九度壯元)이란 칭송을 받았다. 특히 교육에 힘써, 『성학집요(聖學輯要)』 『격몽요결』 『학교모범』 등 교육 관련 저서가 많다.

CHAPTER **5**

교육의 본질과 작용은 무엇을 추구하는가

1 인간 교육의 필요성

인간은 왜 교육해야 하는가? 창조성을 본질로 하는 인간이라면 당연히 창조성의 발현을 위한 교육이 요청되는데, 그것은 『예기(禮記)』「학기(學記)」에서 간략하게 증명된다. "거친 옥돌은 다듬지 않으면 매끌매끌한 그릇이 되지 않고, 사람은 배우지 않으면 인간의 길이 무엇인지 알지 못한다" 조선의 지적 거장이었던 율곡 이이는 『격몽요결擊蒙要訣』에서 좀더 구체적으로 교육의 중요성을 언급하였다. "사람이 이 세상을 살아가면서 학문[교육]을 하지 않으면 바른 사람이 될 수 없다. 학문은 특별한 것을 추구하거나 삶과 동떨어진 것이 아니다. 부모는 자식을 마땅히 사랑하고, 자식은 마땅히 효도하며, 신하는 마땅히 충성하고, 부부는 마땅히 분별이 있고, 형제는 마땅히 우애하고, 어린이는 마땅히 어른을 공경하고, 친구 사이에는 마땅히 신의가 있는 삶의 도리일 따름이다. 이것은 모두 일상 생활에서 일에 따라 제각기 그 마땅함을 얻는 것일 뿐이지, 마음을 엉뚱한 곳으로 기울여 신기한 효과를 바라는 것이 아니다. 배우지 않은 사람은 마음이 꽉 막

혀서 학식과 견문이 어둡게 된다. 그러므로 반드시 책을 읽고 이치를 연구하여 인간으로서 마땅히 행하여야 할 도리를 밝혀야 한다. 그렇게 하여 학문의 올바름을 얻어 깊은 경지에 도달하고 실천하면 일상생활의 합리적 운용을 터득하게 될 것이다. 요즘 사람들은 학문의 목적이 일상생활의 합리적 도모에 있음을 알지 못하고, 엄청나게 높고 멀어서 행하기 어려운 것으로 생각한다. 그러므로 이것을 다른 사람에게 미루고 자포자기하면서도 태연하게 살고 있다. 이 어찌 슬프지 않겠는가!"

특히 율곡 이이는 '입지(立志)'를 매우 강조하였는데, 입지는 문자 그대로 '뜻을 세운다'는 말이다. 인간의 삶에서 가장 중요한 것은 무엇을 지향하며 어떻게 살 것인지에 대한 자의식(自意識)이자 자기지향성(自己志向性)이다. 공부는 왜 하는가? 무엇 때문에 교육이 필요한가? 율곡이 삶에서 뜻을 세우라고 그렇게 힘주어 말하는 것은 다름 아닌 인간의 자기 목적의식에서 출발한다. 입지는 참된 주체로서 자기 자신을 가늠하는 성찰의 기준이요, 교육에 나아가는 원동력이다. 나는 어떤 사람이 되기를 소망하는가? 자신의 사람다움을 제대로 실현하는 과정이 바로 교육이라는 제도적 장치이다. 교육의 지속은 전체 삶을 학습의 장으로 만든다. 그리하여 일생 동안 자기성장을 유도하는 평생교육[Life-long education]이자 삶의 동기부여[motivation]가 되는 것이다. 이렇게 지속적인 교육을 왜 해야만 하는가?

한편, 칸트는 『교육학 강의』에서 "인간은 교육을 필요로 하는 유일한 동물이다"라고 하였다. 인간은 개나 소, 말 같은 동물과 달리 앞 세대에서 경험한 것을 다음 세대로 의도적으로 계승하는 교육 작용을 지니고 있다. 그러므로 "교육적 동물"이라고 하였던 것이다. 그렇다면 왜 인간에게 교육이 필요한 것일까? 인간은 교육을 통하여 어떤 이상을 추구하는가?

인간에게 교육이 필요한 이유는 인간의 특성과 관련된다. 칸트는 동물과 인간을 비유하면서 이렇게 말하였다. "동물은 이미 그의 본능에 의해 모든 것이 갖추어져 있다. …… 그러나 인간은 자기 자신의 이성을 필요로 한다. 인간은 본능을 갖고 있지 않으므로 자기의 행동계획을 스스로 세워야 한다." 인간은 본능적으로 혹은 선천적으로 삶에 필요한 모든 것을 지니고 있지 않으므로 교육을 통해 그것을 충족해야 한다. 교육은 바로 이런 상황에서 출발하는 인간의 특징이다. 칸트의 언급을 다시 음미해 보자.

인간은 교육을 받아야 하는 유일한 피조물이다. 우리는 교육이라는 말을 양육(Wartung: Verpflegung, Unterhaltung), 훈육(Disziplin: Zucht), 그리고 교수(Unterweisung) 또는 양성(Bildung)의 의미로 이해한다. 이에 따라서 인간은 차례로 유아(Saugling) — 아동(Zogling) — 학생(Lehrling)이 된다. 인간은 오직 교육(Erziehung)을 통해서만 인간이 된다. 인간은 교육이 만들어낸 것에 불과하다. 인간이 오직 교육을 받은 인간을 통해서만 동일한 양식으로 교육된다는 것은 주목할 점이다. 때문에 어떤 사람들에게 훈육과 교수가 결핍되면, 그들은 다시 어린 세대들에게 결함 있는 교사가 되는 결과를 초래한다. 만약 보다 높은 종류의 존재가 우리의 교육을 떠맡는다면, 우리는 인간이 무엇이 될 수 있는지를 볼 수 있게 될 것이다.

교육이란 한편으로는 인간을 가르치고 다른 한편으로는 인간의 타고난 소질들을 발달시키는 것을 의미한다. 그런데 현행 교육의 결과만을 놓고 볼 때에, 인간에게 타고난 소질들이 어느 정도까지 발전될 수 있는지 알 수가 없다. 여기에서 최소한 한번의 실험이라도 귀족들의 지원과 많은 사람들의 단합된 힘을 통하여 행해진다면, 인간이 어느 정도까지 자신의 타고난 소질을 발전시킬 수 있는지에 대한 해답이 주어질 수 있을 것이다. 이러한 실험이 이루어진다면 인간의 자연성은 완전성에 한 걸음 더 가까이 다가가게 될 것이다. 하지만 귀족들은 대개자신만을 돌볼 뿐이다. 귀족들이 이러한 중대한 교육실험에 참여하지 않는 것에 대해 학자들은 심각하게 고민하며, 인도주의자들은 슬프게 느낀다. 교육이 등한시 된 방임 상태에서 유년시절을 보내고 성년의 나이에 도달한 사람을 볼 때, 우리는 그에게 훈육이 등한시 되었는지, 양성[교수]이 등한시 되었는지를 알 수 있다. 양성되지 않은 사람은 촌스럽고 거칠며, 훈육되지 않은 사람은 난폭하다.

훈육(Disziplin)의 등한시는 양성(Kultur)의 등한시보다 더 큰 재앙을 가져온다. 왜냐하면 후자는 차후에라도 보충될 수 있는 것이기 때문이다. 그러나 난폭성은 제거될 수 없으며 훈육의 결함은 무엇으로도 대체할 수 없다. 아마도 교육이 점점 더 개선되어갈 것이며, 그에 따라 보다 미래의 세대들일수록 점점 더 인간성의 완성에 접근해갈 것이다. 왜냐하면 교육의 배후에는 인간적 자연성[= 인간성]의 완전성이라는 커다란 비밀이 숨겨져 있기 때문이다. 지금 이후부터 이 일이 일어날 수 있다. 왜냐하면 이제서야 사람들은 올바르게 판단하며, 무엇이 본래 좋은 교육에 속하는 것인지를 분명히 통찰하기 시작했기 때문이다. 인간성이 교육을 통하여 점점 더 발전해 가리라는 것, 그리고 교육을 인간성에 알맞은 형태로 구성한다는 것을 상상해보는 것은 황홀한 일이다. 이것이 우리에게 보다 행복한 미래의 인류에 대한 전망을 열어준다.

인간은 태어날 때 인간으로서 살아갈 수 있는 모든 조건을 갖추고 출생하지 못했다. 즉, 출생 때부터 여러 가지가 부족한 상태에서 미성숙하게 태어났다. 그러므로 인간으로서 제대로 살아가기 위해서는 부족한 것을 충족하기 위해 '오랜 기간의 준비가 필요하다'. 이것이 인간이 교육해야 하는 첫 번째 이유이다.

동물은 대부분 몸집은 작지만 거의 성숙한 상태의 개체로 출생한다. 예컨대, 송아지는 어미 소에게서 태어나자마자 네 다리로 일어나서 어미의 젖을 빨고, 얼마 지나지 않아 걷고 뛰어다니며 풀을 뜯어 먹고 독립적인 생활을 한다. 그리고 2년 정도 지나면 완전한 어미 소가 된다. 사람으로 생각하면 2살 때에 완전히 어른이 된다. 하지만 인간은 태어날 때, 아주 연약하고 불완전한 상태에서 세상에 나온다. 갓 태어난 아이는 손발이 있어도 소처럼 그 기능을 제대로 발휘하지 못한다. 서서 걷는 데도 1년 가까이 걸린다. 가정에서 사회에서, 교양 있는 문화인으로서, 또는 직업을 갖고 제대로 살아가려면 인간은 적어도 10년에서 20여 년의 세월을 양육해야 한다. 그 세월 동안에 인간으로서 구실을 할 수 있도록 준비하는 것이 바로 교육이다. 이 준비 기간에는 육체적 측면의 양육과 건강은 물론 정신적 측면의 교육이 매우 중요하다. 특히 우리 인간이 지나온 발자취와 현재 우리가 살아가고 있는 현실의 문화 특징이 무엇인지 알아야 하며, 이를 바탕으로 현재와 미래에 훌륭한 문화를 획득하고 즐길 수 있는 자질을 갖추는 것이 중요하다.

인간에게 교육이 필요한 두 번째 이유는, '인간은 가치를 지향한다'는 점이다. 동물은 본능에 따라 행동한다. 그러기에 고상한 가치나 진리에 대한 감각이 없다. 하지만 인간은 다른 어떤 생리적 욕구보다도 나름대로 꿈꾸는 이상이 있고 추구하는 가치에 집착한다. 인간은 단순하게 주어진 낮은 차원의 가치 체계에 만족하지 않고 현실에 존재하지 않는 높은 차원의 새로운 가치 체계를 희구한다.

또한 남이 만들어 놓은 것에 만족하지 않고 자기 스스로 만족할 만한 일들을 찾아 나선다. 어제의 것에 만족하지 않고 내일의 것을 희구하면서 도전하고 모험하며 한 차원 높은 삶을 추구한다. 인류의 모범이 되고 있는 예수나 석가모니, 마호메트나 공자, 소크라테스 같은 세계의 위대한 성인들은 온갖 고통을 겪으면서도 진리와 인간의 진정한 가치를 찾아 나섰다. 그리고는 감각적 가치, 생명적 가치, 정신적 가치를 거쳐 드디어는 종교적 가치를 지향하였고, 거기에서 인간의 삶에 빛이 될만한 진리를 던져 주고 있다.

교육은 바로 이런 가치의 추구와 진리의 발견을 위한 징검다리가 된다. 왜냐하면 인간은 교육을 통해 자연의 법칙과 삶의 관계를 이해하고, 보다 높은 차원의 가치 체계를 꿈꿀 수 있기 때문이다. 그러기에 교육은 인간의 삶에서 절대적으로 요청되는 것이다.

인간에게 교육이 필요한 세 번째 이유는, '인간은 삶의 양식인 문화 내용을 전달하고 재획득 한다'는 점이다. 동물은 그들 나름대로의 신호체계가 있는지는 모르지만, 인간처럼 말과 글, 제도, 법 등 문화라고 부를 만한 생활이 없다. 문화는 인간에게 가장 소중한 생활 수단이다. 인간은 문화를 통해 인간임을 확인한다. 문화는 단순하게 어떤 집단에서 다른 집단으로 넘겨지는 도구나 기기의 차원을 넘어서 있다. 그것은 삶의 경험이 녹아 있는 행동 양식이다. 그러므로 그것을 체험하고 체득한 집단, 즉 문화를 공유하고 있는 사람들에 의해서 전달되고 다시 획득된다. 예컨대, 김씨가 이씨에게 음식을 줄 수는 있다. 이 때, 김씨가 그 음식을 씹어서 이씨에게 준다고 해도 이씨에게 영양이 되고 이씨의 몸에 이로운 영양으로 만들어 줄 수는 없다. 그 음식을 자기 몸의 피와 살이 되게 만드는 것은 결국 이씨이다. 이처럼 문화는 그것을 즐기는 각 개인의 몸을 통해서 체득되는 것이다.

이러한 문화는 인간 경험의 총체이다. 그러므로 문화를 전달하고 습득하는 일은 인간 경험의 전달이다. 동물은 앞 세대의 소중하고 의미 있는 경험을 후세대에게 전달하는 작용이 없다. 그러나 인간은 자신의 경험을 타인에게, 혹은 후속 세대에게 전달하며 교훈으로 삼게 한다. 그것은 역사를 통해 지속되고 반복된다. 교육은 바로 인간이 축적한 문화와 경험을 역사를 통해 전달하고 비판하게 하는 디딤돌이다.

교육은 넓은 의미에서 '인간됨'으로 나아가 '인간다움'을 지향한다. 그 모습은 다양하게 드러나는데, 그 포괄적 이미지는 '교육이념[Educational Idea]'에 담겨 있다. 교육은 이러한 교육이념에 따라 교육목적과 교육목표를 제시하고 구체적으로 실천된다. 특히, 한 국가와 민족에게서 교육이념은 교육을 총괄적으로 조망하여 매우 상징적으로 설정되며, 국가와 민족이 나아가야 할 방향을 지시한다.

이념은 사전적 의미로 "이상적인 것으로 여겨지는 관념[Idea]"이다. 따라서 교육이념은 교육에서 이상적인 것으로 여겨지는 관념이 된다. 이러한 교육이념은 인간됨에 기여하는 핵심적인 사상이고, 교육의 기본원리이며, 기본정신이자 지도 원리이다. 교육이념은 교육의 방향을 지시하는 지남(指南) 역할을 한다. 교육이념은 대소(大小)의 개념을 모순 없이 포함하는 총괄적인 것이어야 하고, 어느 일부분에만 반영되거나 실천되는 것이 아니어야 한다. 동시에 모든 교육활동을 정당화하는 근거가 되어야 하고, 시간과 장소에 따라 변하지 않아야 하며, 비교적 장시간 계속되어야 한다. 뿐만 아니라 확고한 기초와 항구성을 지니려면 부정적인 것보다는 긍정적인 것이 바람직하다. 다시 말하면, 교육이념은 포괄성과 보편성, 기본성과 일관성, 지속성과 긍정성을 지니고 있어야 한다.

요컨대 교육이념은 "한 사회의 모든 교육정책, 교육제도, 교육내용 및 교육방법 등을 포함한 교육의 과정을 지배하는 신념의 체계를 의미한다. 따라서 교육이념은 모든 교육적 행위의 방향을 제시하는 구체적 의도를 내포하고 있어야 하고 모든 교육적 행위의 결과에 대한 평가의 준거가 되는 사회 윤리적 가치 체계를 드러내야 한다."

전통적으로 교육은 국가사회주의를 지향하는 공동체적 경향과 인격계발적인 개인적 경향이 변증법적 조화를 이루며 진행되어 왔다. 이른바 개인주의와 공동체주의 교육이 시대 상황과 여건에 따라 특성을 드러내며 진행되었다. 유학의 경우, 앞에서 언급한 맹자의 경우처럼 개인 교육과 공동체 교육이 어우러져 있다. 서구의 경우, 공동체 교육은 플라톤에 의해 주창되었다. 플라톤은 시민훈련이 시민에게 공적인 선을 가르쳐서 행하도록 준비시켜야 한다는 전통적인 그리스의 견해를 기꺼이 수용했다. 개인은 공적인 목적의 도달을 위하여 국가에 의하여 이용되는 도구였다. 다시 말하면 개인행동의 규제에 의하여 출생 때부터 모든 시민에게 국가에 대한 엄격한 헌신을 주입시킴으로써 국가 단위를 유지하고 보존하려고 뜻을 두었다.

인격계발적인 측면은 페스탈로치에 의해 강조되었다. 페스탈로치는 기본적으로 인간을 사회적·국가적 굴레에서 해방시켜 개인으로서 행복한 인간을 일깨워 주는 데 초점을 두었다. 그는 "우리에게는 현재 글자를 가르치는 학교도 있고 문장을 가르치는 학교도 있으며 교리문답을 외우는 학교도 있다. 그러나 진정 필요로 하는 것은 인간을 키우는 학교이다"라고 언급하면서 인간계발을 최우선시하였다.

그렇다면 우리나라의 교육이념과 교육목적은 어떻게 구성되어 있는가? 「교육기본법」 제1장 제2조에는 다음과 같이 기술되어 있다. "교육은 홍익인간의 이념 아래 모든 국민으로 하여금 인격을 도야하고 자주적 생활능력과 민주시민으로서 필요한 자질을 갖추게 하여 인간다운 삶을 영위하게 하고 민주국가의 발전과 인류공영의 이상을 실현하는 데 이바지하게 함을 목적으로 한다." 이는 심신의 건강, 애국·애족·인류평화, 민족문화 유산의 계승 및 세계 평화에의 기여, 진리탐구와 창의적 활동, 자유·협동·신의의 정신 함양, 정서 함양 및 여가 선용, 근검(勤儉) 노작(勞作)과 현명한 소비 등 구체적인 교육목표를 통해 달성될 수 있다.

이러한 교육의 목적은 시대와 사회, 사람에 따라 다르게 설정된다. 일반적으로 고대 사회에서는 '사회 체제의 존속과 계승'이 중시되었고, 근대 사회에서는 '개인의 인격 도야'가 중시되었으며, 현대 사회에서는 '인간의 사회적 효율성 제고'가 부각되었다. 사회에 따라서도 다르게 나타난다. 예컨대, 우리와 같은 민족이지만 체제를 달리하는 북한의 경우, 조선민주주의 인민공화국 사회주의 헌법 제43조에서 교육목적을 규정하고 있는데, 다음과 같다. "국가는 사회주의 교육학의 원리를 구현하여 후대들을 사회와 인민을 위하여 투쟁하는 견결한 혁명가로, 지덕체를 갖춘 공산주의적 새 인간으로 키운다."

또한 교육은 교육활동을 어떻게 보느냐에 따라, 내재적 목적(內在的 目的: intrinsic aim)과 외재적 목적(外在的 目的: extrinsic aim)으로 구분하기도 한다. 내재적 목적은 교육활동 내에서 인생의 의미와 가치, 이상을 발견하려는 것이다. 예컨대 이해관계를 초월한 호기심이나 지적 정직성, 정확성, 근면, 진리와 정의에 대한 사랑 등 지적인 덕목과 선, 절제, 관용, 정의, 동정 등의 도덕적 덕목, 합리성과 자율성 등이 이에 포함된다. 반면 외재적 목적은 교육활동을 수단으로 삼아 어떤 가치를 실현하려는 것이다. 외재적 목적은 교육을 수단으로 삼기 때문에 당장 눈에 드러날 뿐만 아니라 실제적 이익을 가져준다. 그러므로 현실적으로 중시된다. 외재적 목적은 특히 생계 문제와 관련되는데, 교육을 많이 받으면 받을수록 훌륭한 직업과 직장을 구할 수 있고, 많은 보수와 사회 경제적 지위, 명예를 누릴 수 있다고 생각한다. 하지만 이 두 가지 목적 중 어느 것이 더 중요하다고 단정 짓기는 매우 어렵다. 가능한 한 내재적 목적을 추구할 때 외재적 목적이 부수적으로 실현되는 것이 바람직하다. 만약 외재적 목적이 지나치게 팽배하게 되면, 교육이 정치나 경제의 도구 내지 수단으로 악용될 소지가 있고, 출세와 치부의 수단으로 전락할 수 있다.

교육이념이나 목적이 다양하게 표현될지라도, 인간에게만 존재하는 교육 작용은 크게 네 가지 정도로 요약된다.

첫째, 교육은 앞 세대가 뒷세대들에게 좋은 문화나 삶의 양식, 질서나 체제를 현상유지적으로 이어 받게 한다. 인간의 삶에서 긍정적이고 좋은 문화는 지속적으로 이어지게 마련이다. 교육은 그런 문화에 대해 애착을 갖고 그것을 계승하기 위한 능력과 태도를 갖게 하는 기능을 지닌다. 예컨대 교육을 가능하게 하는 교과서에는 좋은 문화가 응축되어 있다. 학생들은 바로 이런 교과서를 통해 문화를 계승하고 지속시켜 나간다.

둘째, 교육은 인격의 조화적 도야를 가능하게 한다. 인간의 참된 삶은 인격완성을 위한 끊임없는 의지적인 노력의 과정이다. 이때 인격의 완성은 인간의 조화적 발전으로 인간성 안에 내재해 있는 여러 소질들을 조화롭게 발전시키는 일이다. 교육은 어떤 사회에서건 인간으로서 개인의 완성을 추구하며 자아를 실현하려고 한다. 그것은 흔히 자기 수양으로 표현되기도 한다.

셋째, 교육은 정신문화를 계승하게 한다. 문화는 어떤 특정한 개인에서 다른 개인으로 계승되는 것이 아니다. 어떤 집단에서 보편적으로 받아들여지는 가치 있는 것이 다른 집단으로 계승된다. 더구나 문화는 개인이 태어나면서부터 지니는 것이 아니고, 집단 속에 살면서 몸에 익히게 되는 것이다. 특히 정신문화는 각 개인의 이지적이고 능동적인 노력으로 획득된다. 이때의 노력은 교육이 담보한다. 인간은 교육을 통해, 자신이 속한 사회의 정신적 가치를 이어받고 자기의 정체성을 확보하게 된다.

넷째, 교육은 인간을 한 사회의 성원으로서 사회화한다. 교육을 통해 인간은 자신이 속한 사회의 상황을 이해하고 가치를 확인할 수 있으며, 그런 과정을 통해 점차 적응해 갈 수 있다. 그리고 그 사회에 살면서 사회 성원으로서 사회적 문제의식을 발견하게 된다. 교육은 이런 상황에서 사회를 긍정적으로 이어 가기도 하지만, 부정적인 문제가 생겼을 때, 보다 나은 사회를 이룩하려는 사회 혁신 기반을 조성하기도 한다.

PART 3

철학의 특성

CHAPTER **6**

철학의 본질은 무엇인가

1 철학의 의미

철학(Philosophy)을 정확하게 정의하기는 쉽지 않다. 하지만 과거에서 현재까지 그것이 사용된 방법을 파악하면, 인간의 창조성 및 교육과 어떤 연관이 있는지 그 의미를 알 수 있다. 철학이라는 용어는 원래 고대 그리스인들에 의해 사용되었고, 앞에서 언급했던 것처럼, 그들에게서 애지학(愛智學)의 의미로 지속되어 왔다. 철학이란 용어를 중심으로 학교나 학파를 만든 사람은 피타고라스였다. 그는 소아시아 출신으로 이탈리아 남쪽 지방으로 이주했고 거기서 '학당(a center for learning)'을 설립했다. 그는 학당에서 다루었던 학문적 관심에 따라 학당의 그룹을 세 가지로 분류하였다. 하나는 '쾌락(快樂)을 사랑하는 사람들'이고, 다른 하나는 '부(富)를 사랑하는 사람들'이며, 마지막은 '지혜를 사랑하는 사람들'이었다. 철학이란 용어는 사랑하는 것을 의미하는 '필로(philo)'와 지혜를 뜻하는 '소피아(sophia)'의 조합이었다. 따라서 당시 철학자들은 '지혜를 사랑하는 자', 이른바 애지자(愛智者)로 알려졌다.

이는 고대 그리스의 최고의 스승이자 철학자였던 소크라테스가 아테네 (Athens)에서 가장 현명한 사람으로서 연설하며 반박했던 언표에서 사용된 용어였다. 소크라테스는 그의 지혜가 '자신의 무지를 아는 데' 있다고 주장했다. 소크라테스는 삶의 위대한 주제들과 관계된 최후의 궁극적 지혜를 소유하라고 주장하지는 않았다. 그는 지혜를 성취했던 자는 아니었다. 그는 최고의 능력을 위해 지혜를 추구했고, 지혜를 사랑했던 사람이었다. 이는 철학이 지닌 매우 중요한 사인이다. 왜냐하면 진정한 철학자는 존재의 의미에 관한 질문에 궁극적 대답을 하도록 주장하지 않기 때문이다. 대신 소크라테스는 그가 얻을 수 있는 지식에 대해, 그 자신이 지닌 마음의 한계를 겸손하게 인정하였다. 이 지점에서 철학의 특성에 인간의 창조성이 깃들어 있음을 간파할 수 있다. 창조성을 통한 교육의 여지가 녹아 있다는 사실이다.

인간으로서 창조성을 지닌 철학자가 추구하는 지혜는 자신의 존재 의미에 대한 적절한 이해이다. 창조성을 지닌 철학자의 이해가 결코 완벽할 수 없다는 사실은 인간이 그것에 관해 아무것도 알 수 없음을 의미하지는 않는다. 세계에 대한 이해를 향해 몸부림치면서, 적어도 그것에 조금 더 가까이 갈 수 있고, 이러한 노력을 하기 전부터 가졌던 것의 바탕에 하나의 진보를 더한 것이다. 다름 아닌 창조 작업의 진행이다. 인생의 목적을 향해 움직이기 위해 자신의 본성, 타인과의 관계, 나아가 존재하는 모든 것과의 관계성에 대한 질문에 대답하려고 노력한다. 이는 인간의 마음에 의해 완전히 깨달을 수 없는 어떤 사안이다. 그럼에도 불구하고 인간은 발전할 수 있다. 그것이 창조성을 지닌 인간이 철학을 통해 할 수 있는 교육이다.

2 철학 개념의 쓰임들

현실과 이상의 괴리 사이에서, "철학은 어떠한 빵도 구울 수 없다!"라는 유명한 구절이 있다. 이 언표는 철학이 실제적 가치를 지니지 않는다는 점을 말하는 데 사용되어 왔다. 그것이 사실이건 아니건, '실제적'이란 말의 의미는 중요하다. 그것이 단순히 돈을 버는 상품 생산, 혹은 물질적 성공이나 성취와 같은 직접적 유용성이라면, 철학은 전혀 '실제적'이지 않다. 그러나 인생의 중요성이나 가치를 증진시킬 수 있는 일이 '실제적'인 것을 의미한다면, 철학은 가장 실제적인 학문일 수 있다. 철학, 또는 지혜의 사랑, 애지학은 어떤 것을 성취하기 위한 의미로 사용되지 않을 때조차, 그 자체에 가치가 있는 어떤 것과 연관되어 있음을 알아야 한다. 그것이 창조성의 터전이다.

철학은 인간이 살아가는 세계와 인간 자신에 관해 지식을 더해 준다. 앎에 대한 욕구가 인간 본성의 필수적 특성들 가운데 하나이기 때문에 철학을 통해 얻는 지식은 이러한 욕망을 만족시키는 데 기여한다. 지식이 환희인 동시에 고통의 근원이라는 점이 사실이고, 우리는 때때로 그 결과들이 더욱 고통스럽고 환희에 차게 될지라도 지식이나 지혜가 무지(無智)보다 낫다는 것을 안다.

철학은 인간의 행위 가운데 창조성을 발휘하게 만드는 핵심 영역이다. 그러나 행위에서 유일하게 영향을 미치는 것은 아니다. 왜냐하면 사람들이 그들의 지성을 따르는 일보다 욕망을 더 따르는 것이 일반적 사실이기 때문이다. 그럼에도 불구하고 인간은 그가 속한 세상과의 관계에서, 자신이 사실이라고 믿는 것이 그가 하는 일에 영향을 미친다. 그러기에 어떤 사람의 인생은 그의 철학에 대한 표현이 표출되어 나온 삶이다. 그것은 그 사람이 가장 가치 있다고 믿는 것을 나타낸다. 이것은 공동체, 국가, 그리고 공공기관과 같이, 사람들이 소속된 사회 집단에게도 동일하다.

철학은 가치의 영역뿐만 아니라 과학이나 과학이 보여주는 실제 정보와도 관련이 있다. 가치는 어떤 사물들이 지닌 값어치와 관계한다. 이것은 자연과학의 영역을 벗어나 있다. 과학은 우리에게 그것이 어떤 것인지 말해줄 수는 있어도, 그것이 무엇이 되어야 하는지를 말해 줄 수는 없다. 과학은 실제로 존재하는 사물을 설명할 수는 있어도, 용어나 개념들이 사용된 어떤 존재에 관해 도덕적으로 좋고 나쁨을 우리에게 말해 줄 수 없다. 마찬가지로 철학은 가치에 관한 궁극적이고 유일한 진실을 설명할 수 없다. 그러나 철학은 가치들에 관한 여러 가지 이론들을 탐험할 수 있다. 나아가 철학은 이론들을 평가하고 비평하기 위한 수단들을 제공한다. 이러한 방법으로 철학은 인간의 삶의 가치, 그리고 의미를 구성하는 작업에 보다 적절히 이해하는 안내자로 작용한다. 인간이 지닌 창조성이 그것을 적극 추동한다.

철학은 좁은 시야나 마음, 편견을 극복하기 위한 시도이다. 좁은 마음의 소유자는 단지 하나의 의견으로부터 주어진 주제를 이해하는 사람이다. 그러나 사람들은 그가 사용한 방법과 동일한 것을 모든 사람들이 받아들이는 것으로 추정한다. 철학은 이러한 태도를 극복하기 위해 만들어졌다. 철학하는 방법의 핵심은 동일한 주제가 다른 개인들에 의해 관찰된 여러 가지 방법으로 주의 깊게 나타나게 하는 일이다. 어떤 주제에 관한 온전한 진리에 대해, 어떤 사람일지라도 완전히 이해할 수는 없다. 각각의 개인은 어떤 주제에 관해 약간의 진리만을 이해하며, 그것은 사람마다 다르게 인식된다. 중요한 것은 다른 시각으로부터 관찰된 방법을 설명하면서, 그것에 관한 새로운 의견을 만들고, 그것은 단순한 인식의 가능성보다 조금 더 완전함에 가깝도록 하는 데 기여한다.

이 지점에서 중요한 사실이 하나 드러난다. 철학은 인간 사이에 다른 사람들로부터 배웠던 사안을 맹목적으로 받아들이기보다 그에게 자신에 대해 생각해 보기를 진지하게 격려한다. 다른 어떤 일보다, 인간이 어떤 사안에 대해 자신의 것으로 만드는 과정을 경험했다면, 철학은 하나의 생각이 그 자신의 것이 될 수 있음을 일러 준다. 그렇지 않다면, 철학을 했다고 말할지라도 그것은 다른 사람의 생각을 단순한 되풀이 하거나 답습한 것이다. 이는 철학이 정신의 비판적 태도를 발전시키는 경향이 있다는 것에 기초된다. 이런 경향이 창조성의 구현이다.

일반적으로 개인이나 세계가 지향하는 목표나 목적에 관한 개념은 과학이라기보다는 철학 영역에 속한다. 인생이 의미 있는 목적을 지니거나 혹은 어떤 일에 관한 단순한 성공인지에 대한 것은 아무리 정확한 과학적 조사에 의할지라도 대답되어질 수 없다. 우주자연이 목적이 있거나 혹은 없는 것은 과학적 질문이 아니다. 과학자들의 발견도 그것에 대해서는 어떠한 언급도 하지 않는다. 이러한 질문들에 대해 긍정적 대답을 할 수 없는 동안, 철학은 목적에 관한 본성과 그와 연관된 다양한 가설들을 조사할 수 있고, 이러한 방법 내에서 그 신념에 대해 의미 있게 안내할 수 있다.

인간은 이성적 사고를 기반으로 하는 생각하는 동물이다. 또한 신뢰와 신념을 바탕으로 하는 종교적 동물이다. 종교적 질문들은 과학적인 것이 아니다. 그러므로 그것들은 실험적 관찰에 의해 대답되어질 수 없다. 종교적 성질에 관계된 여러 개념들을 탐색하는 일을 통해, 철학은 그 개념들에 포함된 함축적인 내용들을 지적할 수 있다. 함축된 의미 가운데 이미 알려진 사실들을 통해 개인의 모순과 불일치를 피할 수 있는 견해를 볼 수도 있고, 동시에 인간의 경험에 의미 있는 해석을 제공할 수도 있다. 그 바탕과 과정의 일관성을 창조성이 담보한다.

3 철학과 다른 학문의 관계

철학은 인간 경험의 많은 영역들과 연관이 있다. 그런 점에서 철학은 넓은 영역을 포함한다. 그러나 인간 지식의 전 영역을 모조리 포괄하기는 힘들기 때문에, 밀접히 연관되어 있는 특별한 분야를 구별하여 철학과 연관시키는 작업이 중요하다. 특히, 철학과 과학, 그리고 종교는 상호작용하며 인간의 문화에 결정적 영향을 미친다.

먼저, 과학의 문제를 보자. 과학이란 개념은 조직된 지식과 연관된다. 엄격히 말하면, 일반적인 과학으로 지정될 수 있는 특별한 분야는 존재하지 않는다. 다양한 과학들이 있고 각각의 과학은 특별한 영역이나 주제 문제에 관련되어 있다. 예를 들면, 과학적 절차에 의해 조사할 수 있는 수학, 물리학, 생물학 등이 있다. 이런 과학은 일반과학과 실증과학으로 나눌 수 있다.

일반과학에는 논리학과 수학이 전형적인 예가 된다. 일반과학은 단지 생각의 세계와 관련이 있다. 그들의 진리와 타당성은 실제 존재하는 물질에 의존하지 않는다. 예를 들어, '2+2=4' 혹은 '삼각형은 세 면으로 되어 있다'와 같은 말은 실제 삼각형과 셀 수 있는 물체들이 우리의 감각 세계 안으로 들어와 어떤 존재로 형성되어 있다. 이러한 말은 언어의 정의에 따르면 사실이지만, 단지 유의미한 말의 반복에 불과하다.

이와 달리 실증과학은 물체의 실제 존재와 관련을 가진다. 경험적 사실에 기초하고 있기 때문에 '실증'이라고 말한다. 물리학, 화학, 생물학 등과 같은 여러 과학들은 적어도 부분적으로 감각적 경험에 의해 관찰되어질 수 있는 물체의 행동을 보고한다. 각각의 영역에서 특별한 관찰이 행해지고, 이러한 관찰은 어떤 원리나 법칙에 따라 조직되면서 지속적으로 남아 있게 된다. 그러므로 특별한 조건 아래에서 일어나는 과학적 실험은 관련된 사안을 예측 가능하게 한다. 그것이 과학적 사실이자 원리이고 법칙이다.

이러한 과학과 대비되는 철학은 다른 성격을 지닌다. 인간의 경험 세계에서 행동하는 방법에 대해 단순하게 묘사되지 않는다. 인간의 사고는 다른 인간이나 사물들과 가지는 연관성 가운데 원리나 법칙에 의해 제한되지 않는다. 그렇다고 과학이 가져다주는 사실을 무시하지는 않는다. 결론이 나 있는 어떠한 원리나 법칙에 대해 적어도 알려진 사실과 함께 조화를 가지려고 한다. 그것은 철학이 모든 과학을 합치려는 시도로 볼 수 있다. 이런 점에서 철학은 우주의 목적, 세상의 기원, 인간 영혼의 성질, 신의 존재, 그리고 선함과 악함의 성질, 아름다움과 추함의 특질, 드러나는 것과 실재 존재 사이 등과 같은 수많은 질문을 다룬다. 이러한 철학적 질문들은 과학에서 사용된 똑같은 종류의 절차에 의해 조사되어질 수 없다. 과학적 관찰과 실험은 무엇이 도덕적으로 선한지 나쁜지를 말할 수 없다. 그것은 신과 인간 영혼의 성질에 대한 어떤 것도 나타낼 수 없다.

그렇다면 철학적 질문들은 어떻게 조사될 수 있는가? 그 방법은 주의 깊은 선택에 의거한다. 철학자들이 철학적 질문에 온전하게 대답할 수 없는 것은 사실이다. 그렇다고 그런 상황이 철학자가 그것에 관해 아무것도 알지 못하거나 알 수 없음을 의미하지는 않는다. 철학자는 그것에 대한 반박이나 옹호를 제거하면서, 알려진 사실과의 불일치성, 그리고 그 자신의 가장 의미 있는 설명을 제공하며, 해결책을 찾는 방법으로 궁극적 진리로 나아갈 수 있다.

그렇다면, 철학은 어떻게 종교와 연관되어지는가? 종교는 어떤 측면에서 과학과 철학에 밀접한 연관성을 갖는다. 하지만 그것은 철학이나 과학과는 다른 매우 특징적인 인간 경험의 어떤 차원과 관계된다.

종교는 주로 인생의 중요성 및 가치와 관계한다. 그것은 때때로 자신의 신념과 연관하여 강한 충성과 헌신으로 정의되고, 어떤 사람은 그것을 가장 가치 있다고 믿는다. 이런 이유 때문에, 종교는 어떤 사람에게 인생에서 궁극적 목적으로 간주되기도 한다. 종교는 필수적으로 느낌과 관련된 지적인 내용을 포함하지만, 주로 느낌의 문제를 다루며 언급한다. 이에 비해 철학은 주로 인생의 부차적 위치에서 유지된 느낌을 가지는 지적 행동과 연관된다. 한 사람의 철학은 그가 자신과 세계에 관해 진리인 것을 믿는 일인 반면, 종교는 그가 가장 완벽히 헌신 하려는 것이다.

과학과 종교 사이에는 종종 충돌이 일어난다. 이는 그들 각각의 분야가 지닌 특성 때문에 빚어지는 오해에서 기인한다. 사실 과학과 종교는 충돌될 수 없다. 왜냐하면 그들은 같은 범주나 부류에 관계하지 않기 때문이다. 과학은 사물들이 존재하는 것, 존재 자체를 설명한다. 그런 관찰이나 실험 활동은 발견한 것들이 사용되어지는 목적이나 평가와는 관련이 적다. 종교는 사물들이 사용되어져야 하는 목적이나 평가에 깊이 관계한다. 어찌 보면 철학은 과학과 종교의 가운데에 서 가치를 발현한다.

4 교육에서 철학의 위상

그렇다면 철학은 창조성을 핵심으로 하는 인간의 교육에 어떤 양상으로 기 여하는가? 서구 전통에서 자유 교양교육은 자유로운 사람을 위해 만들어진 것이 다. 그 목적은 사람이 그 자신에 대해 생각하도록 준비하게 하는 작업이다. 자유 교양교육의 내용은 그들이 살고 있는 환경과 개인들에 따라 변화한다. 그러나 교 육에 쓰이는 적절한 훈련과 자유로운 마음을 위한 필수적인 교육내용들이 있다. 그것은 인간 경험의 다양한 영역을 조사하고 다른 사람들의 견해들을 평가하고 비평하기 위한 기회를 제공한다. 자유 교양교육은 수많은 주제, 그리고 인간이 추구하는 직업과 개인의 취향에 의해 결정되는 교과내용들을 포함한다. 철학이 란 이러한 목적에 기여할 수 있는 주제 가운데 하나이다.

이러한 철학의 가치는 다음과 같은 내용들을 포함할 수 있다. 철학의 역사에 대한 탐구는 과거부터 발전되어온 위대한 사상에 대해 일반적으로 친근하게 만 들 수 있다. 이는 한 개인이 자신의 경험에서 발견할 수 없는 많은 생각들을 비 추어 보게 할 수 있기 때문에 매우 중요하다. 그것은 각각의 인간이 지닌 지식에서 보다 성취된 인류의 사고와 행위의 진보를 인식하게 만든다. 그리고 미래에 대한 예측과 발전을 위한 안내자 역할을 할 수 있다. 과거에 만들어진 여러 가지 오류들을 생각하면서, 인간은 이것과 유사하거나 동일한 오류를 범하지 않도록 배운다.

이외에도 철학은 인간의 마음속에 비평적 태도를 훈련시키거나 발전시킨다. 이는 어떤 사안에 관한 증거가 충분히 나타날 때, 어떤 특별한 이론과 생각이 그 증거를 받아들이거나 혹은 그 기초가 되는 증거를 조사하도록 촉구한다는 의미 이다. 의심(疑心)은 철학의 근본적 밑바탕이라는 데카르트의 주장은 그가 오래된 주장을 의심할 때까지 새롭고 더 나은 생각을 얻는 것이 불가능함을 지시한다. 극도의 의심은 회의론(懷疑論)으로 인도하지만, 적절한 의심은 어떤 것을 보다 적 절히 이해하는 수단이 된다.

철학은 주어진 주제에 대해 표현된 각각의 다른 견해를 존중하는 행위를 가 리킨다. 경험이란 그것이 어떻게 드러나든지 상관없이, 어떤 견해가 어떠한 진리 를 포함하는지에 대한 지시이다. 경험이 가장 만족스럽게 나타나는 것은 적어도 어떤 사안에 대한 오류를 발견할 수 있을 때이다. 모든 경우의 질문에 주의를 기 울일 때, 인간은 자신의 결론을 내리는 데 있어 보다 잘 준비할 수 있다. 철학을 통한 공부가 자신의 무지한 태도나 모습을 드러나게 한다는 점을 고려한다면, 그 것을 적절히 추구하였을 때 철학은 겸손(謙遜)의 태도를 기르게 한다. 자신의 지 적 영역이 다른 이들이 성취해 놓은 것에 비하면, 아주 작다는 사실을 알게 한 다. 그런 인식은 어떤 증거가 잘못 되었음을 나타낼 때마다 수정하기를 원하며, 새롭게 준비하는 열린 마음의 자세를 필연적으로 갖게 만든다.

철학은 사실과 사고들에 관심을 끌게 하는 작업이다. 그것은 인간이 자신의 행동뿐만 아니라 다른 사람들의 행동에 대한 평가나 비평을 할 수 있는 참고 자 료가 될 수 있다. 인간의 진보에 대한 가장 근접한 의미는 이상적 삶으로 향하는 일이다. 그것은 선의 표준을 구성하는 도덕적 이상이자 아름다움과 추함을 측정 하는 미적 이상이다. 또한 사고의 영역에서 진리의 표준을 추리하는 논리적 이상 이며, 인간이 다루어야 할 정치, 경제, 그리고 다양한 사회 구성체들을 고려하는 진리와 같다.

CHAPTER *7*

철학은 어떤 영역을 주요하게 다루는가

1 철학의 영역들

철학의 영역을 분류하는 데는 다양한 방법이 존재한다. 그렇지만 어떠한 방법도 모든 영역을 완벽하게 포괄할 수 없고, 각 영역은 이질적이면서도 부분적으로는 서로 겹치기도 한다. 철학의 영역을 분류하는 방법의 한계에도 불구하고, 각 영역은 철학적 주제들을 처리하기 위해 필수적 요소가 된다.

그 첫 번째가 형이상학(形而上學, metaphysics)이다. 형이상학은 제1철학이라고도 하는데, 존재 자체의 성질을 탐구하는 일과 연관된다. 존재하는 모든 것의 공통점은 무엇인가? 형이상학은 물리적 영역을 초월한 존재를 의미한다. 이는 원래 아리스토텔레스의 저서인 『제1철학』에서 '메타피지카(Metaphysica)'로 통합되면서 형이상학이라고 불렸다. 아리스토텔레스는 존재하는 것과 되어가는 것, 여러 가지 종류의 원인들, 잠재적인 것과 실제적인 것, 신의 개념 등과 같은 주제들에 대해 그 성질이 어떠한지를 캐물었다. 모든 철학적 주제들은 감각 세계 위에 놓인 문제들과 관련되어 있다. 하지만 이런 문제가 일상 삶의 경험들을 이해

하기 위해 필수적인 것은 아니다. 철학의 역사에서 이런 주제는 다양한 차원에서 다루어진다. 때때로 인간의 탐구로는 이러한 주제와 관계된 최종 해결책에 다다를 수 있는 방법이 없어 보이기도 하고, 때로는 그것이 세계와 삶에 관계된 문제들을 어떤 가치 있는 분석의 기초 자료로 인식되기도 한다.

다음으로는 인식론(認識論, epistemology)이다. 인식론은 지식의 이론이라고 하는데, 앞에서 언급한 형이상학과 밀접하게 관계되어 있다. 우리는 어떤 주제에 대해 특별한 신념에 도달하기 위해, 앎과 관계된 어떤 방식을 사용해야만 한다. 철학의 한 분류로서 인식론은 신념을 만들기 위해 사용된다. 다음은 앎을 위해 가장 널리 사용된 방법들이다.

첫 번째, 권위에 의한 방법이다. 권위에 의한 방법은 모든 의견들이 판단되어야 하는 표준 혹은 규범으로서 완벽한 권위를 수용한다. 예를 들면, 종교의 영역에서 그것은 특별한 책이나 작품이 틀림없는 진리의 근원으로서 간주된다. 기독교인의 경우 그것은 『성경(Bible)』이 될 수 있고, 유교를 숭상하는 경우 그것은 유교의 핵심 경전인 『사서삼경(四書三經)』이 될 수 있다. 무슬림의 경우 그것은 『코란(al-Quran al-Karim)』이 될 수 있고, 불교의 경우 『화엄경』과 같은 다양한 불경(佛經)이 될 수 있다. 다양한 종교에서 논의되는 정당성은 거기에서 받아들여진 권위에 의해 결정된다. 이런 권위 혹은 권위주의는 종교적 영역에서는 어떤 제한도 없다. 이런 권위주의는 교육학이나 정치학, 그리고 그것과 관계된 여러 영역에서 사용될 수 있다.

두 번째, 직관(直觀)의 방법이다. 직관은 진리의 기준을 일관성으로 간주하는 방법이다. 직관은 '곧바로, 즉시 아는 것'으로 구성된다. 그것은 지각(知覺)에서 나온 것도 아니고 이성(理性)의 과정에서 나온 것도 아니다. 예를 들면, 양심은 어떤 사람이 올바른 일과 그른 일 사이의 차이점이 무엇인지 즉시 아는 데서 파악된다. 그러나 앎의 과정이 일어나는 방법에 대해서는 직관론자들 사이에서도 의견 차이가 있다. 직관은 개인들에게 무엇이 아름답고 무엇이 선한지, 그리고 인간의 삶에서 의미 있는 것에 기여하는 정보는 무엇인지, 그런 것이 특별한 감각에 의존하는지 여러 가지 탐구에 관한 이론이 존재한다. 또 어떤 직관론자들은 직관이 단지 직관적으로 알려진 일반적 규칙이나 특별한 것과 관련된 정보들이 직관의 추론으로 만들어진 것으로 본다. 그런 직관이 오류가 날 수 있는지 아닌지에 대한 의견도 일치되지 않는다.

세 번째, 이성적 방법이다. 이성적 방법은 진리의 기준을 일치성으로 간주하는 방법이다. 이런 생각은 하나의 체계에서 다른 체계들을 추론할 수 있도록 순서를 통해 배열한다. 경험의 영역 안에서 이성적인 것은 진리의 기준으로 믿어진다. 진리로 생각되는 것은 알려진 모든 사실들과 일치되고, 반박으로부터 자유로워야 할뿐 아니라, 그것은 인간의 경험을 의미 있도록 해석하는 데 기여해야 한다.

네 번째, 실증적 방법이다. 실증적 방법은 앞에서 언급한 직관적 혹은 이성적 방법에 비해 감각 경험을 주요하게 다룬다. 실증주의자들은 논리학과 수학을 기초로 감각 경험의 영역에서 이성의 정당성을 인식한다. 그들은 감각 자체만으로 우리가 알 수 있는 외부 세계의 어떤 것도 우리에게 보여지지 않는다고 본다. 실제로 존재하는 세계에 대한 진실은 감각으로부터 나와야만 한다. 사실에 속한 어떠한 가설들, 혹은 일반적 언어는 감각 인식에 의해 확인하는 능력을 구성한다. 아무도 그것을 이해할 수 없고, 어떠한 감각들에 의해 그것을 경험할 수 없을 때, 한 사물의 존재를 말하는 것은 그들의 견해에서 볼 때 이치에 맞지 않는다. 이는 왜 일반적으로 실증주의자들이 형이상학적 질문과 논의에 대해, 반대하는지 그 이유를 설명하는 것이다. 형이상학이 다루어야 하는 개념에 대해 그들은 정당성을 결정할 수 없다. 그것은 그들이 취하는 감각에 의해 확인될 수 없기 때문이다.

인식론의 차원에서 철학은 권위에 의한 방법이나 직관, 이성, 실증적 방법 등 여러 가지를 적절하게 혼합하는 양상으로 드러난다. 대부분의 철학자들은 여러 측면의 철학하는 방법 가운데 어느 하나를 배타적으로 사용하기보다 그것이 어느 정도 혼합된 방법을 수용한다. 그렇다고 철학자들이 혼합된 방법을 모두 받아들이지는 않는다. 다른 방법들에 대해 조금이나마 생각해 보면서, 어떤 분야에 적절한 방법이 있는지를 고민한다. 예를 들면, 권위에 의한 방법을 수용할 준비가 되었을지라도, 다른 종류의 권위를 인식하려고 한다. 직감으로 알 수 있는 것일지라도 다른 방법으로 알 수 없는 것들도 있다. 형식 과학들은 이성에 의해 인식되는데, 우리는 존재하는 사물에 대해 알 방법이 없는 감각 인식으로부터 멀리 떨어져 있다. 그러나 이런 방법들 가운데 어떠한 것도 철학하는 방법으로 딱 들어맞지는 않는다. 일반적으로 철학하는 방법은 여러 방법 가운데 적합한 방법을 적용하면서 보충할 수 있는 방법이 요청된다. 그때 인식론, 즉 지식의 전체 이론이 각각의 요소를 포함하며 풍성해 질 수 있다.

형이상학 및 인식론과 더불어 철학에서 핵심 영역 중의 하나가 논리학이다. 논리 또는 정확한 사고의 원리는 수학처럼 형식과학 중에 하나이다. 어떤 주제에 관한 철학적 논의는 그 내용에 대한 약간의 사고와 논리학 이론의 분석과 평가를 포함한다. 그것은 주제나 내용에 대한 언급과 함께 귀납적이고 연역적인 이성을 요구한다. 이러한 요구들이 고려되는 한, 철학적 사고는 일치점을 발견한다. 그러나 성질과 관계된 주제를 논의할 경우, 논리학적으로 볼 때 그 상황이 완전히 다를 수 있다.

어떤 견해에 따르면, 논리학과 형이상학은 밀접하게 연결되어 있다고 한다. 각각의 성질은 다른 것들 안에서 반영된다. 이런 특징은 독일의 철학자 헤겔(G. W. F. Hegel)에게서 전형적으로 드러난다. 논리학과 형이상학에 대한 헤겔의 개념은 "이상은 실제이며 실제는 이상이다!"라는 언표에서 두드러진다. 논리학은 너무나 잘 배열된 사고들의 순서적 체계이다. 따라서 그들 각각은 전체에 대해 어떤 관계 안에 서 있다. 헤겔은 전체 우주가 이성적 체계라는 것을 확신했기 때문에, 그는 논리학을 실제로 나아가는 열쇠라고 생각했다. 따라서 존재하는 모든 것은 이성적이고 비이성적인 것은 존재하지 않는다.

논리학의 또 다른 개념은 실증주의 전통을 고려하는 철학자들에 의해 옹호된다. 이러한 견해의 미국 교육철학자 듀이(John Dewey)에게서 사례를 찾아볼 수 있다. 듀이는 헤겔의 견해와는 반대로 논리학과 형이상학 사이에 연결고리가 없는 것으로 이해한다. 듀이가 볼 때, 논리학은 실제 자연의 반영이 아니다. 그것의 유일한 목적이나 기능은 사람들을 일상의 경험에서 일어나는 활동에 대해 보다 잘 적응하도록 하는 일이었다. 그는 논리의 도구적 이론, 즉 도구주의를 주창했다. 도구주의는 논리가 어떤 것들이 되어가는 것에 대한 도구나 기구라는 의미이다. 이 도구의 유용성은 과학적 정보의 발전과 성장 안에서 설명된다.

2 철학 영역의 특성들

이처럼 철학의 핵심 영역은, 형이상학, 인식론, 논리학으로 구성된다. 여기에 인간의 가치 부여를 통한 윤리 도덕적 측면을 부각하면 가치론이 성립된다. 이에 철학은 형이상학과 인식론, 가치론의 세 차원을 중심에 두고, 논리학을 통해 그 것을 펼쳐나가는 사고를 전개한다. 다시 말하면, 철학은 "첫째, 무엇이 실재하는 가? 둘째, 우리는 어떻게 아는가? 셋째, 무엇이 선(善)한가, 또는 아름다운가?"를 핵심으로 논리적 사고를 전개하는 인간의 지적 활동이다.

'무엇이 실재하는가?'라는 물음은 형이상학(形而上學: metaphysics), 혹은 존재론(存在論: ontology)이라고도 한다. 이 분야의 관심사는 '참으로 존재하는 것은 무엇이며, 존재하는 것이 어떻게 질서 잡히고 조직되는가'라는 점이다. '신은 존재하는가?', '우주에는 목적이 있는가?', '인간은 육체로만 구성된 것인가, 정신으로만 되어 있는가, 아니면 정신과 육체 둘로 구성된 것인가?', '나는 누구인가, 나는 무엇인가?' 등, 우주와 세계, 인간의 궁극적 본질을 밝히는 작업과 연관된다. 그것은 변화하지 않는 영원한 세계와 변화하는 세계 사이의 본질과 현상의 문제를 탐구한다. 이러한 존재론에는 '세계의 모습은 무한히 다양하다'라는 다원론(多元論: pluralism)과 '실재는 하나이다'라는 일원론(一元論: monism)이 있다. 그리고 본질 혹은 실체가 '정신'이나 '의식', '영혼'이라고 보는 관념론(觀念論: idealism)과, '신체' 혹은 '물질'이라고 생각하는 유물론(唯物論: materialism)이 있다. 그리고 이 들을 객관적으로 파악할 수 있다는 실재론(實在論: realism)도 있다. 또한 우주와 세계의 본질은 끊임없이 변화·발전하며, 그 이상의 어떤 본질도 없다는 입장인 프래그머티즘(pragmatism)도 있고, 불변의 실체에 대한 탐구를 유보하거나 알 수 없다고 보는 실존주의(實存主義: existentialism)도 있다.

다음으로 '우리는 어떻게 아는가?'의 문제는 인식론(認識論: Epistemology), 혹은 지식론(知識論: theory of knowledge)으로 알려져 있다. 이는 철학 활동의 핵심이다. 인식론은 '인간이 무엇에 대해 아는 것이 어떻게 가능한가'라는 물음처럼, 앎의 과정을 밝히려는 노력이다. 이는 다시 말하면, 진리란 무엇인가? 그 근거는 어디에 있는가?에 관해 탐구하는 일이다. 여기에는 '참다운 앎에 도달할 수 없다'

라는 입장과 그 반대로 '도달할 수 있다'라는 견해가 있다. 이런 절대적 시각과 달리 앎은 상대적이며 인간이 어떻게 이해하느냐에 따라 바뀔 수 있다는 입장도 있다.

　세 번째는 가치론(價値論: axiology; theory of value)이다. 가치론은 '무엇이 선한가?', '무엇이 옳은가?', '무엇이 아름다운가?'처럼, 좋은 것과 싫은 것, 옳은 것과 그릇된 것, 아름다운 것과 추한 것 등의 문제 제기와 더불어, 그 근거와 판단기준, 대상을 밝히는 철학적 노력이다. 이는 특히 윤리학(倫理學:ethics)의 체계 및 도덕적 기준, 미학(美學: aesthetics)에서 확인된다. 윤리학은 인간 행동의 규준과 도덕성, 삶의 기준 등을 밝힌다. 미학은 인간의 생활에 요청되는 미의 본질을 구명한다.

　이러한 철학의 영역은 결국은 존재와 앎, 행위의 문제와 결부된다. 요컨대, 형이상학은 존재의 문제를 탐구하고, 인식론은 지식의 문제를 통해 앎의 영역을 다루며, 가치론은 가치 부여에 따라 인간의 행위 문제를 조절한다. 형이상학·인식론·가치론은 타당한 사고과정을 통해 결론을 도출한다. 이 사고 과정이 타당한 것인지를 검토하는 여러 가지 규칙과 기준을 밝히는 작업은 논리학(論理學: logic)이 담당한다. 논리에는 귀납법(歸納法: induction)과 연역법(演繹法: deduction)이 있다. 연역법은 보편적 원리에서 특수한 구체적 원리를 이끌어내는 추리과정이고, 귀납법은 개개의 구체적 사실에서 보편적 원리나 법칙을 이끌어내는 추리과정이다.

표 3 철학의 기본 영역과 특성

철학의 영역	이론	특성	사고과정
형이상학	존재론	실재(Being)	논리학 (logic)
인식론	지식론	앎(Knowing)	
가치론	행위론	행동(Doing)	

철학은 인간이 사유하고 활동하는 대부분의 영역에 관심을 보인다. 영역에 따라 다양한 학문 범주를 확립하고 있는데, 과학철학, 윤리학, 미학, 종교, 역사, 정치 등 여러 분야에 대한 철학적 해석을 가한다.

먼저, 과학철학은 자연의 법칙들이 어떻게 형성되는지 그 발견에 관한 탐구 방법과 개념들을 시험하는 방식을 포함한다. 그것은 과학적 절차들에 암시된 형이상학적 토대를 비추어 보게 만든다. 원인을 일으키는 작용, 귀납법, 연역법, 가능성, 자연법, 예측가능성, 그리고 연관된 용어를 통해 이러한 개념들을 분석한다. 이런 철학적 과정은 그 과정에 요구되는 절차 및 가설 형성과 연관을 가진다. 그것은 진보라는 이름으로 자연의 과정을 완전히 이해하는 방향으로 나아간다. 나아가 다양한 과학이 성취한 성과와 한계까지도 지적한다.

윤리학과 도덕철학은 가치론의 중심에 자리한다. 윤리학은 인간이 실제로 행동하는 방법과 그들이 행동해야만 하는 방법에 관련된 인간 행동에 관한 탐구이다. 윤리학은 어떤 사안에 대한 단순한 묘사보다 그렇게 되어야 하는 것과 관련된다는 점에서 자연과학과는 다르다. 의무적으로 '행동해야 함'은 '선(善)이냐, 악(惡)이냐'로 판단되는 행동에 따라 인간 행위의 표준 혹은 규범을 암시한다. 이는 만족스러운 선의 표준을 발견하기 위한 다양한 시도로, 행복의 쾌락주의적인 표준이나 직관주의 내부의 음성들, 의무의 형식주의적 표준, 힘이 곧 정의라는 말의 기준, 자아실현의 기준, 정의적 윤리 가치 등에 대한 관심과 평가를 포함한다.

미학과 예술철학의 경우, 아름다움에 관한 인간의 탐색과 연관된다. 인간은 생각하는 동물인 동시에 미(美)와 선(善)에 대해 반응하고 느끼는 미적 동물이다. 미학은 인간 경험의 이러한 측면을 다루려는 철학의 한 분야이다. 그것은 미적 경험을 분석하고, 그 적절한 발전을 위한 방법들을 제안한다. 예술의 성질과 관련된 제반 이론들을 평가하고 설명한다. 여기에는 기쁨, 공감, 대화, 표현 등과 같은 경험의 질로서의 예술도 포함된다. 그리하여 인격의 성숙과 문화의 진보와 관련된 것으로서 예술을 충분히 고려한다.

종교철학은 종교적 경험과 직결된다. 종교적 경험은 그것이 한 인간에게 가장 가치 있는 것으로 간주되는, 충성과 헌신의 영혼으로 특징된다. 신성(神性)으로 여겨지는 다양한 방법들이 있을지라도, 종교를 신앙하는 인간이 헌신하려는 대상이나 목표는 그 종교가 신봉하는 신(神, God)이다. 종교철학은 어떤 특별한 종교를 비판하거나 그 종교에 대한 편견을 드러내기 위한 것이 아니다. 종교철학의 목적은 종교 경험의 성질을 이해하는 작업이다. 때문에 종교철학은 종교에서 믿음과 그 실행을 검토한다. 신(God)의 존재를 믿는 것에 반대하거나 옹호하는 논의를 평가하거나 설명한다. 영혼의 성질, 회심(悔心)의 의미, 구원(救援), 영생(永生), 이외에도 종교와 관련된 주제들에 대해 논의한다. 종교에 관한 이용 가능한 정보에 대해, 개인은 자신의 견해를 표현하도록 격려된다.

역사철학의 경우, 인간이 실천하는 철학의 과정이 전체로서 여겨질 때, 의미가 있는지 없는지에 대한 결정을 위해 탐구하는 작업이다. 어떤 사상가나 철학자가 '역사에 대해 의미가 없다!'라고 가르쳤다면, 역사는 멍청이가 한 이야기에 불과하다. 정상적인 이야기에 대한 완벽한 분노로 역사가 아무것도 아님을 나타낸다. 아니면 이와 정반대로 어떤 일에 대한 성공만을 그리는 것일 수도 있다. 어떤 사상가나 철학자들은 역사에서 아주 완벽한 계획이나 목적을 찾아내기도 한다. 즉, 역사는 다양한 방법을 통해 순환적으로 발생하는 역동적 과정이고, 거기에서 펼쳐지지 않은 이성적 삶으로 나타난다. 역사철학은 이런 역사적 과정을 다양한 방식으로 해석하고 진단한다. 해석의 다양성, 즉 어떤 역사적 해석에 반대하거나 그것을 옹호하는 논의들은 제 각각의 이유를 가진다. 그리고 역사를 탐구하는 사람들에게 그 자신의 철학적 견해를 드러낼 수 있도록 준비시킨다.

마지막으로 정치철학이다. 정치철학은 정부의 기능과 목적을 주요한 주제로 다룬다. 그것은 아리스토텔레스가 말한 것처럼, "정치적 사회는 선한 삶을 위해 존재한다"라는 의미에서, 윤리학이나 도덕철학 분야와 밀접히 연관된다. 인간은 사회적 존재이다. 때문에 인간은 사회의 일원으로서 스스로 최선을 다하며 살아간다. 정부가 존재하고, 인간의 행동을 규제하는 법을 집행하는 작업이 바로 이러한 목적을 위한 것이다. 정치철학은 인간의 최고 이익을 제공하기 위해 어떤 정부가 가장 합당한지, 그 종류를 발견하기 위해 탐구한다. 이를 위해 정치철학은 인간 사회에 제공하려는 환경과 조건에 관련된 여러 형태의 정부를 조사한다.

정치철학은 근본적으로, 인간이 함께 살아가는 과정에서 책임과 자유가 무엇을 의미하는지 주의 깊은 사려가 요구된다.

CHAPTER **8**

지식과 지성의 탐구가 핵심에 자리하는가

1 지식의 근원들

　지식을 이루는 근원에는 이성과 지성, 감각, 사고, 직관 등 다양한 요소가 존재한다. 철학이 다루어야 할 첫 번째 근본적 질문은 알아가는 과정에서 그 한계와 성질에 관계된다. 알려진 것과 지식이 만들 수 있는 방법을 결정하는 일이 매우 중요하다. 많은 사람들이 현재 논의하는 주제를 설명할 때, 그것은 알아가는 과정을 탐구하는 작업이다. 또한 인간이 관심을 쏟으며 알 수 있도록 지식 추구를 가능하게 만든다. 최소한 인간이 어떤 지식을 가질 수 있도록 도움을 준다. 우리가 지식에 대해 관심을 가질 수 있고, 지식을 가질 수 없는 주제들에 대해서도 도움을 줄 수 있다.

　앞에서 언급한 것처럼, 철학의 한 영역으로 인식론에 관심을 두게 되는 것이 바로 이러한 이유에서이다. 인식론은 지식과 지성을 인도하며 인간의 지식 정도와 성질에 관심을 갖고 다양한 이론들을 탐구한다. 그 기초가 이성과 지성이다. 앎과 그 과정들에 대한 적절한 설명은 지식을 얻는 근원을 일러준다. 주어진 주제 내에서 그 정보를 얻는 방법에 대해 질문을 받았을 때, 우리는 흔히 어떤 개인으로부터 얻었거나 어떤 책을 읽고 알았다고 이야기한다. 그리고 또 다른 자료에서 얻었다고도 이야기 할 수 있다. 어떤 사람이 보통 그 자신의 경험에 의존하여 어떤 내용을 안다는 것은 사실이다. 그가 지닌 지식의 많은 부분이 다른 사람에 의해 그에게 전달되었다는 것도 사실이다. 이러한 지식의 정당성은 대부분 그것이 나온 근원에 의존한다.

주어진 내용이나 정보가 사람들에게 잘 제공되도록, 그 증거가 믿을만한 것으로 여겨지도록 만들 때, 종종 특별한 분야에서 권위를 빌려온다. 권위 있는 말은 그만큼 잘 수용되기 때문이다. 이런 방법으로 얻어진 지식은 다른 어떤 근원에서 가져온 것보다 많다. 예를 들면, 역사, 의학, 공학, 예술, 문학, 그리고 그 밖의 다양한 학문 분야에서 우리가 아는 것은 다른 사람들에 의해 우리에게 전달된 것이 대부분이다. 이러한 방법으로 얻어진 지식은 믿을만할지라도 절대적으로 확실한 것은 아니다. 가장 널리 받아들여지는 권위들조차 가끔 잘못된 것으로 증명되기도 한다. 특별한 영역에서 전문가로 인정된 사람들에 의해 전해지는 지식도 마찬가지이다. 이러한 권위주의로부터 오류를 막기 위해, 지식 터득의 방식에 주의를 기울이는 일도 필요하다. 지식 정보의 근원은 우리가 어떤 편견을 가지건 아니건 간에, 그 지식 정보와 관련된 사실이 있었는지 아닌지를 결정해야 한다.

다음으로는 감각에 관해서이다. 우리는 일상에서 보고, 듣고, 만지고, 맛보고, 느끼는 것을 실제 지식이 유래한 근원으로 생각하는 경우가 많다. 이는 지식에 관한 경험적 이론이다. 로크(John Locke)에 의하면, 인간에게 타고난 사고는 존재하지 않는다. 인간의 출생 때부터 그 마음은 경험들을 기록할 수 있는 백지(白紙)와도 같다. 모든 인간이 공통으로 지닐 수 있는 사고는 없다. 인간의 경험 이전에 어떠한 것도 인간의 마음에도 존재하지 않는다. 인간에게 숙고된 감각은 그의 마음으로 이미 들어간 모든 사고들을 설명하기에 충분하다. 사고는 단순한 것이 있고 복잡한 것이 있다. 단순한 사고는 단지 하나의 감각, 두 개 이상의 여러 개의 감각, 숙고, 그리고 이러한 것들의 복합이다, 반면에 복잡한 사고는 복합, 추출, 그리고 다른 것들과의 비교 과정에 의해 단순한 사고로부터 유래한다.

로크에 의하면 단순하고 복잡한 사고들로부터 인간 지식에 속하는 모든 것이 유래한다. 그러나 얻을 수 있는 지식에도 정도의 차이가 있다. 우리는 우리 자신의 존재에 대한 어떤 지식을 가지고 있다. 우리는 그것을 직감적으로 안다. 우리는 신의 존재에 대한 설득력 있는 지식을, 그리고 수학적 진실을 지니고 있다. 그리고 자연과학 분야에 가능성 있는 지식, 그리고 경험 세계에 속하는 모든 지식을 가진다. 이러한 지식이 일상 삶의 문제와 부딪치기에 충분하다는 점에서 지식이 가능하다고 설명할 필요는 없다.

모든 지식이 감각 경험으로부터 유래한다는 원칙은 존 로크를 추종하는 철학자들에 의해 받아들여졌다. 버클리(George Berkeley)는 "존재하는 것은 지각된 것이다"라고 하였다. 이는 한 물체가 감각에 의해 지각될 수 없다면, 그것은 존재하지 않음을 의미한다. 그러나 버클리는 영혼의 존재와 신의 존재는 예외로 하였다. 우리의 지식은 마음, 혹은 영적 물질의 영역에 제한되어 있다. 우리의 감각 인식 주체들은 본성의 영적인 측면이고, 그들의 계속된 존재는 신의 마음 안에 있다. 흄(David Hume)의 경우에도 인간은 외부 세계, 영혼, 혹은 신에 관한 지식을 가지지 않는다고 주장했다. 우리가 수학적으로 그리고 그와 비슷한 분야들에서 할 수 있는 지식은 어떤 특이한 순간에 존재하는 마음의 지각 상태이다.

지식의 근원으로 중시되는 것은 그 무엇보다도 사고이다. 데카르트는 이러한 견해를 표현했던 대표적인 철학자이다. 데카르트는 자신에게 주어진 수많은 정보나 지식이 의심의 가능성 위에 있는지 스스로에게 물었다. 그리고 그는 그가 얻었던 지식 가운데 유일한 분야가 수학임을 확신했다. 왜냐하면 그것이 특별한 분야에 사용된 방법이었기 때문이다. 그 방법은 확실한 시작점을 찾는 것에서 구성된다. 연역적 추론에 의해 논리적 결론으로 나아가는 것에서 만들어진다. 이와 똑같은 방법이 탐구의 다른 분야에 적용될 수 있다면, 그것은 어떤 결과이건 똑같이 얻어질 수 있다. 이에 데카르트는 다음과 같이 제의했다.

의심되어질 수 있는 모든 것을 의심하라! 그렇게 하면 결국 인간은 자신의 존재 자체가 틀림없는 확실성에 도달할 것이다. 자기 자신이라는 존재는 보이는 그대로 하나의 생각이 너무 분명하고 특징적이어서 의심할 수 없다. 의심하는 것은 생각하는 것이고, 생각하는 것은 존재하는 것이다. 그래서 데카르트는 "나는 생각한다. 그러므로 나는 존재한다!(Cogito ergo sum!)"라는 철학의 전 체계를 위한 출발점을 제시하였다. 이것이 근대 철학의 시작이다. 신의 존재는 그의 마음속에 있는 완전한 존재에 대한 사고에 의해 만들어진다. 왜냐하면 인간은 적어도 자신의 마음속에 실제로 존재하는 것에 대한 생각을 가질 수 있기 때문이다. 이 완전한 존재에 관한 생각은 그 자신의 존재에 대한 생각만큼 분명하고 확실하다.

그런데 문제가 있다. 완전한 존재는 그 사람을 속일 수 있기 때문에 그것은 무엇이든지 이성에 의해 가리켜진 것이 사실이 되어야만 한다. 감각 인식과 느낌은 다른 개인들과 변화하는 환경들에 의해 변화한다. 그러나 이성은 항상, 그리고 모든 사람들을 위해 영원히 존재한다. 이성은 우리가 경험하는 의식 상태에 대해 적절한 원인이 있다는 것을 요구한다.

이처럼 데카르트의 철학은 앎에 관한 이성적 방법의 사례를 제공한다. 데카르트가 사용한 논의에서 어떤 오류가 있다는 것, 그리고 그의 추종자들이 더욱 정확한 철학을 고려했다는 것은 사실이다. 그럼에도 불구하고, 이성주의자들은 항상 우주는 이성적 체계이고 논리적 사고는 실체를 진정으로 이해하는 것이 핵심임을 주장하였다. 감각들은 물체가 인간의 마음에 나타나는 방법을 나타낸다. 그러나 그들의 진정한 성질을 가리키는 것은 이성이다.

이성의 이면에 직관이 존재한다. 어떤 것들은 생각이나 감각 인식에 의한 것보다 오히려 느낌들을 통해 알려진다. 이것이 사실이라는 사례를 찾는 것은 어렵지 않다. 어떻게 우리가 행복한 것과 사랑에 빠진 것을 아는가? 어떻게 우리가 하나의 물체가 아름다운지 아닌지 혹은 어떤 종류의 행동이 인간이 동의하지 않는 반대를 이끌어내는지를 아는가? 그 자신의 태도와 기질은 어떤 이성적 과정에서 알려지지 않았다. 또한 그것들은 감각 인식들을 통해 나타나지 않았다. 그것들은 단지 즉각적 경험을 통하여 알려진다. 그리고 이것은 우리가 직관에 의해 의미되는 것이다.

과학적 탐구 과정에서 새로운 가설들의 형성은 직관적 통찰력을 포함한다. 이는 가설에서 새로운 요소가 이전 경험에 의해 유래하지 않았거나 다른 사람의 작업이나 전달로부터 오지 않았기 때문이다. 지난 경험들에 대해 생각하는 일은 주어진 문제를 처리하는 데서는 새롭고 시도해보지 않은 방법이다. 그러나 생각이 새롭다는 경우, 그것은 과학적 상상에 속하거나 직관을 통해 그의 마음에 온다.

직관주의는 윤리학 분야에 중요한 역할을 하였다. 때때로 그것은 양심의 소리와 동일시되었다. 주어진 행동이 도덕적으로 참인지 거짓인지를 구별하는 느낌과 동일시되었다는 말이다. 도덕적 감각으로 불리는 것을 옹호하는 사람들은 우리가 듣고, 보고, 그리고 다른 감각들을 사용하는 것 같이 옳고 잘못된 것을 아는 특별한 감각을 지닌다. 이성적 직관주의로 알려진 것은 단지 직관적으로 아는 옳음과 그릇됨의 일반적 원리들이다. 이러한 원리들은 숫자로는 얼마 되지 않지만, 도덕적 판단을 만드는 근본을 제공한다. 때때로 이러한 원리들은 진실로 여겨지는 행동의 의무나 규칙들로 생각되는데, 정상적인 환경에서는 이러한 규칙에 복종해야만 한다. 그러나 특별한 상황에서 그것은 그 규칙들에 대해 예외가 있을 수 있다. 예를 들어 일반적 규칙으로서 그는 진실을 말할 의무가 있다. 그러나 인간의 생명을 구하기 위해 거짓말 하는 것도 필요하다.

종교적 분야에서 직관은 계시(啓示)와 동일시되기도 한다. 선지자가 "신이 말씀한다"라고 메시지를 전달할 때, 그것은 신이 그가 선포하기를 원하는 것에 대한 즉각적이고 직접적 지식을 가지고 있다고 이해된다. 그의 메시지 내용이 거짓인지 혹은 아닌지는 의견의 차이가 있다. 그것이 거짓이라고 믿는 어떤 이들이 있다. 다른 사람들은 그 메시지의 출처가 거짓이라 할지라도 그 해석과 이해는 인간이 판단할 문제이며, 어떤 사람일지라도 실수할 수 있다는 것을 인정한다.

2 지식 획득의 정당성

그렇다면 지식은 어떻게 획득되는가? 그 정당한 방법은 무엇인가? 권위와 감각 경험, 그리고 이성과 인식 등이 그것을 해소해 주는 주요한 방법으로 동원된다. 앎의 방법에 여러 가지가 있다는 전제를 두더라도, 그 앎의 방법들이 똑같은 가치를 지니거나 동일한 문제를 탐구할 수는 없다. 그러므로 그 방법들이 지닌 최고의 장점을 이용할 수 있도록 발견하는 작업이 중요하다.

앎의 방식에서 권위에 의한 방법은 인간 자신이 탐구할 수 있는 능력과 시간을 가지고 있지 않은 특별한 분야에서는 필수적 방법이다. 이 방법은 이미 확립된 사안을 다른 사람을 통해 사용할 수 있도록 도와준다. 자신의 지식은 다른 방법을 이용하여 할 수 있는 것보다 훨씬 높은 차원에 있을 수 있다. 권위를 동원하여 주의 깊은 선택을 하고 그것에 따르면, 잘못된 판단을 줄일 수 있다. 공정하고 경쟁력 있는 탐구를 위한 선택의 과정에서 권위 있는 주장들은 이미 명성을 통해 잘 정립이 되었고, 인간은 이성적으로 탐구의 결과가 믿을 만할 것이라고 확신한다. 이때 사용한 방법과 작업이 이행된 조건을 아는 것도 중요하다. 개인의 견해가 받아들여진 경우, 특별한 견해에 대한 비판을 탐구하며 그것이 이성적인지 아닌지에 대해 알아야 한다.

권위에 의한 지식을 통해 얻는 장점도 많지만, 권위가 가장 적합하게 사용되었을 때 그 가치가 빛난다는 사실도 인지할 필요가 있다. 예를 들면, 권위라고 하는 것도 그것이 주어진 분야에서 특별한 전문가들의 권위인지, 혹은 시민이나 특정한 종교에 의한 권위인지, 그 어떤 권위도 쉽게 오류로 간주될 수는 없다. 왜냐하면 어떤 인간이건 실수의 여지가 개입될 수 있고, 이러한 인간적 요소가 어느 정도 포함된 권위로 존재하기 때문이다. 주어진 분야에서 전문가로 알려진 사람들의 권위를 일반적으로 받아들인 의견은 그 사람의 개인적 판단보다 진실일 것 같다는 판단이 사실이다. 그럼에도 불구하고 그 전문가의 의견이 나오는데 기초를 이룬 증거를 평가하는 일도 중요하다. 이는 오류에 대한 조심일 뿐만 아니라, 이러한 종류의 지식이 진실로 그 자신을 형성하는 데 기여하기 때문이다.

지식의 영역에서 진보는 과거에 주장된 견해가 비판적으로 탐구되었을 때 성취될 수 있다. 그리고 지식이 지닌 결함이 현실적으로 비추어질 수 있는 한, 지식 획득을 위한 노력은 지속된다. 특정 종교의 교리와 같은 것은 진리가 아니다. 왜냐하면 그 종교를 신봉하는 인간들만이 그것이 진실이라고 믿기 때문이다. 지식의 진실성은 그것이 지탱하는 근거에 비추어 결정되어야 한다.

지식의 확보 과정에서 감각 경험은 매우 중요하다. 감각 경험은 외부 세계에 존재하는 물질에 대해 그것이 사실임을 결정하는 가장 중요한 규범이다. 경험주의자들은 감각을 통해 소통된 지식은 물리적 세계에 대한 정보 지식의 근원이고, 지식 정보가 확인될 수 있는 유일한 수단이라고 했다. 버클리가 말한 것처럼 "존재하는 것은 인식되어진 것이다"는 언표는 그것이 사물에 적용된 것으로 볼 때 사실이다. 어떤 사물이 존재한다는 것을 말하는 일은 하나 혹은 더 많은 감각에 의해 인식될 수 있음을 말하는 것과 동일하다. 이러한 사안은 감각에 의해 인식될 수 없는 실체에 관한 질문과 함께 행해져야 한다. 예를 들어, 자연의 법칙과 우주의 실체를 대비해 볼 때 불일치된 영역이 존재한다. 신의 존재나 인간 영혼의 성질과 같은 영역에도 이런 상황이 존재한다. 분명히 이러한 사물 가운데 어떤 것도 감각적 수단에 의해 직접적으로 경험될 수 있는 것은 없다. 이러한 앎의 방식을 사용하는 경험주의자들의 경우, 어떤 실재나 사물의 모든 것을 부인할 수 있다. 그들은 이러한 신, 영혼, 자연법칙, 보통명사, 그리고 진리, 미, 선과 같은 용어들의 유용함을 부인한다. 이러한 용어들이 외부 세계에 존재하는 어떤 것을 언급하지는 않는다. 대신, 그들은 이런 사안을 인간의 마음에서 창조된 것으로 간주한다. 한편, 이성주의자들은 이러한 용어들로 사물을 언급하거나 물질에 관한 그들의 생각 혹은 인간의 마음에 의존하지 않는 존재들을 언급한다. 이런 의견의 차이에도 불구하고, 철학하는 사람들은 감각 경험이 외부 세계의 물체에 관하여 아는 방법이 필수적인 사안임에 동의한다. 이런 지식의 방법이 다른 방법으로부터 고립되었을 때, 그 한계는 분명해 진다.

감각들은 특별한 순간에서, 사물이 인간의 마음이 나타나는 방법을 나타낸다. 인간은 자신이 어떤 사물에 대해, 과거 혹은 미래에 관계된 어떤 것을 가리키지 않는다. 흄(David Hume)은 그것을 "인간이 확실하게 만들 수 있는 유일한 것과 관계될 때, 그것이 일어난 순간, 마음의 의식 상태이다"라고 하였다. 감각들이 서로를 따르는 순차적 방법은 감각 경험의 기초로 설명될 수 없다. 과거 감각의 연속적 사건들이 일어났던 사실이 있더라도 그것이 동일한 결과를 초래할 것이라는 증거는 없다. 이런 이해는 자연의 법칙으로 언급된 것이 주는 특별한 가능성을 제거한다.

그런 차원에서 감각은 외부적 사물들에 의해 야기되는 지식 획득 방법이다. 감각들이 서로가 서로를 따른다는 것은 사실이다. 그러나 감각들은 그것이 일어났던 특별한 순서에 대해 어떤 설명도 제공하지 않는다. 또한 감각들에 또 다른 순서가 수반되지 않았다는 어떠한 지시도 주지 않는다.

자신의 존재 혹은 성격은 단지 감각 경험으로부터 유래될 수만은 없다. 자아는 그것이 전체로 여겨진다는 의미에서 삶의 경험과 함께 엮어진 의식의 연합을 의미한다. 확실히 한 사람의 이름은 하나의 순간적 의식 상태보다는 다른 차원의 어떤 것을 나타낸다. 경험들을 의미 있는 전체로 묶을 수 있는 것은 감각에 의해 나타난 어떤 것이 아니다. 이런 점에서 인간 개인이 그 자체로 진실인 것은, 마치 신의 존재와 같은 차원에서의 진실이다.

권위 및 감각 경험과 더불어 앎의 방법으로 이성과 인식은 철학의 핵심 부분을 장식한다. 이성주의자들은 논리학과 수학 영역에 대한 적절한 기초를 제공한다. 이성과 인식을 충실하게 고려하는 방법에서, 진리는 외부 세계의 사물 존재에 의존하지 않는다. 그것은 단지 서로에게 사고가 일치되는 문제이다. 즉, 생각의 문제일 뿐이다. 지식은 사고의 법칙에 따라, 그리고 용어나 개념 정의에 의해 만들어진다. 용어나 개념으로 주어진 의미는 논의를 통해 지속적으로 남아 있어야만 한다. 그것은 자기 모순적 측면을 회피한다. 완전한 확실성을 가져야 한다. 왜냐하면 사고하는 과정에 포함된 언급들이 유사한 용어나 개념의 반복이기 때문이다. 또는 결론에 도달한 내용이 그것들이 유래된 용어나 개념에서 볼 때 의미적으로 동일하기 때문이다.

지식에서 완전하고 온전한 확실성은 단지 사고, 생각의 영역에서 가능하다. 이성이 외부 세계에 속한 사물의 영역에 적용되었을 때, 그것은 사물이 존재하는 방법에 관하여 정확하게 설명해 주지 않는다. 오직 사고의 세계와 관련이 있을 때, $2+2=4$이다. 사물의 세계에서는 정확하게 동일한 것은 존재하지 않는다. 서로 다른 개별적 사물들은 동일성의 차원에서 무시되어야만 한다.

이성이 감각 인식과 연결될 때, 그것은 물질세계에서 사물에 대한 지식을 제공하는 데 매우 유용하다. 단지 감각에 의지한 지식이 부족한 부분을 다양한 측면에서 보완한다. 자연의 법칙, 존재의 원인, 자아, 목적, 그리고 지능과 의미를 경험하게 만든다. 논리적으로 필수적인 용어나 개념들에 의미를 부여하는 작업은 이성을 요청한다. 그러나 지식의 논리에서 직관에 도달하는 중요성은 철학자들 사이에 일치하지 않는다. 어떤 이는 지식의 모든 분야에서 직관이 가장 중요하다고 하고, 또 다른 이들은 그 자신의 개인적이고 주관적인 경험들이 더욱 믿을 수 있는 것이라고 주장한다. 플라톤은 인간이 태어날 때 사고가 마음에 잠재되어 있다고 믿었다. 예를 들면, 동그라미[원]에 대한 완전한 생각은 결코 그것을 보지 못했거나 혹은 완전한 동그라미를 경험하지 못했을지라도 그 마음에 존재한다는 말이다. 이런 사고에는 그것을 제공하는 또 다른 근원이 존재한다.

사고를 통하거나 이성에 의하지 않고, 지식의 근원으로서 직관은 그 용어가 주는 정의에 의존한다. 직관이 지식의 잘못된 근원임을 의미한다면, 직관의 사용은 개인적이고 완전히 주관적 경험에 제한되어야만 할 것이다. 사물 자체에 대한 직관은 윤리적 차원에서 적절한 안내자도 아니고, 신의 의지를 나타낼 수도 없다. 자연과학에서처럼, 직관은 이성적 방법을 사용했을 때의 오류를 입증하고 확인할 수 있는 가설들을 제공하는 데 유용하다. 이성과 직관은 진리에 도달하는 차원에서 보면, 상반된 방법들이 아니다. 서로를 보완하며 다른 것들의 작업을 완성시키는 조력자이다. 직관은 필수적으로 진리인 것은 아니다. 직관들이 진실이거나 혹은 진실이 아니라는 것은 단지, 실험과 탐구, 연구의 과정에서 이성적 방법들의 적용을 통해 결정될 수 있다.

3 진리의 성격과 신뢰

그렇다면 이렇게 확보된 앎의 체계, 즉 지식은 어떤 특징을 지니고 있는가? 객관적인가, 실재적인가? 일관성은 있는가? 얼마나 실용적인가? 철학자와 달리 과학자는 어떤 것이 진리라는 '사실(事實)'을 우리에게 말할 수 있다. 그러나 한 사람의 과학자가 반드시 우리에게 '진실(眞實)'을 말하는 것은 아니다. 철학자가 이 지점을 피할 수 없다. 철학자는 그가 대답해야 하는 진리의 성질과 그에 관한 질문들을 마주한다.

철학자는 '진리(眞理)'라는 단어에 의해, 그것이 의미하는 진실을 지시해야 하고, 진리가 인간의 마음을 통해 얻어지는지에 대해 인간이 생각할 수 있는지 아닌지를 분명하게 제시해야 한다. 어떤 철학자가 완전한 불가지론자(不可知論者)라면, 그는 그것이 가능하다는 것을 부인할 것이다. 어떤 영역에서는 가능하지만 다른 영역에서는 아니라고 믿는다면, 각각의 영역이 존재하는 것에 대해 설명할 것이다. 어떤 것이 확실한가? 그리고 그것은 어느 정도의 가능성으로 존재하는 가? 인간이 가질 수 있는가 없는가에 대한 사안은 깊이 생각해 보아야 할 문제이다. 이 지점에서 다루어야 하는 중요한 질문 가운데 하나는 진리를 '주관적' 혹은 '객관적' 성질과 관련시키는 일이다. 진리의 체계가 순수하게 주관적이라면 단지 인간의 마음에 존재하며, 반면에 그것이 객관적이라면 인간의 마음에서 벗어나 있는 외부 세계의 것이고, 실제 세계의 구조에 속한다.

진리에 관한 이론에서, 철학적 현실주의자들은 진리가 객관적이고 실제 사물의 세계에 속한다고 주장한다. 사고는 인간의 마음이 외부 세계 안에 실제로 존재하는 사물과 관계되었을 때 진실이다. 어떤 사람이 어떤 근거의 길이를 20m라고 말했을 때, 실제 측정했을 때도 20m라면, 그의 주장은 사실이다. 이는 단순하게 증명되는 동시에 진리에 관한 매우 설득력 있는 개념으로 나타난다. 하지만 실제로 그 상황은 그렇게 단순하지 않다. 왜냐하면 그것은 이론이 주장되기 위한 다양한 형태의 철학이 존재하고, 일반적인 의미에서 그것을 채택하려면 철학자들 사이에 상당한 불일치가 있기 때문이다.

소박한 실재주의나 때때로 상식적인 견해로 불리는 것은 감각에 의해 관찰될 수 있는 사물들이 실제로 나타났을 때이다. 장미가 빨간 색깔로 피어 있다면, 그것은 실제로 빨간 것이다. 바위가 무겁다고 느낀다면 무겁다는 것이 진리이다. 이런 설명의 과정에서, 실제와 나타나는 것 사이에 특별하게 끼어들거나 만들어지는 것은 없다. 또 다른 실재주의나 사실주의에 따르면, 사물에 대한 진리는 그렇게 직접적으로 드러나지 않는다. 사물이 나타나는 것들은 주관적 요인들을 포함한다. 사물은 영원한 존재로 남아있지 않고, 모든 사람들이 인식하는 것이 동일하지 않다. 사물의 진정한 성질이 영원히 남아있다고 보기 때문에 그것에 관계한 지식은 감각 인식과 연결된 이성의 사용에 의해 얻어질 수 있다. 이런 감각과 인식의 연합을 통해, 우리는 사고와 실제 사실이 어떤 연관을 이루는지 결정할 수 있다.

그렇다면 진리는 일관성을 갖추고 있는가? 진리의 일관성 이론에 따르면, 판단의 일치 문제가 중요하다. 어떤 판단이 진리라고 알려지고 그것이 다른 판단과 일치되어 있다면, 그 판단은 진리이다. 일반적으로 철학적 이상주의자들은 이러한 이론을 받아들인다. 그것은 수학 분야에서 특별히 유용한데, 수학이란 단지 서로에 대한 생각들과 관련되어 있다. 자연과학의 경우, 일관성 이론은 진리라고 판단하는 사안이 그 자체로 일관성을 띨 뿐만 아니라 알려진 모든 사실과도 일치되어야만 한다고 추측한다. 이런 견해를 바탕으로 하면, 진리는 특별한 사실들이 너무나 잘 조직되어 조직 전체를 구성한다는 방법을 반영하는 사고의 체계이다. 이는 체계의 한 부분으로부터 동일한 체계의 다른 부분이 같을 것이라는 추론을 가능하게 만든다. 이러한 판단은 자세하게 만들어졌기 때문에 알려진 사실들에 의해 반박되지 않을 것이다. 동시에 특별한 경험에 관한 의미 있고 지적인 해석을 생산할 수 있다.

일관성 이론의 건너편에 또 다른 진리의 성격으로 실용주의적 진리관이 존재한다. 실용주의는 미국의 프래그머티즘이다. 일관성 이론은 본성적으로 객관성을 띤다. 왜냐하면 진리가 인간의 마음에서 독립적이고, 그가 하는 생각이 어떠한 방법에 의해 변화되지 않을 것으로 추측하기 때문이다. 그러나 실용주의자들은 매우 다른 견해를 보인다. 진리는 자연적으로 그리고 필수적으로 주관적이 된다. 그들 마음의 바깥에서 진리를 발견하는 것 대신에 진리를 창조하는 것은 그 마음이고, 이러한 활동적 진리로부터 멀리 떨어져 있는 것은 진정한 실체를 지닐 수 없다. 실용주의적 이론은 "진리란 인간의 경험에서 잘 작용된 것이다"는 말로 자신의 진리관을 대변한다. 이는 생각에 의해 행동하며 예상하는 결과를 얻는다면, 그 생각이 진리라는 것을 의미한다. 가설을 설정하고 예측을 통해 그것이 표현되고 입증되는 일은 자연과학에서 설명될 수 있다. 예를 들면, 물이 어느 정도의 온도에서 얼음으로 변하는지에 관한 생각은 어떤 사람이 그 생각에 의지하여 행동했을 때까지는 사실도 거짓도 아니다. 그 실험이 진행되자마자 이 생각은 사실이 되고, 그러한 방법으로 실험이 계속되는 동안에는 진실로 남는다.

진리의 실용적 이론은, 이른 바 자연의 법칙으로 해석되는 데서 중요한 특징을 찾을 수 있다. 자연의 법칙들은 외부 세계에서 객관적 실체를 가지지 않는다. 예를 들면, 아이작 뉴턴(Isaac Newton)은 '만유인력(萬有引力)의 법칙'을 발견하지 않았다. 그는 떨어지는 물체의 움직임에서 보았던 보통의 성질에 관계된 일반적

어구를 만들어냈을 뿐이다. 그것은 일반적으로 자연의 법칙이라 불리지만, 그 존재는 인간의 마음에 있다. 보편적 자연과 그 자연에서 분류한 명칭에 관련되는 일도 이러한 것이 사실이다. 경험들과 함께 공유한 것을 통해 편리한 수단을 제공한다는 점에서 이런 철학적 사유는 유용한 목적을 제공한다. 그러나 그것이 물질세계에 존재하는 실제적 사물을 언급하지는 않는다.

진리에 대한 실용주의적 이론은 자연과학 분야에서 가장 잘 설명되지만, 윤리학이나 경제학, 정치학, 그리고 종교에서 많이 이용된다. 가치 있는 판단과 함께 다루면서, 그것은 활동들이 평가될 수 있는 온전한 규범이나 표준을 의식하지 않는다. 실용주의자의 입장에서 활동은 그것이 단지 필요나 욕망을 만족시킨다는 점에서 가치를 가진다. 욕망들은 수시로 충돌하지만, 실용주의를 기반으로 하는 철학적 시도는 행동의 선택적 과정에서 충돌을 해결한다. 충돌을 해결하면서 내리는 결론의 과정에서 인간이 원하고 욕망하는 것은 선함의 표준이 된다.

그렇다면 이러한 특징을 지닌 지식은 신뢰할 수 있는가? 지식과 믿음은 밀접히 연결되어 있다. 그러나 이 둘 사이를 구별하는 작업은 매우 중요하다. 우리가 어떤 것을 안다고 말할 때, 보통 우리의 견해가 어떠한 이성적인 사람에 의해 받아들여지고, 충분한 증거에 의해 지탱되어진 것을 의미한다. 우리가 어떤 것을 믿는다고 말할 때, 그것이 필수적으로 어떠한 이성적인 의심을 토대로 신뢰를 구축하기 위한 충분한 이유가 있음을 암시하지는 않는다. 지식과 믿음을 구별하는 좋은 방법들 가운데 하나는 사물이나 행위 각각에 포함된 자유의지적인 요소나 지능적인 것에 의해 주어진 강조점들이다. 지식은 주로 지능적이고, 자유의지적인 요소는 그 다음이다. 신뢰의 범위 내에서 볼 때, 자유의지적인 요소는 중심 역할을 하고, 지능적 요소는 종속적 역할을 한다.

지식은 증거에 기초하고, 그것에는 얻을 수 있는 여러 종류의 확실성들이 존재한다. 우리는 개인의 느낌과 감각들이 관계되어 있는 어떤 것을 확실하게 가지려고 한다. 개념 정의에 의해 진실인 견해들과 유사한 동의어가 반복되는 진실의 경우도 동일하다. 우리는 개인적으로 치통을 경험하는 때를 안다. 우리는 삼각형이 세 면으로 되어 있는 것을 안다. 왜냐하면 우리는 그것을 그러한 방법으로 정의하기 때문이다. 우리는 외부 세계에 존재하는 지식에서 어떤 것도 확실성을 지니기 쉽지 않다. 그러나 우리는 많은 경우에, 가능성이 높게 모든 정보가 잘 제공된 사람들에 의해, 진리로 받아들여야 하는 지식을 만들기 위해 충분한 증거를 가진다. 이런 측면에서 우리는 '지구가 둥글다'라고 말할 수 있고, 보이지 않지만 소리가 높낮이를 이루며 움직이는 것을 안다. 우리는 조지 워싱턴이 미국의 첫 번째 대통령이었다는 것을 알고, 역사, 자연과학, 종교, 그리고 예술에 관한 위대한 것들을 안다.

신뢰는 그것이 진리가 되는 것을 믿는다는 차원에서, 지식에 필수적 요소이다. 믿음은 그것을 충분히 담보할 수 있는 증거를 받아들인다는 것을 의미한다. 믿음은 어떤 면에서는 의지의 행동이다. 또한 믿음은 그것이 진리라는 증거를 제공하는 근거가 부재하는 곳에서도 나타난다. 지식에 어느 정도의 차원이 있듯이 믿음에도 어느 정도의 차원이 존재한다. 인간의 마음이 외적 세계를 신뢰하는가? 명성 있는 과학자들이 탐구한 것을 진실이라고 믿을 수 있는가? 인간이 과거에 가지고 있던 것과 같이 자연의 법칙들이 미래에도 작용할 것이라고 믿는가? 신의 존재에 대해 어떤 차원에서 믿을 수 있는가?

CHAPTER **9**

인간에 관한 **이해**는 정당한가

1 육체적 존재의 진화

인간은 육체와 정신이라는 이중적 본성을 소유한다. 그것은 물질적 우주의 부분들이며 정신의 영역에 참여한다. 인간의 몸은 자연의 부분이지만, 인간의 마음은 물질적 세계를 초월한 어떤 것이다. 어떤 차원에서 보면 인간은 시간과 공간에서 빚어진 피조물이다. 그러나 영혼의 차원에서 인간은 시공간에 제약을 받지 않는다. 인간의 이중적 본성은 고대 그리스 철학자들에서 발견된다. 스토아학파의 대가인 에픽테토스(Epictetus)는 "인간이 동물들과 신들 양쪽에 관계되어 있다"고 가르쳤다. 생물학 유기체인 인간은 하등 동물들과 공통점이 많았으나 정신능력을 소유한 차원에서 인간은 일시적이며 공간적인 것에 속하는 모든 사물을 초월한다. 인간의 본성에 관한 적절한 설명은 이러한 양 요소를 포함해야만 한다. 인간을 육체적 존재 이상이 아닌 것으로 여기는 시선은 중대한 실수이다. 인간이 순수한 정신적 존재라고 여기는 시선도 동일한 오류이다.

오늘날 우리가 이해하는 물질적 우주는, 살아있거나 살아있지 않은 물질 모두를 포함한다. 동일한 성분들이 살아있거나 살아있지 않은 물질 내에 동시에 존재한다. 단순하게 살아있지 않은 물질로부터 발전되어 살아있는 물질이 된다는 식의 진화론적 사유는 현대 과학자들 사이에서 논란이 있다. 기원전 1세기 무렵에 활동했던 로마의 시인 루크레티우스(Lucretius)는 우주에서 '저절로 일어나는 개체로 알려진 이론'에 대해 설명했다. 이 견해는 19세기 중반인 1860년대까지 약 2,000여 년 동안 널리 받아들였다. 그러다가 프랑스의 과학자인 파스퇴르(Louis Pasteur)는 그 이론이 잘못되었다는 것을 보여주기 위해 결정적 증거를 만들었다. 생명체가 무기 물질에서 나왔는지, 아닌지? 그리고 그것이 어떤 근원을 가진다면, 수많은 변화가 일어났던 긴 시간 동안 어떤 형태를 지니고 있었는지를 증명하였다. 진화 이론은 이러한 변화에서 관찰된 것과 함께 한다.

진화(進化, evolution)는 일어났던 변화들이 순서를 통해 발생된 상황을 의미한다. 그러므로 변화는 단순한 사건의 순서를 넘어서는 무엇인가를 가리킨다. 일반적으로 변화는 단순한 것에서 복잡한 것으로 진행되는 사안으로 간주된다. 이른 바 낮은 형태로부터 높은 형태로 발달한 행태를 말한다. 진화는 생물학의 영역에만 국한되는 것이 아니라 어떤 탐구의 영역에도 적용할 수 있다. 언어의 진화, 문화 제도들, 예술, 종교, 우주 그 자체의 진화라고 해도 적절하다. 인간의 진화도 마찬가지이다.

진화는 인간의 기원을 설명하려는 시도가 아니다. 그 밖의 어떠한 사물이나 물질의 기원을 설명하는 것도 아니다. 사물이나 물질의 기원은 인간 경험에서 일어나고, 그 기원은 그 영역의 밖에 놓여있지 않다. 진화를 사물의 기원에 대한 설명으로 간주하는 것은 실수이다. 진화를 인식하는 목적은 현상 세계에서 일어났던 변화를 이해하는 데 도움을 주기 위한 것이다.

진화가 인간 세계에 일어났던 변화에서 신의 능력을 부정하는 것은 아니다. 과학 원리로서 진화는 신에 관해 아무것도 이야기하지 않는다. 신성(神性)에 관해 어떠한 확신이나 부정도 하지 않는다. 자연과학에서처럼, 진화는 변화들이 일어났던 방법에 관해 정확한 묘사를 하는 데 목적을 둔다. 우주 자연과 인간의 변화가 신의 행위에 의해 야기되었는지 아닌지, 혹은 전적인 우연에 의해 일어났는지에 관해, 과학은 말하려고 시도하지 않는다. 진정한 과학적 견해로 보면, 이 둘

가운데 어느 것도 하나의 가능성으로 존재한다. 철학자들과 신학자들은 그것에 관해 심사숙고할 수 있다. 그러나 신적인 활동에 대한 어떠한 질문도 과학적인 문제가 아니며, 관찰이나 실험으로 해결될 수 없다.

진화는 유일한 하나의 교리가 아니고, 다양한 형태 가운데 나타났다. 초기 그리스의 철학자들 가운데 여러 학자들이 '생물의 기원을 바다에서 발견했'고 주장했다. 대부분의 식물들과 동물들은 땅과 공기와 불과 물, 네 가지 원소가 우연하게 조합하여 생긴 결과라고 생각하였다. 어떤 철학자는 땅 위의 모든 존재는 텅 빈 우주를 통해 떨어진 원소들의 결과라고 주장했다. 생물학 분야의 개척자인 아리스토텔레스는 종(種, species)은 영원히 남아있지만, 진화 혹은 발전의 과정은 개체의 종류들 내에서 발생한다고 믿었다. 현대의 진화 이론은 라마르크(Jean-Baptiste Lamarck)에 의해 진보를 거듭하였다. 그는 종들의 변형이 획득된 성격의 유전을 통해 만들어진다고 설파하였다. 그것은 1859년에 간행된 찰스 다윈의 『종의 기원』에서 더욱 발전한다. 유전의 주요 원리는 간단하다. 모든 존재가 생산하기를 좋아하는 데 있다. 개체의 종은 그 안에 개인적 변이들을 간직하고 있다. 이것은 자손들 사이에 약간의 차이가 드러나는 점을 설명한다. 음식을 통한 영양 공급의 부족, 생존을 위한 지속적 투쟁 등과 같이, '적자생존(適者生存, survival of the fittest)'은 그들이 살아야만 하는 환경에 가장 잘 적응된 자손들이 살아가게 되는 것을 의미한다.

다윈 이후, 진화론은 다양하게 변형해 왔다. 독일의 유전학자인 바이스만(August Weismann)은 '미발달의 계속'이라는 이론을 제창하였다. 이는 인간의 세포들 내에서 변화에 영향 받지 않은 생식 세포들이 한 세대에서 다른 세대로 전달된다는 것을 뜻한다. 네덜란드의 생물학자인 프리스(Hugo De Vries)는 『돌연변이론』에서 "진화는 점진적 변화를 필수적으로 따르지 않고 때때로 갑작스런, 그리고 비교적 영원한 잡종의 변화에 의해 진행될 수도 있다"는 생각을 펼쳤다. 상당한 증거가 이 이론을 뒷받침하였고 그것이 널리 퍼졌다.

2 생물적 유기체

인간 본성의 육체적 측면에서 사람은 다른 동물이 지닌 형태들과 많은 연관성을 가진다. 그것은 본성이 명령하는 부분이며 다른 유기 물질과 같이 물리적이고 화학적인 법칙에 종속된다. 음식, 음료, 그리고 적절한 양의 운동은 인간의 좋은 삶(well-being)을 위해 필수적이다. 인간의 삶은 어린 시기, 즉 초기의 일정 부분 동안 다른 사람들의 보살핌[돌봄]에 의존한다. 그것이 양육이고 교육이다. 그러나 성장해 가면서, 인간은 독립적으로 사는 법을 연습하게 된다. 본성은 어려운 환경들 아래에서 생존을 증진하는 본능적 행동과 함께 인간을 만들어 나간다. 인간은 경쟁력 있는 피조물이다. 인간의 자기보호는 그 뚜렷한 특징들 가운데 하나이다. 인간은 수많은 동물들 사이에서 하나의 종류에 불과하지만, 호모 사피엔스를 다른 동물과 구분하는 독특한 특징들이 존재한다.

특히, 인간이 직립(直立)하고 있는 자세는 팔과 다리를 적극적으로 사용할 수 있게 만들었다. 이는 인간이 그가 사는 환경을 탐험하고 연구하여 탐색하도록 만들고, 인간이 도구와 함께 사물을 다룰 수 있도록 허용하였다. 자유롭고 유연한 손가락들, 그 가운데 특히 엄지는 물체를 잡을 수 있게 한다. 잘 발달된 쇄골은 팔의 회전을 가능하게 하여 사물을 다루는 능력을 주며, 인간이 살아야 하는 환경에 적응하게 한다. 몸 전체를 놓고 볼 때 큰 머리와 뇌는 조직적이고 복잡한 신경 조직과 함께 다른 동물이 할 수 있는 것보다 폭넓은 범위의 활동을 가능하게 한다.

3 자아

사람은 육체적이고 생물학적 창조물일 뿐만 아니라, 자아(自我) 혹은 인격(人格)으로 지목될 수 있는 영적(靈的) 존재이다. 자아는 어떤 감각을 통해 직접적으로 볼 수 있는 물체가 아니다. 공간이나 시간의 범위에서 정의를 할 수 없기 때문에 그 존재와 실제에 관한 질문이 지속되어 왔다. 어떤 사람은 자아가 인간의 마음을 통해 쓴 글과 다른 어떤 것이라는 점을 부인하기도 한다. '기계 안에 유령', 혹은 실제나 물질적 특성을 지니지 않는 신화로 언급되기도 한다. 그러나 자아가 어떤 실제나 물질적 특성을 지니지 않는다는 사실이 존재와 실체를 가지지 않는다는 것을 증명하지는 않는다. 그것은 단지 실제나 물질, 즉 물체가 아니라는 것을 의미한다. 그렇다고 자아가 실제나 물질적 특성을 지니지 않은 것에 대해 무조건 긍정하거나 부정할 수도 없다.

인간은 영적 존재라고 했다. 이 영적 존재로서의 실재가 무조건 인간의 삶에 긍정적 근거를 제시할 수 있는가? 그렇다고 말할 수 없다는 것이 사실이다. 인간이 믿는 다양한 믿음들처럼 그것은 믿음의 한 행위이다. 우리는 인간으로서 자아의 실체를 믿는다. 그것은 증거를 무시하는 맹목적 신앙에 기초한 것이 아니다. 알려진 사실들에 의해, 그것에 반하지 않는 신념과 의미 있고 지능적인 인간의 경험을 만드는 데 기초한다. 이는 과학적 절차에서 사용된 가설들과 비교할 만하다. 알려진 사실들과 조화를 이룰 뿐만 아니라, 깊은 사려와 경험들을 통해 가장 이성적인 설명을 제공한다.

인간의 본성을 상징하는 존재, 혹은 인격의 개념은 개인의 전체 삶을 구성하는 경험의 연속성에서 연합과 일치의 감각을 가리킨다. 우리는 인간의 몸이 세포로 구성되어 있음을 안다. 이 세포들은 각각을 다른 것들로 재배치하면서 항상 변화한다. 비교적 짧은 시간 안에 사람의 몸을 구성하는 물리적이고 화학적인 성분들은 시간이 흐르면서 여러번 변화한다. 그렇다면 어떤 원리에 의해 세포 변화를 겪은 사람을 동일한 사람이라고 말할 수 있는가? 우리는 단지 어떠한 존재의 상태가 변화를 통해 유지되는 형태가 있다는 가정 하에 그렇다고 인정할 수 있다. 이는 존재의 개념을 근거로 의미를 도출한 것이다.

인간이 시(詩)의 운율을 읊거나 어떤 책의 한 구절을 읽었을 때, 실제로 일어나는 현상은 후두(喉頭)에서 나오는 음의 연속이거나 시각의 연속이다. 이 각각의 사안은 다른 형태의 사안이 발생될 때 더 이상 나타나지 않는다. 순서에 따라 한번에 하나를 보든지 분리하여 취하든지 그것은 실제로 아무런 의미가 없다. 전체적으로 볼 때, 그것이 의미를 가질 때, 즉시 나타난다. 이러한 방법으로 일련의 사건을 보는 것은 무엇을 말하는가? 이 질문에 대한 가장 그럴듯한 대답은 '과거

−현재−미래'를 일시적인 연속성을 넘어서는, 그리고 그것을 동시에 현존하는 것으로 보는 능력을 가진, 자아를 가정할 때 발견된다.

인간 존재가 물질적인 몸과 밀접히 관계되어 있고, 그것에서 떨어진 한 존재를 필수적으로 가정할 수 없더라도, 인간의 자아는 몸과 동일시되지 않고 몸의 특별한 부분에 자리할 수도 없다. 그럼에도 불구하고 자아는 몸의 변화하는 상태 내에서 어떤 양식의 동일성을 보존한다. 그리고 인간을 상징하는 여러 사안과 함께 연합한다. 때문에 자아는 인간으로서 이행한 행위에 책임을 전가했을 때, 마음에 간직해야 할 전체적인 사람을 표상한다. 일련의 행동들 안에서 일어난 동일한 자아가 아니라면, 우리는 그런 인간을 칭송하거나 그가 실천했던 일을 비난할 권리가 없다. 우리가 하나의 자아에 관심을 갖고, 그것을 인정하는 일은 인간이 우주의 영적 실체 안에 참여하고 있는 자아의 기능과 힘 안에서 찾아야 한다. 인간을 하등 동물들과 구별하는, 그리고 인간에게 가치와 신성(神性)의 감각을 부여하는 그 어떠한 것 이상이다.

한 사람으로서 인간의 중요성은 크게 그의 육체 혹은 동물적 본성에 연결된 어떤 가치보다 크다. 자아의 주요한 특징들은 자아의식이나 추상적 사고, 미적 감상 등 다양한 성격을 포함한다.

먼저 자아의식이다. 대부분의 다른 동물들은 다른 사물에 대해 의식적이다. 그러나 인간은 유일하게 그 자신을 의식한다. 이는 그가 사는 세상에 관계된 지식을 얻는 것, 자신의 존재 의미를 해석할 수 있다는 것을 의미한다. 그것은 인간 자신에게 책임의식을 부여한다. 자신이 행동하는 방향으로 자기 삶의 목적을 발견할 수 있음을 가능하게 한다. 추상적으로 생각하는 능력은 과거 경험을 일반화 시키는 것에 의해, 어느 정도 정확성을 예상할 수 있고, 미래의 계획들을 진행할 수 있다. 자신의 능력 범위를 확대할 수 있는 힘은 직접적으로 개념들을 형성하고 사려 깊은 사고와 관계한다. 자신이 실제로 존재하는 조건들을 극복하고 초월할 수 있는 이상들을 만들며 상상력을 발전시키는 능력을 가동한다.

행동을 선택하는 자유는 사려 깊은 사고, 심사숙고와 밀접히 연결되어 있다. 일상에서의 시험과 실수는 실제 실험이나 경험할 필요 없이 그의 마음에 나타날 수 있다. 그것은 인간에게 가능한 윤리 도덕을 만드는 자유이다. 도덕적으로 옳고 그름을 믿는 데, 선택을 가능하게 한다. 자신이나 동료에 관한 판단 능력은 도덕적 진보를 이루는 토대가 될 수 있다. 여기에 보다 나은 좋은 미래를 위한 희망이 놓여 있다. 미적 감상이나 선, 아름다움을 관조하면서 즐거움을 찾는 방법은 영적 존재로서 인간에게 또 다른 중요한 특성이다. 이는 예술의 여러 가지 형태들을 통해 인간의 자기 창조를 인도하며, 인간 생활에 의미 있고 가치 있는 것을 더한다. 인간 본성의 지능적이고 도덕적인 성분들처럼 미적 감상은 자아를 통해 발전될 수 있다. 엄밀하게 말하면, 교육의 목적들 가운데 하나는 인격의 조화로운 발전에 기여하는, 즐거움을 찾을 수 있도록 훈련하는 일이다.

가장 가치 있는 것에 대한 충성과 헌신은 종교에서 필수적 요소이다. 인간은 때때로 종교적인 동물로 정의된다. 인간은 예배와 존경을 위한 능력을 갖춘 유일한 동물이다. 인간 본성의 요소가 무한정으로 발전되는 것은 결코 아니다. 그러나 자아를 통해 그런 것을 인지하고 있다는 점에서, 자아는 인간이 지니고 있는 어떤 목적을 성취하는 데 힘을 제공한다. 감정이라는 특질과 결부되어 행동에 역동성을 불어 넣으면서, 선과 악의 목적을 위해 사용될 수 있다. 그러므로 자아의 최고 상태로서 종교는 도덕적이고 지적인 통찰력과 함께 조직화를 거듭할 필요가 있다.

4 서구 철학에서 본성의 개념

인간 본성은 다양한 요소들과 관계한다. 문제는 어떤 요소가 다른 것을 통제하는 데 관련이 있고, 어떤 요소가 보다 종속적 위치에 놓일 수 있는지, 본성과 연관된 제반 요소들의 범위 문제이다.

아리스토텔레스는 어떤 사물의 필수적 본성은 그것의 가장 발전된 형태 안에 놓여있다고 했다. 어떤 특별한 종류들 가운데, 이 형태는 그 종들이 다른 종들과 관련되어 있지 않고, 그것의 특별한 성질을 구성하는 데 있다. 인간은 그 무엇보다도 필수적으로 이성적 존재이다. 이는 인간의 진정한 본성이다. 인간에게 존재하는 이성은 보편적이고 신적인 이성과 함께 한다. 한편 인간 본성의 물질적이고 동물적인 면은 이성의 요구에 저항하기 때문에, 그것은 악의 원천으로서 간주된다. 이성적인 것에 반대되는 육체적 욕망은 인간의 진실하고 실재적인 생명으로부터 떨어져 있다.

하지만, 인간에 대한 현대 과학적인 견해는 이러한 전통적 견해의 반대편에서 있다. 그것은 감각에 의해 인식될 수 없는, 어떤 실체를 부인하는 다양한 실증적 측면에서 드러난다. 프로이드 학파의 심리학자들은 인격이 발전되는 요소들을 분석하면서 그런 상황을 제시하였다. 그들은 즐거움을 위한 본질적 욕망과 동일시되는 이드(Id)를 이야기하고, 생존을 촉진하기 위하여 이드를 지지하는 자아(ego), 그리고 보통 의식이라고 불리는 것과 거의 비슷한 초자아(superego) 또는 심리적 감각기관을 말한다. 이런 개념에 관한 논의는 이드 혹은 인간 본성의 동물적 측면을 다른 요소로 발전하여 필수적 요소로 만든다. 고전적이고 전통적 견해에서 볼 때, 인간의 필수적인 본성은 이성적 요소이며 하등 동물로부터 구별된다. 그러나 과학적 견해에서 이것은 뒤바뀌고, 인간의 필수적 본성은 하등 동물과 관계되어 있다.

유대교나 기독교인들의 본성의 개념에서 보면, 인간은 완전히 이성적 존재도, 단순히 육체적 존재도 아니다. 인간은 신도 짐승도 아니다. 그러나 인간은 하나 또는 다른 것들과 동일하게 될 잠재력이 있다. 인간은 신의 형상으로 창조되었으나 그의 본성은 타락에 의해 파기되었다! 이른 바 원죄(原罪)로 지목되는 특성을 본질적으로 간직하고 있다. 그것이 문자적으로 해석될 때, 이 개념은 인간의 언어로 설명될 수 없다. 때문에 사용된 표현들이 상징적으로 해석되어져야만 한다. 신의 형상으로 창조되었다는 것은 인간이 신의 본성 안에 참여되었음을 의미한다. 그것은 인간의 영적 가능성이다. 이것을 완전히 깨닫는다는 점에서 그는 신과 같이 된다. 인간의 타락에 대한 『구약성서』「창세기」의 이야기는 인간의 본성 안에 악의 경향이 있다는 사실을 상징화 한다. 현재 상태의 인간은 유전과 환경의 산물이다. 이러한 양 측면에는 악한 요소들이 잠재해 있다. 그러다 보니 영적으로 인도하는데 따르기보다 육체적 요구에 유혹되기 쉽다. 유혹이 존재하지만, 이를 산출하는 역량은 인간 자신의 책임이다. 선을 선택하는 가능성과 함께 악을 선택하는 가능성도 인간의 자유라는 차원에서 필수적 조건들이다.

인간의 본성에 관한 이론들이 암시하는 것은 매우 분명하다. 고전적 견해로 보면, 인간의 필수적 본성은 선하다. 악으로 인도하는 일은 인간의 진실한 본성을 왜곡하는 일이다. 악으로 빠지는 작업은 교육을 통해 바로잡을 수 있다. 왜냐하면 인간은 선한 삶을 구성하기 위해 하지 않아야 하는 악한 것을 무시하기 때문이다. 합리적인 일은 인간의 문제 해결을 위해 필수적이다. 합리성은 본성의 이성적 차원을 따르는 인간의 능력 안에 존재한다. 여기에서 문제는 극도로 통제되어 있는 인간 본성의 동물적 측면이다. 사람은 본질적으로 이기적 피조물이다. 이타주의의 가면을 쓴 가식에도 불구하고 인간은 다른 어떤 관심에 앞서 자신의 관심을 가진다. 인간을 발전시켜가기 위한 윤리적 규범조차도 그 자신에게 이익이 될 수 있는 데서 정당함을 찾는다. 유대교나 기독교적 관점에서, 인간의 본성은 필수적으로 영원히 남아있는 어떤 것이 아니다. 그것은 영원히 선한 것도 영원히 악한 것도 아니다. 차라리 그것은 만들어진 것 안에 있는, 어떤 것이다.

개인은 어느 정도 그가 어떤 사람이 되는지, 그 인간 부류에 대한 책임이 있다. 한 개인이 이 땅에서 삶을 영위하는 동안 완전함에 도달할 수는 없다. 다만 인간은 발전을 추구하면서 완전함을 꿈꾸며 그 목적에 가까워지려고 노력하는 것이 진실이다.

5 정신과 육체

인간은 동물적 피조물이고 영적인 존재이다. 때문에 인간은 이 두 가지 요소가 함께 작용할 수 있는 삶의 방법에 관심을 갖게 마련이다. 동물로서 인간은 물질로 구성되어 있지만, 영적인 존재로서 인간은 물질적이지 않다. 이 두 가지 요소들의 관계는 몸과 마음의 문제를 드러낸다. 그것은 단순한 문제가 아니다. 그리고 보편적으로 받아들여진 해결책이 발견되지도 않았다. 만족할만한 해결점을 찾는데, 정신과 육체의 관계 문제를 주의 깊게 생각하는 일은 매우 중요하다.

물질주의자들은 단지 물질만이 실제임을 주장한다. 정신으로 불리는 모든 것은 단지 기능적이라고 이해한다. 이는 홉스에 의해 제기된 견해이다. 단지 물질적 부분은 어떤 실제적 존재를 가진다. 이는 보다 미묘하거나 조금 더 이상한 것으로서 알려진 두 가지의 몸체를 포함한다. 이상주의자들은 그 문제에 대해 반대되는 해결점을 제의한다. 버클리는 물질이 존재하지 않는다는 것을 증명하려고 노력하였다. 앞에서 언급했던 "존재하는 것은 인식되어진 것"이라는 논의가 그것이다. 버클리에 의하면 물질은 추상적 용어이다. 누구도 그것이 의미하는 것이 무엇인지 알지 못한다. 따라서 인간이 알고 있는 지식의 전체 내용은 인식 없이는 이해될 수 없다. 존재하는 모든 것은 마음 혹은 정신이다.

정신과 물질, 이 두 가지는 실제이고, 그들이 상호작용하는 것은 데카르트에 의해 철학적 사유를 더했다. 물질이 우주 안에 존재하는 것으로 정의되고, 분리되지 않는 정신이 의식 내에서 발견되어질지라도, 데카르트는 그것들 사이에 어떤 연관성이 존재해야 한다고 보았다. 왜냐하면 그렇게 설명하지 않으면 사람이 손가락으로 살을 꼬집어도 고통이 동반되지 않을 수 있기 때문이다. 즉, 인간이 다른 사람들에게 직접적으로 행동할 수 없는 것을 인식하면서, 마침내 정신이 유기적 과정에 의해 곤란을 받을 수 있다. 영혼은 뇌의 송과선(松科腺, pineal gland)에서 그 첫 번째 자리를 차지하고, 이곳이 영혼들이 감각을 생산할 수 있는 장소이다.

말브랑슈(Nicolas Malebranche)는 여러 측면에서 데카르트를 계승하였으나 뇌의 송과선에서 일어나는 상호작용에 대한 생각을 받아들이지 않았다. 대신, '기회원인론(機會原因論)'으로서 알려진 이론을 옹호하였다. 이는 마음이 어떤 물질을 기초로 하여 행동으로 나타날 때마다, 또는 그와 반대로 실제로 일어나는 일이 신이 기적을 일으킨 것이라는 논리이다. 예컨대, 나의 마음이 나에게 어떤 물건을 잡으라고 말할 때, 이는 신이 개입하는 경우인데, 그래서 나의 팔의 근육과 손의 움직임을 야기한다.

데카르트와 말브랑슈가 제의한 이원론적 해결책들에 반대하여, 스피노자(Benedict Spinoza)는 '물심평행론(物心平行論, psycho physical parallelism)'으로 알려진 이론을 옹호했다. 그는 정신과 물질이 두 개의 다른 종류의 물질이 아니라고 주장했다. 물질을 "그 자체에 의해 존재하는 그리고 그 자체에 의해 가지게 되는" 것으로 정의했다. 한 물질은 그것의 실재 그리고 그것의 실재 개념 외에 어떤 것에도 의존하지 않는다. 실제로, 단지 하나의 물질만이 있는데 그것은 신이다. 정신과 물질은 단지 하나 가운데 두 가지 측면들이고 동일한 물질이다. 한 가지 견해로부터 정신이라는 것은 다른 견해에 대한 문제이다. 한 개의 원과 원에 대한 생각은 하나이고, 다른 견해로부터 보면 이는 같은 것이다.

라이프니츠(G. W. Leibnitz)는 '예정조화설(豫定調和設, preestablish harmony)로 알려진 견해를 옹호하였다. 그는 똑같은 시간을 유지하는 두 개의 시계를 사례로 사용했다. 매시간 시계의 시침이 움직일 때마다, 다른 시계의 시침도 똑같이 움직인다. 그런데 이 두 시계가 만들어진 사실이 문제이다. 두 시계는 똑같은 시간을 나타낸다. 라이프니츠에 따르면 이는 정신과 물질로 불리는 것에 관한 예에서 일어난다. 양쪽은 그들의 창조자에 의해 그렇게 구성되었고, 시간을 통해 그것들은 정확한 조화 속에서 서로에게 작용한다. 그 정신과 물질을 서로 완전히 분리된 두 개의 멀리 있는 영역으로 간주하지 않았다. 대신에 그는 다른 쪽으로 이행하는 그림자가 있다고 주장한다. 그들 사이의 차이는 농도의 정도 문제였다. 물질이라고 불리는 것은 완전히 높은 농도이고, 반면에 정신은 옅은 농도를 가진다.

20세기에 들어와 일군의 영국 철학자들은 발생진화론(發生進化論)을 발전시켰다. 몸과 마음의 문제를 풀기 위한 초기의 노력에 불만족한 그들은, 실제보다 다른 수준의 원리를 제의했다. 그들은 세상에 존재하는 것들 각각 항상 똑같은 특성을 가지는 성분들을 구성한 세계가 아니라, 진화의 여러 단계에서 그에 선행하는 것에 의해 설명될 수 없는 새로운 어떤 측면이 나타난다고 보았다. 그들의 입장을 설명하려면, 실제의 가장 낮은 수준에서 무시된 문제를 생각해야 한다. 이러한 수준에서 살아있는 생명체가 나타난다. 생명이란 무시된 영역에 포함된 어떤 것보다 새로운 성분이다. 살아있는 것들로부터 정신의 영역이 나타나는데, 그것은 자신의 특별한 특성들이다. 정신으로부터 가치의 영역이 나타난다. 그리고 그 과정은 시간의 과정을 통해 계속된다. 현재 시간에서 존재하는 것보다 새롭고 보다 높은 실체들이 나타날 수 있다.

몸과 영혼의 문제를 풀기 위한 위에 여러 시도들은 그 어떤 것도 완전히 성공했다고 말할 수 없다. 위에서 언급한 다양한 철학적 사유는 각각의 견해에서 암시하듯이, 그 모든 것을 완전히 받아들일 수 없는 지점이 있다. 인간의 마음과 본성에 의해 발견될 수 있는 완벽한 해결책은 없다. 그렇다고 인간의 정신과 육체 문제의 해결점을 찾는 것을 포기해서는 안 된다. 부정적 접근이나 시각일지라도 각각의 시도들은 문제 해결의 차원에서 어떤 차원을 던져준다. 인간 본성의 두 가지 차원, 정신과 육체는 어떤 방법을 통해 서로 화해할 수 있을까?

6 자유론과 결정론

문제는 인간의 본성을 어떤 방식으로 이해하고 판단하느냐에 따라, 인간의 삶에 전환점을 가져올 수 있다는 점이다. 인간의 두 가지 본성, 즉 정신과 육체는 철학적으로 볼 때, 자유론이나 결정론과 필연적으로 연결된다. 개인의 삶은 제어할 수 없는 요인에 의해 전적으로 결정되는가? 행동을 선택할 수 있는 것에 의해 결정되는가? 이 질문에 어떤 방식으로 대답하느냐에 따라 개인의 삶은 중요한 고비를 맞고 상당히 다른 결과를 초래할 것이다. 그것이 한 가지 방법으로 대답된다면, 개인은 일어난 일에 대해 책임을 지지 않는다. 그는 정당하게 그가 한 일에 대해 칭찬이나 비난을 받지 않을 것이다. 질문이 여러 가지 다른 방법에 의해 대답되면 적어도 어느 정도는 그가 한 일에 대해 책임을 져야 한다. 그때 인간은 선과 악 사이에서 선택하고 진실한 자신의 성격을 발전시키는 능력을 가진 자유로운 도덕적 대리인이다. 문제는 복잡하다. 왜냐하면, 인간 본성의 한 측면을 언급하면서 진실이라고 나타난 것은 다른 측면들과 조화를 이루지 못했기 때문이다. 인간은 육체적 존재이자 정신적 존재이기 때문에 자유론과 결정론의 문제는 그 본성의 양쪽 측면들에게 완전히 공정할 수 있는 방법으로 다루어져야 한다.

결정론, 운명론, 그리고 예정론! 이러한 용어가 밀접하게 연결되어 있을지라도, 그 개념들은 서로 교차될 수 없다. 결정론에서는 인간 존재의 모든 행동들을 포함한 세계의 모든 것은 선행된 요인들에 의해 야기된다. 이러한 요인들 내에서 존재하는 것은 다른 어떤 것이 될 수 없다. 인간의 활동 안에서, 요인들은 내부적이거나 혹은 외부적일 수 있다. 그러나 결정론에서는 어떤 엄격한 해석이라도 내부적 혹은 자기 요인적인 암시를 없앨 수 없다. 개인의 생각을 포함한 어떠한 행동에 대해서도 그 진실한 설명은 자신의 외부에 있는 요인들에서 찾아진다는 의미이다.

운명론 또한 하나의 결정론적 이론이다. 그 특성은 모든 사건들을 추정할 수 있는 사실에 놓여있는데, 그 사건들은 너무 잘 배열되어 그들 각각에 대한 시간과 장소는 세계가 시작되면서 이미 고정되어 있었다. 인간 존재에 속하는 어떤 행동도 다음에 오는 과정을 변경할 수 있다. 예정론은 어느 특별한 시간에서 일어난 일이 그것이 일어나기 전에 신적인 정신에 의해 예정되어졌다는 견해이다. 그 용어는 그 자체가 운명론과 동일하다. 다른 해석에 의하면, 예정론은 조건적이다. 어떤 일이 일어나면 결과가 일어날 것을 가리킬 수 있음을 의미한다.

철학적으로 볼 때, 과학적 탐구들은 물질세계가 영원히 존재하므로 제약된 환경 하에서 일어날 수 있는 것을 예측하는데 의존될 수 있는 자연의 법칙에 의해 처리된다. 탐구가 이루어진 영역들은 어떤 지점까지 확장되었고, 그로 인해 드러난 행동들은 어떤 방식의 해석을 도출할 수 있는 이성적 신뢰처럼 보인다. 결정론은 인간 행동의 발견을 설명할 수 있는 단순한 타입의 철학적 사유이다. 심리학과 사회과학은 인간 행동이 개개인의 외부적 환경 요인에 의해 영향을 받았다고 했다.

인간 행동의 요인들 가운데, 한 사람이 위치한 사회 환경은 매우 중요하다. 한 사람이 속한 그룹의 관습들, 그가 받는 교육의 종류, 이용 가능한 뉴스 매체, 그가 사는 곳의 정부의 종류, 그가 소속된 집의 상태, 그에게 익숙한 종교적 신념들, 사회 환경으로부터 오는 다양한 영향들과 함께 모든 것은 그가 어떤 사람이 되는지를 규정하는 데 기여한다. 인간의 행동에 영향을 미치는 육체적, 생물학적, 그리고 사회 요인들은 결정론자들에게 환경과 유전에 포함된, 개인의 육체적·정신적 삶에서 일어나는 일반적인 사안들을 설명하기에 충분하다. 나아가 과학적 탐구나 설명은 인간의 신념에 믿음을 주는 기초를 제공한다. 과학자들이 모든 정신적 행동을 완전하게 설명하지 못할지라도, 미래에 그렇게 할 수 있다는 가능성을 열어 놓고 있다.

결정론자들은 육체적 동물이라는 관점을 기초로 인간의 개념을 정돈하는 데

주저하지 않는다. 반면에 자유론자들은 인간 본성의 정신적 측면들에 기초한다. 인간의 정신과 관계된 문제들은 실험과 관찰에 의해 탐구되지 않았다. 왜냐하면 감각 인식을 통해 그것을 확인할 수 없기 때문이다. 결정론적 견해는 그것이 참인지 거짓인지를 논리적으로 판단하기에 불가능하게 만든다. 인간의 신념이 개인을 제어하지 않는다는 요인들을 통해 미리 고정되어지기 때문이다. 결정론에서는 인간의 신념조차도 선행 요인들에 의해 야기된다. 자유론에서도 마찬가지로 신념에 관한 것은 동일한 사실을 통해 동일한 방법에서 야기된다. 비교적 자유로운 선택의 가능성 없이는, 어떤 신념이 진실인지 혹은 거짓인지 부르는 것은 의미가 없다.

칸트가 말한 것처럼, 모든 정상적인 '당위의 감각'으로 부르는 것을 경험한다. 이는 되어져야 하는 어떤 것들, 그리고 되지 말아야 하는 다른 것들이 있음을 말하는 도덕적 의무의 느낌이다. 그렇다고 의무의 내용이 모든 사람들에게 똑같다는 것을 의미하지는 않는다. 참된 것 혹은 거짓된 것 사이의 차이와 다름을 일반적으로 인간이 인식한다는 뜻이다. 결정론적 견해에 따르면, 이러한 당위의 감각은 의미가 없다. 왜냐하면 인간의 모든 행동이 먼저 결정되어졌다고 주장했고, 어떤 사람도 그것에 관해 할 수 있는 일은 아무것도 없기 때문이다. 이는 인간 본성에서 반박할 부분이 있음을 암시한다. 물리적 세계에 모순이 없다면, 모든 위대한 모순들이 인간 자체 내에서 발견될 수 있다는 생각은 이성적이지 않다. 의미 있는 당위의 감각에 대해, 인간은 그것에 반대로 행동하든지 또는 그것과 같이 행동하는 것 사이를 선택할 수 있어야만 한다. 내가 할 수 있는 것을 암시해야만 한다.

자유론을 신뢰하는 가장 효과적인 논의들 가운데 하나가 제임스(William James)의 유명한 "믿음에의 의지(The will to believe)"이다. 그는 우리에게 자유에 대한 신념은 신 안에서의 신념과 영원함과 같이 과학적 탐구들에 의해 증명되지 않거나 증명되는 어떤 것이다. 그것은 무시되거나 따로 떼어놓을 수 있는 신념이 아니다. 왜냐하면 그것에 관련 없는 결정조차 어떤 종류의 확실한 책임을 포함하기 때문이다. 이런 상황 안에서, 어떤 주제를 결정하면서 믿는 의지이다. 우리는 인생이 의미 있는 것을 믿는 일, 그리고 그것이 의미나 중요성을 가지지 않는 것을 믿는 일 사이에서 선택해야만 한다. 우리는 결코 어떤 알려진 사실에 반대하거나 자기 자신을 반대하는 일을 믿고 싶어 하지 않는다. 그러나 이러한 것들이 부재하는 상황에서, 우리는 인생을 의미 있게 만드는 일을 믿어야 한다. 그것이 진리에 접근한다. 자유로운 사유를 통해, 신념이 그것을 논리적으로 참인지 거짓인지를 판단 가능하게 만들기 때문이다.

인간 본성이 육체적이고 정신적인 성분들을 포함한다는 사실에서, 결정론은 물질적 영역에 있고 자유론은 정신의 영역에 속한다. 이 지점에 인간은 하나의 자아를 지니고 있고, 두 개로 분리된 존재가 아니라는 점을 인식하면서 정신과 육체의 문제를 해결하려고 할 때 난관에 부딪친다. 그러나 물리적 세계에서 발생하는 어떠한 행동도 자연의 법칙과 조화를 이루어야 한다.

우리가 진리라고 믿는 것이 행동 요인들 가운데 하나가 될 수 있는 것은 의심할 필요가 없다. 의심될 수도 없다. 인간이 실천하는 일을 믿을 수 있도록 야기하는 많은 것들이 있다. 관습, 교육, 뉴스 매체, 그리고 환경 요인들은 특수한 신념들의 내용과 관련이 있을 것이다. 그러나 이러한 외적 요인들이 인간의 신념을 결정하는 일은 개인의 통제에 종속되는 가운데 있다. 외부적 압력들은 인간이 그것에 응답하는 가운데 그가 노력하는 정신적 노력의 양을 결정하지 않는다. 우리는 이러한 감각의 범위 내에서 자유롭고, 그것을 진정 철학적으로 사유하는 자유라고 부를 수 있다.

PART 4

교육철학 성찰

CHAPTER **10**

교육철학은 어떻게 정돈되어 왔는가

1 교육철학의 성격

교육철학은 '교육'과 '철학'이 결합된 말이다. 그러므로 교육과 철학을 동시에 이해하면서 중층적 의미를 간파할 필요가 있다. 교육철학은 교육의 철학(philosophy of education)과 교육적 철학(educational philosophy)으로 나누어 이해할 수 있다. 교육의 철학은 거대한 철학 체계 내에서 교육철학을 바라보는 방식이고, 교육적 철학은 교육학적 관점에서 철학의 원리 및 이론들을 응용하고 적용하는 방식이다. 즉, 철학과 교육의 관계에서 어느 것을 중심에 두고 있느냐의 문제로 환언할 수 있다. 다시 말하면 교육의 철학은 교육철학을 철학의 하위 분야로 바라보는 것이고, 교육적 철학은 교육철학을 교육학의 한 분야로 이해한다.

교육의 철학으로 볼 경우, 교육철학은 독립된 학문으로 존재 의의와 자율성을 상실하고, 사회철학이나 법철학, 종교철학처럼 일반 철학의 하위영역으로 철학자들의 탐구 영역이 된다. 이때 교육철학은 교육학자가 연구할 분야가 아니라 철학자가 탐구할 영역이다. 하지만 교육적 철학으로 볼 경우, 교육철학은 교육학의 한 영역으로서 독자적인 연구 목적과 대상, 방법을 가진 독립 학문으로서 가치를 인정받게 된다. 즉, 교육철학은 교육학자가 담당해야 할 분야이다. 교육철학을 교육의 철학으로 보건, 교육적 철학으로 보건, '교육 문제'와 연관하지 않으면 안 된다.

교육철학을 이해하기 위해서는, 먼저 철학이라는 말을 간략히 살펴볼 필요가 있다. 철학이라는 말은 그리스어의 필로소피아(Philosophia)에서 유래하였다. 필로소피아는 사랑을 의미하는 필로스(philos)와 지혜를 뜻하는 소피아(sophia)의 합성어이다. 주지하듯이, '지혜에 대한 사랑'이다. 지혜에 대한 사랑은 자신의 무지를 깨닫고 보다 나은 지혜를 향하여 항상 그리워하고, 끊임없이 노력하는 일이다. 그렇다면 교육철학은 교육적 지혜에 대한 사랑으로 바꾸어 말할 수 있다. 이는 교육에 관한 모든 문제들을 철학적 방법으로 검토하는 일이다.

피닉스(Phenix)의 경우, "교육철학이란 철학적 방법과 견해를 교육이라고 불리는 분야에 적용하는 것"이라고 정의하였다. 다시 설명하면, 교육의 여러 양상을 하나의 포괄적 체계로 정리할 수 있는 개념을 탐구하고, 교육에서 사용되는 용어의 의미를 명백히 하며, 교육과 관련된 언어들이 어떤 전제나 가설 속에 근거하고 있는지 명시하고, 교육을 인간의 다른 여러 가지 관심 분야와 어떤 범주로 연결할 수 있는지 범주를 정하는 작업이다.

브라우디(Broudy)는 "교육철학이란 교육문제를 철학적 수준에서 조직적으로 논의하는 것"이라고 정의하고, 그 임무는 실재, 지식, 선, 미 등과 같은 철학적 기초를 이루는 심층에 이르기까지 중요한 교육적 논점을 탐색하는 일로 보았다.

요컨대 교육철학은 교육 현상의 전체성과 궁극성을 체계화하기 위한 작업으로 다음과 같은 의미를 종합적으로 내포한다고 볼 수 있다. 첫째, 교육의 실천 원리나 이론 체계를 정당화 하는 근거를 분석하고 검토하며 비판하는 작업이고, 둘째, 교육의 이론과 실천에 사용되는 개념들과 주장들의 논리적 타당성과 가능성을 밝히는 작업이며, 셋째, 교육에 관한 여러 논리적 요소들을 통합된 지식 체계로 조직하는 작업이다.

이렇게 볼 때, 교육철학은 먼저, 교육 문제를 그 전제와 내포하고 있는 의미까지 분석·검토하고, 교육적 논의에 사용되는 개념이나 용어를 명확히 하여 논거를 통합하며, 서로 다른 견해를 비판적으로 비교하는 철학적 방법으로 교육의 근본 문제를 다루고, 동시에 감정적이거나 무비판적이며 설명적인 수준을 벗어나 교육 문제의 심층부까지 탐색하여 철학적 수준에서 교육의 기본 문제를 다루어야 한다.

이와 같은 교육철학을 유형별로 보면, 크게 사변철학, 규범철학, 분석철학의 세 분야로 나누어 볼 수 있다. 첫째, 사변철학은 개별적인 사실이나 경험보다는 모든 지식과 경험에 적용되는 체계성과 전체성을 탐구한다. 즉, 존재하는 모든 것에 대해 체계적으로 사고하려고 한다. 예컨대, 우리가 책을 읽거나 예술작품을 감상할 때, 하나하나의 세세한 부분뿐만 아니라, 그러한 부분들에 의미를 부여하는 질서와 체계에까지도 관심을 갖는다. 이는 사고와 경험의 전체 영역에서 통일성을 발견하려는 작업이다. 둘째, 규범철학은 선과 악, 아름다움과 추함, 바른 것과 그른 것의 의미, 그리고 이러한 속성들이 사물 자체에 내재한 것인지 아니면 인간의 마음의 반영인지를 밝히고자 한다. 즉, 가치 평가, 행동 판단, 예술 감상 등에 대한 기준을 세우고자 한다. 그러므로 대개 바람직한 인간 행동과 특성이 무엇이며 왜 그렇게 행동해야만 하는가에 대한 기준과 원리를 발견하려고 노력한다. 셋째, 분석철학은 사용하는 용어들, 즉 교육, 존중, 평등, 자유 등과 같은 단어들이 문장의 전후 관계에서 적절하게 사용되는가를 평가하기 위하여 그 개념을 탐구한다. 즉, 사용되는 개념의 의미가 문맥의 전후 관계에 따라 달라지는 것을 고찰한다.

한편, 기능별로 살펴보면, 교육철학은 사변적, 평가적, 분석적, 통합적 기능으로 나누어 볼 수 있다. 사변적 기능은 사색과 사변을 통하여 추론을 하는 철학적 행위이다. 따라서 교육철학에서의 사변적 기능은 교육이론이나 문제에 대하여 제언을 하는 정신적 기능으로, 교육 문제 해결의 새로운 방향이나 가치를 제언하는 사고 과정을 뜻한다. 다시 말하면 교육에서 어떤 이론적·실천적 문제를 해결하기 위하여 새로운 가설과 사고, 제언을 성립하고 제시하는 행위이다. 평가적 기능은 어떤 사물에 대한 가치 판단 또는 평가 행위를 말한다. 즉, 교육 문제에 대한 평가적 기능은 교육적인 합리성의 여부를 어떤 준거에 비추어 밝히는 작업이다. 즉, 교육에 대한 이론이나 주장, 명제, 원리, 실천 등을 주어진 어떤 기준이나 준거에 의거하여 판단하는 행위이다. 분석적 기능은 분석철학의 방법론으로 이론적·일상적 언어의 의미를 명백히 하며, 논리적 모순이나 모순이 있는 표현을 가려내어 각종 판단의 기준을 밝히는 행위이다. 예컨대, 우리가 일상적으로 행하는 교육의 실천 과정이나 이론 탐구에서 사용하는 언어는 항상 명백한 의미를 지니고 있는 것이 아니고 모순이 은폐되어 있을 수 있다. 따라서 교육과정에서 판단기준이 모호할 경우가 있다. 그러므로 '교육이란 무엇인가?'라는 질문에 답하려고 할 때, 언급되는 '학습', '인격', '습관', '지식' 등 주요한 개념들을 개념적·논리적으로 분석할 필요가 있다. 분석적 기능은 바로 이러한 개념들의 의미를 명확히 밝히고, 개념들 사이에 모순이 일어나지 않게 하는 작업이다. 통합적 기능은 하나의 현상이나 과정을 전체로써 파악하고, 여러 부분과 차원을 통합하여 이해하려는 행위이다. 예를 들면, 교육에서 흔히 사용하고 있는 '성격'이라는 개념이 있다. 이는 여러 학문 영역에서 다양한 의미로 사용된다. 사회학에서는 인간관계의 맥락에서 설명하고, 심리학에서는 개인과 환경의 관계에서 설명한다. 즉, 같은 대상을 다른 관점에서 설명한다. 따라서 동일한 대상에 대해 서로 다른 설명들이 어떻게 이루어지며 다름의 초점이 무엇인지 통합적으로 이해할 필요가 있다. 특히 교육은 아동을 대상으로 하는데, 아동을 특정한 관점으로만 이해하거나 설명해서는 온전한 교육을 할 수 없기 때문이다.

2 서구 교육철학의 두 양상

인간이 세계를 바라보는 방법은 다양하다. 있는 현실을 그대로 인정하느냐, 아니면 현실을 허상으로 보고 더 나은 이상적 세계가 존재한다고 보느냐에 따라 세계와 사물을 바라보는 관점은 상이하게 드러난다. 교육을 이해하는 방식도 마찬가지이다. 서구의 교육철학을 이해하는 방식은 크게 두 가지로 분류해서 살펴볼 수 있다. 하나는 자연주의이고, 다른 하나는 이상주의이다.

자연주의(Naturalism)는 그 명칭에서 보여주듯이, 자연을 실체의 본질이라고 본다. 즉, 물질적이고 현실적인 자연을 유일한 실재로 인정하고, 현실적으로 존재하는 악과 더러움을 객관적으로 수용한다. 그러므로 자연주의자들은 자연주의 그 자체가 인간 존재와 인간성을 포함한 모든 존재를 설명해 주는 전체적 체계라고 이해한다. 자연주의자들의 교육론에서는 자연이라는 개념과 자연적이라는 용어가 핵심을 이룬다. 자연은 사회에서 인위적으로 만들어진 여러 가지 장치나 제도, 인공적인 것보다 자연 그 자체가 스며있는 자연스런 방법을 선호한다. 즉, 즉자적이고 원초적이며 자유스럽고 자발적인 것을 좋아한다. 자연주의자들은 만들어진 인간보다는 자연 상태에 있는 인류학적인 인간에 더 관심을 둔다. 왜냐하면 원초적이고 원시적인 상태의 인간의 삶은 때묻지 않은 본능에서 자극되는 순수한 동기에 의하여 이끌린다고 생각하기 때문이다.

그러므로 자연주의자들의 주요한 교육적 주제는 다음과 같다. 첫째, 교육의 목적은 자연 질서의 한 부분인 자연과 인간 본성에 의존해야 한다. 둘째, 자연은 감각을 통하여 이해할 수 있으며, 감각은 실제에 대한 지식의 근본이 된다. 셋째, 자연은 느리고 점진적이며 진화적으로 발전하므로 교육도 서둘러서는 안 된다. 이러한 자연주의에 입각한 교육은 아동의 학습이 주입식 수업이나 강의, 또는 책에 의존하는 것보다 아동들에게 직접 관련이 있는 환경 속에서, 순수하게 감각적 경험에 의해 시작되어야 함을 보여준다. 다시 말하면, 아동에게서 교육은 자연스럽게 발달 단계와 성장 단계의 요구에 적합한 것이어야 하며, 교육과정과 학습은 어린이의 본성과 충동에 따라야 한다는 것이다. 그러기에 자연주의 교육에서 교사는 학생에게 주어진 틀에 맞추어 억지로 교과를 가르치지 말아야 한다. 즉, 외부로부터 지식을 주입하여 머릿속에 저장하게 하는 것이 아니라 아동이 지닌 자연적인 힘과 능력을 내부로부터 계발해야 한다.

이상주의는 그리스어의 이데아(idea)에서 나온 말이다. 이것은 원래 '가장 완전한 형상을 본다'는 뜻이다. 이 완전한 형상은 다른 불완전한 형상이 그것에 비추어 바로잡아져야 할 원형이다. 동시에 이 지상의 모든 형상은 그것이 아무리 불완전하다 할지라도 이 원형의 모습을 조금이라도 지니고 있다고 생각한다. 이상주의는 여러 가지 의미로 쓰이고 있기에 개념 정립이 퍽 어렵다. 현실에는 존재하지 않는 꿈을 말하는 것이기도 한다. 하지만 철학적으로는 관념을 유일한 실재로 여기는 인생관이나 세계관을 총칭한다.

이상주의는 궁극적 가치나 절대적 목적에의 접근 가능성 내지는 실현 가능성, 그리고 인격과 인류의 완성 가능성을 믿고, 이런 신념에 의하여 이 세상의 현실과 실천을 규제하려는 사고방식이다. 그러기에 이상주의는 정신적인 것, 초현실적인 것을 유일한 실재로 여기고 현실적으로 존재하지 않는 가치를 의지적으로 지향한다. 즉, 이상주의의 핵심은 물질적인 것보다 관념, 사고, 정신, 자아를 강조하는 데 있다. 관념과 정신을 중시하는 이상주의 교육에서 학습자에게 무엇보다도 중요한 것은 지적 능력이다. 인간은 지적 능력을 통해 이상적 경지에 도달할 수 있다. 이상주의에서는 참된 지식은 인간 정신의 내부에 있으며 오로지 정신을 통해서만 획득할 수 있다고 보기 때문에 교육이 최우선적으로 지향하는 것은 학습자의 정신적 발달이다. 그러므로 이상주의에서는 학습자에게 잠재되어 있는 정신적 능력을 이끌어 계발하는 데 집중한다. 바로 정신적 능력의 계발을 통해서 학생들이 인간 세계에서 보다 이상적이고 효과적으로 살 수 있게 하는 진리를 습득하도록 하고, 진정으로 인간의 삶이 지탱할 수 있는 도덕적 규율의 기반을 다질 수 있다.

이상주의 교육에서는 인간성 안에 깃든 가장 좋은 것이나 사회가 지니고 있는 가장 소중한 것, 인간이 지향하는 가장 아름다운 것을 교육에 적극 반영해야 한다고 주장한다. 왜냐하면 교육은 자연적 생활의 필요에 의한 것이 아니라 정신적 필요에 의해서 존재하는 것이기 때문이다. 이상주의 교육은 도달해야 하는 이데아가 존재한다. 그러므로 교육의 과정은 이상 중심이 되어야 한다. 교사는 특히 학생의 교육적 환경을 아름답게 창조해 주고 그것을 늘 고무해 주어야 한다. 또한 스스로도 이상적 인간상을 향해 나가는 모습을 모범적으로 보여 주어야 한다.

3 동양 교육사상 전통

유학은 공자가 완성한 학문으로 교육을 그 중심으로 삼고 있다. 공자 이전 중국 고대 사회에서 교육을 받는다는 것은 귀족만이 갖는 특권이었다. 이러한 시대에 공자는 교육을 대중화 시키는 데 노력하였다. 공자는 "오직 가르침만 있을 뿐 배우는 사람에 대한 차별이나 규제가 있어서는 안 된다"고 말하였다. 그리고

"사람은 태어날 때는 서로 비슷하지만 교육에 의해 달라진다"고 말하였다.

공자의 중심 사상은 인(仁)이다. 인은 글자가 보여주는 것처럼, 두 사람[二+人] 사이의 이상적인 인간관계를 나타낸다. 즉, 사람과 사람 사이에는 마땅히 친애하고 서로 협력해야 비로소 인간된 도리를 할 수 있다. 인은 우주의 본체이며 인간의 본체이다. 공자가 인을 핵심적으로 주장한 것은 인간이 온 힘을 다하여 인류를 사랑하여야 비로소 인생의 가치를 성취시킬 수 있다고 보았기 때문이다. 유학에서 교육은 인을 실현하는 것이 근본 문제가 된다. 공자는 인을 실현하는 핵심을 부모에게 효도하고 형제자매를 존중하는 효제(孝悌)로 보았다.

이러한 공자의 가르침을 이어 받은 맹자는 성선설을 주장하였는데, 맹자는 인간의 본성인 인의(仁義)의 덕에 의해 행동하지 않는 사람은 이미 짐승과 다를 바 없는 인간답지 못한 사람이라고 생각했다. 맹자는 인간이 다른 동물과 다른 점을 인의가 있느냐 없느냐의 문제로 보았다. 인의를 보존하고 실천하면 인간답지만, 그렇지 못하다면 짐승과 다를 바 없다. 이렇게 본다면, 맹자의 교육 목적은 인간으로서 일반 동물과 다른 선한 본성을 보존하고 계발하는 데 있었다. 맹자에 의하면, 학문이란 다른 것이 아니라 인간의 선한 마음을 구하여 찾는 데 있다. 그러므로 교육받은 사람은 갓난아이와 같이 착한 마음을 잃지 않은 사람이다.

맹자의 성선설에 반기를 들고 일어난 것이 순자[23]이다. 순자는 인간의 본성이 악하다는 성악설을 주장하였는데, 중요한 점은 교육에 의해서 본성을 교화시키면 다른 사람에게 사양하는 마음을 가지게 되는 어진 사람이 될 수 있다고 하였다. 순자는 인간의 본성이 악하다고 생각했지만 후천적인 노력에 의해서 선한 자질을 가진 인간으로 바꿀 수 있다고 보았다. 이 후천적인 노력, 혹은 인위적인 노력이란 다름 아닌 교육적인 노력을 의미한다. 이 교육적인 노력의 여하에 따라 인간은 성인이 될 수도 있고, 일반 사람이 될 수도 있다.

우리나라 조선 유학에 절대적인 영향을 미친 주자는 인간의 본성을 본연지성(本然之性)[24]과 기질지성(氣質之性)[25]으로 나누었다. 본연지성은 본래 타고난 성

---

[23] 순자(B.C.313 – B.C.238): 전국시대 유학자로 성악설을 주장하였다.
[24] 본연지성(本然之性): 인간의 선천적이고 보편적인 본성을 말한다. 이는 순수하게 선하고 악한 것이 없다.
[25] 기질지성(氣質之性): 인간의 기질을 성으로 가리키는 말이다. 여기에는 선도 있고 악도 있다.

으로 완전히 선한 것이다. 그러나 기질지성은 욕심에 가리거나 사회적 악에 물들 가능성이 있어 악하게 표출될 수도 있는 인간의 본성이다. 주자[26]에 의하면 인간의 본성은 본래는 선한 것이지만 개개인의 기질이 다르게 나타나기 때문에 악으로 떨어질 소지가 있는 사람에게는 후천적인 교육이 필요함을 역설하였다. 그러므로 주자는 교육을 기질지성의 기질을 정화하여 선한 본성을 회복하여 밝게 드러내는 것으로 생각했다. 이렇게 볼 때, 유학이 추구하는 교육은 착한 인성을 보존하고 발양하는 것을 노력하는 데 있음을 알 수 있다.

도가(道家)는 노자(老子)[27]의 사유를 핵심으로 확립된 사상이다. 노자는 『도덕경』 속에서 자신의 사상을 피력하고 있는데, 도덕경의 사상은 크게 도의 본체[道體]와 덕의 쓰임[德用]으로 나누어 볼 수 있다. 도는 형이상의 실체이자 만물의 근원이며 우주 운행의 원리이다. 또한 도는 우주·천지·만물의 창조자일 뿐만 아니라 우주·천지의 운행이나 만물의 생성화육(生成化育)을 주재한다. 그러므로 도는 모든 운행의 도리이자 법칙이다. 그런 도는 '대립'과 '복귀'를 거듭하는 성질을 지니고 있어 "돌이킴이 도의 움직임[反者道之動]"이라고도 한다. 도는 이른바 '가장 좋은 선은 물의 성질과 같다'라는 의미의 상선약수(上善若水)를 주장하여, 물에 비유하기도 하였다. 즉, 물은 언제나 아래로 흐른다. 그것이 모여 강이 되고 바다가 된다. 한 방울의 물은 아무 것도 아닐 수 있다. 그러나 그것이 모여 강이 되고 바다가 되었다. 가장 약한 것 같은 물 한 방울이 바다로 모여들어 무서운 파도로 바뀔 수 있다. 이런 점에서 가장 약한 것은 가장 강한 것이 될 수 있다. 노자는 부드러움을 강조한다. 즉, 유약함이 강함을 이긴다고 가르친다.

도를 활용하는 덕의 쓰임에서 노자는 텅 비고 고요하다는 의미의 허정(虛靜)과 행함이 없는 무위(無爲)를 강조한다. 도는 자연을 따르고 비어 있으면서도 고요한 원리로 억지로 행하지 않고 자연의 법칙을 따를 것을 강조한다. 즉, 인간의 욕심과 농간, 조작을 버리고 허정한 자연, 순박한 자연의 품에 안길 것을 강조한다. 그래야만 모든 사람이 조화를 이루고 스스로의 생성화육을 도울 수 있다. 이

---

26 주자(1130-1200): 중국 남송의 유학자로 성리학(性理學)을 집대성하여 주자학을 만들었는데, 조선시대 학문과 정치, 사회 문화에 절대적 영향을 미쳤다.
27 노자: 중국 춘추전국시대의 사상가로 도가의 창시자이다.

러한 노자의 사상에서 일관되는 핵심은 무위자연(無爲自然)이다. 무위는 가만히 앉아서 아무 것도 하지 않는다는 의미가 아니다. 노자는 다음과 같이 무위 교육의 의미를 인식하였다. "학문을 하는 자는 날로 더함이 있고 도를 닦는 자는 날로 덜어냄이 있다. 덜어내고 덜어내서 마침내 무위에 이르게 되고 무위에 이르게 되면 행하지 않음이 없다."28

여기서 말하는 더함과 덜어냄은 지식이나 재능 의례나 형식을 두고 하는 말이다. 더함은 지식을 더 많이 알게 된다는 의미이고 덜어냄은 지식이나 재능을 감소시킨다는 의미이다. 왜 지식이나 재능, 의례나 형식을 감소하는 것이 도가 되는가? 지식과 재능, 의례나 형식은 인간에 의해 인위적으로 만들어진 것으로 진실이 아니다. 그러므로 허위를 벗기고 감소시키면 비로소 무위의 경지에 도달할 수 있다. 무위는 성숙한 자의 경지를 말한다. 이렇게 볼 때, 무위는 아무 것도 하지 않는 것이 아니라, 억지로 허위를 더하지 않는다는 말이다. 즉, 본질을 추구하여 부단히 허위의 껍질을 벗기는 교육이다. 이러한 노자의 교육사상은 정신없이 바쁜 경쟁 속에서 인위적 조작을 가하며 사는 현대인들에게 고요한 휴식의 장을 마련해 준다. 인위와 허위를 버리고 자연으로 돌아가라. 그리고 욕심을 버리고 자연의 질서를 본받으라고 충고를 해 준다.

불교(佛敎)는 석가모니, 부처를 숭배의 대상으로 한다. 부처는 인간의 모든 현실을 '괴로움[苦, suffering]' 그 자체로 인식했다. 그 원인은 그릇된 행위에 있으며, 그릇된 행위는 자기 자신과 세계의 참 모습을 올바로 알지 못하는 정신적 미혹에서 기인한다. 불교는 바로 자기 자신과 세계의 참 모습을 올바로 알게 하려는 '깨달음'의 종교이다. 인간은 깨달음을 통해 우리의 행위, 즉 삶이 바르고 밝아져 자연스럽게 행복을 실현하게 된다. 이렇게 볼 때, 불교에서 존재로서의 인간관은 '고관(苦觀)'이라고 할 수 있으며, 당위로서의 인간관은 '각관(覺觀)'이라고 할 수 있다. 따라서 불교 사상에 기초한 교육의 방향이나 목적은 지식의 축적이나 전문 기능의 습득이라기보다 깨달음, 즉 정신적 자각이 더 본질적인 것이다.

불교에서는 깨달음, 자아의 각성을 매우 중시한다. 마치 소크라테스가 "너

---

28 『老子道德經』 제48장: 爲學日益, 爲道日損, 損之又損, 以至於無爲, 無爲而無不爲矣.

자신을 알라"고 설파했던 것처럼, 혹은 현대 실존 철학에서 각성의 문제를 명석하게 분석했던 것처럼, 불교에서도 '각성(覺醒)'이 일차적으로 요구된다. 그런데 인간의 자아 각성은 직관적으로, 비약적으로 이루어진다고 한다. 이것을 불교에서는 '돈오(頓悟)'라고 한다. 비약적 각성인 돈오를 통하여 인간의 현실 세계는 가치론적으로 새로운 의미를 지니게 되고, 삶의 전환을 가져온다. 그러나 이 돈오로써 삶의 문제가 끝나는 것은 아니다. 인간은 과거에서 현재, 미래를 지속적으로 살아가는 유기체이므로 몸에 밴 습성까지 비약적 각성을 통해 다 쓸어버리지는 못한다. 따라서 돈오 이후 끊임없는 수양을 통해 점차 닦아나가는 '점수(漸修)'가 요구된다.

불교적 관점에서 교육의 본질은 바로 인간의 깨달음, 내면적 자각을 전제로 한 문화 지식의 전수, 인간 행동의 변화, 사회의 유지와 혁신 등으로 볼 수 있다. 이러한 교육적 인간상의 정점에 불타가 있다. 그런데 불타는 깨달은 사람, 밝은 사람, 따뜻한 사람으로 지혜와 자비를 상징한다. 깨달음은 본질적으로 스스로 깨닫는 자각을 의미한다. 따라서 불타는 '자각적 인간형' 혹은 '자주적 인간형'이다. 자주적 인간형은 불타까지도 벗어 던진다. 특히 선가(禪家)에서는 "본분을 바로 들어 보일 때에는, 불타나 조사도 아무런 공능이 없는 것이다"라고 하여 스스로의 깨달음을 가장 중시했다. 이는 성불(成佛), 해탈의 길에서 궁극적으로 불타의 구속으로부터 자유로울 것을 요구한다. 그러나 교육은 인간관계를 전제로 한다. 따라서 교육 행위는 다음과 같은 비유로 설명할 수 있다.

달걀이 부화할 때, 병아리가 안쪽에서 쪼고 어미 닭이 바깥에서 쪼아 그 시기가 딱 들어맞을 때 달걀 껍질이 깨지고 새 생명이 탄생한다. 이것을 줄탁동시(啐啄同時)라고 한다. 불교에서는 이렇게 어미닭과 병아리가 서로 쪼아서 깨우치고 생명을 탄생시킬 때, 최고의 교육 상황이요, 작용으로 이해한다.

4 20세기 미국의 교육 운동

미국의 4대 교육운동은 20세기 초·중반을 걸쳐 전개되었던 네 가지 교육 사조를 말한다. 이는 듀이의 프래그머티즘에 기초하여 일어난 진보주의, 전통적 가치를 존중한 본질주의와 항존주의, 그리고 사회개혁을 표방한 재건주의인데, 서로 교육철학적 관점을 달리하면서 나름대로의 강조점을 표방하였다.

진보주의(進步主義, Progressivism) 운동은 프래그머티즘(Pragmatism)을 철학적 바탕으로 하여, 19세기말 20세기 초, 정치 체제의 민주화와 사회복지 체제의 개선을 희구했던 미국인들의 정치·사회적인 개혁 운동의 일환으로 시작되었다. 이러한 개혁 운동은 1920년대에 대체로 퇴조했으나, 진보주의 교육 운동만은 계속적으로 번창하였다. 특히 1918년 진보주의교육협회[PEA; Progressive Education Association]를 결성하면서 조직적인 교육운동을 실천하였다.

진보주의 교육운동은 과거 전통적인 교육이 어른 중심, 혹은 교사 중심 교육이었던 것을 비판하고, 이를 아동 중심 교육으로 전환시키려는 데 있다. 아동 중심 교육 사상은 18세기 유럽에서 루소 때 싹이 터서 페스탈로치와 프뢰벨 등을 거쳐 계승 발전되었는데, 미국에 건너와 꽃을 피우게 되었다. 진보주의 교육자들은 학자에 따라 다양한 의견을 보이기도 하지만, 대체로 다음과 같은 전통교육의 형태를 반대한다. 첫째, 전통적 교육 형태인 권위적 교사이고, 둘째, 교재 중심의 딱딱한 교육 방식이며, 셋째, 암기 위주의 수동식 학습이고, 넷째, 교육을 사회로부터 고립시키는 폐쇄적 교육철학이며, 다섯째, 체벌이나 공포 분위기에 의한 교육방식이다.

그리하여 진보주의 교육자들은 기본적으로 아동의 흥미와 욕구, 경험을 존중하는 교육을 강조하였다. 즉, 성장하는 아동의 흥미와 욕구를 충족시켜주는 학습과 경험의 재구성을 통한 성장이 교육의 목적이 되어야 한다고 본다. 그러기 위해서 학교는 아동이 학습하기에 즐거운 곳이 되어야 한다. 교육 방법에서도 진보주의는 기계적 암기 학습이나 학과의 암송, 교재 중심 학습을 강조하는 전통교육으로부터 아동을 해방시키고자 하였다. 따라서 전통적인 커리큘럼의 판에 박힌 교과목에 반대하여 대안적인 교육과정을 제시하였다. 그것은 아동의 활동, 경험, 문제해결, 구안법을 활용하는 교육과정과 관계된다. 진보주의의 대표적인 학자인 킬패트릭(Kilpatrick)은 과제학습법(The Project Method)[29]으로 유명하다.

---

29 과제학습법: 구안법(具案法)이라고도 한다. 듀이의 문제해결 학습을 킬패트릭이 발전시킨 것으로 스스로 계획하고 구체적 활동을 전개하는 유목적적 활동이다. 아동의 창의적 활동

본질주의(本質主義, Essentialism)는 진보주의 교육에 대한 반응으로 나타난 보수적 교육이론이다. 그렇다고 진보주의를 전적으로 부정한 것은 아니고 부분적으로 비판하였다. 아동의 흥미와 욕구를 지나치게 존중하였던 진보주의 교육은 전통적 교육이 지니고 있는 장점들마저도 소홀히 취급하는 문제점을 노출하였다. 이에 진보주의 교육이 드러내고 있는 한계를 보완 극복하려는 움직임이 1930년 대에 일어나기 시작했는데, 그것이 본질주의 교육운동이었다. 이 운동의 주창자들은 1938년 미국교육 향상을 위한 본질과 위원회[The Essentialist Committee for the Advancement of American Education]를 구성하고 운동을 펼쳐 나갔다.

본질주의는 문화를 구성하는 가장 본질적인 것들을 교육을 통해 다음 세대에 계승함으로써 역사를 전진시키는 운동력을 길러내자는 교육사조이다. 본질주의자들이 주장하는 개혁의 초점은 다음과 같다. 첫째, 교과서의 내용을 학문적으로 재검토한다. 둘째, 학교교육 프로그램 중에서 본질적인 것과 비본질적인 것을 구분한다. 셋째, 교사의 권위를 다시 회복한다. 이렇게 볼 때, 본질주의는 근본적으로 교사의 권위와 교과중심 교육과정의 가치를 강조한다. 교양인이 마땅히 알아야 할 본질적인 요소들을 반드시 학습하고, 과거에 개발되어온 읽고 쓰고 셈하기의 기본적 기능과 교양과목, 과학을 학습하는 것이 교육이다.

본질주의의 기본적 교육입장은 다음과 같다. 첫째, 초등학교 커리큘럼은 읽기, 쓰기, 셈하기에 도움이 되는 기본적 도구기능을 함양하는 데 목적을 두어야 한다. 둘째, 중등학교 커리큘럼은 역사, 수학, 과학, 문학, 국어, 외국어 능력을 함양하는 데 목적을 두어야 한다. 셋째, 학교교육은 교과를 필요로 하며 동시에 정당한 권위의 존중을 필요로 한다. 넷째, 학습은 고된 훈련과 노력을 요구한다. 다섯째, 교육원리는 학습이란 강한 훈련을 동반하며 때때로 학생들이 억지로라도 해야 하는 응용을 수반한다. 여섯째, 교육의 주도권은 학생이 아니라 교사가 지녀야 한다. 일곱째, 교육 과정의 핵심은 소정의 교과를 철저하게 이수하는 것이다. 여덟째, 전통적인 학문 훈련 방식이 계속 유지되어야 한다. 본질주의의 대표적 이론가는 베글리(Bgley), 브리그스(Briggs), 브리드(Breed) 등이다.

은 '구성·창조적 프로젝트 – 감상·음미적 프로젝트 – 문제해결적 프로젝트 – 연습·특수 훈련 프로젝트'의 네 가지인데, 아동이 스스로 안을 짜서 활동을 수행해 가야 한다.

항존주의(恒存主義, Perennialism)는 진보주의 교육이념을 전면 부정하면서 1930년대에 등장한 교육 이론이다. 앞에서 다룬 진보주의와 본질주의는 과학주의·세속주의·물질주의인 데 반하여 항존주의는 반과학주의·탈세속주의·정신주의를 부르짖었다. 진보주의가 변화의 원리를 강조한 데 비해, 항존주의는 절대적 원리로 돌아갈 것을 강조하고 있다. 항존주의는 영원주의(永遠主義)라고도 한다.

항존주의는 '인간의 본질은 영원히 불변한다'는 원리에 근거하므로, 교육의 기본 원리도 불변한다는 믿음을 토대로 하고 있다. 특히 전통과 고전의 원리를 존중하면서 보수적인 입장을 표명하는데, 주요한 교육 원리를 다음과 같이 제시한다. 첫째, 진리는 보편적이며 장소·시간·사람 등과 같은 환경에 의존하지 않는다. 둘째, 훌륭한 교육은 진리의 탐구와 이해이다. 셋째, 진리는 위대한 고전들 속에서 발견될 수 있다. 넷째, 교육은 이성을 계발하는 것이며 이를 위해 교양교육이 강조되어야 한다. 다시 말하면, 인간은 서로 다른 환경에 놓여 있다 하더라도 인간의 본질은 불변하기 때문에 교육의 본질도 변하지 않는다는 생각이다. 인간의 가장 큰 특징은 이성이 있다는 것이다. 그러므로 교육은 이성의 발달에 관심을 두어야 한다. 인간은 어느 곳에 있든지 공통성을 공유하고 있는데, 그 중에서도 가장 중요한 것이 이성적인 것이다. 교육의 과업은 영원불변의 진리에 인간을 적응시키는 것이다. 왜냐하면 현시대의 세계가 끊임없이 변화하더라도 진리는 영원히 변화하지 않기 때문이다.

특히 항존주의에서 교육이란 생활의 모방이 아니라 미래 생활을 위해 준비하는 것이다. 그러므로 아동들은 이 세상에서 가장 영원한 것으로 남아있게 될 어떤 기초가 되는 과목들을 배워야 한다. 이러한 영원불변의 진리들은 위대한 고전[The Great Books][30] 속에서 발견할 수 있다. 항존주의의 대표적 이론가는 무종교를 대표하면서도 위대한 책을 강조한 허친스(Hutchins), 개신교를 대표하는 아들러(Adler), 가톨릭을 대표하는 마리땡(Maritain) 등을 들 수 있다.

앞에서 살펴본 진보주의는 아동의 개성을 강조했다. 그런데 아동의 개성보다는 사회의 변화와 개혁에 주요 관심을 가지고 사회를 재건하려는 진보주의 교육

---

30 위대한 고전(The Great Books): 144권의 위대한 책들을 선정하여 1년에 16권씩 9개년에 완독하는 독서 계획으로 고등학교 과정에서 대학까지 이어진다.

운동의 한 그룹이 있었다. 그들은 교육을 통해 새로운 사회(new society)를 창조하려고 하였다. 다시 말하면 사회를 재건하려는 데 초점을 두고 목표중심의 미래 지향적인 철학을 지니고 있었다. 진보주의 교육 운동이 한창 번성하던 1930년대 미국은 경제대공황을 맞게 되었다. 이에 진보주의자들 중에 미국 사회를 비판하면서 교육과 사회 개혁을 부르짖은 전위적 사상가들이 있었다. 이들은 새롭고도 공정한 사회를 건설하는 데 학교가 앞장서야 한다고 주장하였다.

재건주의는 인류가 심각한 문화의 위기(crisis) 상태에 있음을 전제로 하는 교육이론이다. 그러므로 교육의 일차적인 목적은 현대와 같은 문화의 위기를 해결하기 위해서 사회를 재구성하도록 하는 데 있다고 본다. 전통적 교육이론은 학교가 비중 있는 사회적 가치들을 반영해야 한다고 보지만, 재건주의자들은 조직적인 학교교육에서 다루어야 할 것은 다름 아닌 인류를 괴롭히는 사회적 병폐들이어야 한다고 본다.

재건주의자들은 인간 교육의 유일한 목적을 인간 자신들의 운명을 결정하게 될 세계질서를 창조하는 데 있다고 주장한다. 재건주의자들이 주장하는 현대문화의 병폐는 다음과 같다. 첫째, 생활, 건강, 교육 수준의 불균형이고, 둘째, 인구의 폭발적 증가와 기아이며, 셋째, 대지, 수질, 식품, 공기의 오염이고, 넷째, 국가 간의 적대감과 증오심이며, 다섯째, 인간 간의 긴장과 파괴 행위이고, 여섯째, 전제적 정치 체제[사이비 민주주의]이고, 일곱째, 도덕 감각의 붕괴와 매춘화이며, 여덟째, 과학의 폭발적 발달 등이다. 바로 이러한 현대 문화의 병폐와 그에 따른 위기를 의식하고 새로운 사회를 재건하여야 한다는 것이 기본 논리이다.

재건주의자들이 주장하는 프로그램으로는 문화적 유산에 대한 비판적 재검토, 모든 사회적 문제의 논쟁에 대한 과감한 검토, 사회적·건설적 변화의 계획적 추진, 계획적 태도의 배양, 문화적 개혁을 위해 사회·교육·정치·경제적 계획에 학생과 교사를 참여시키는 것 등이다. 이를 위해 교육자들이 전통적 교육이론에 도전하고 사회개혁을 위한 교육혁신을 계획하여 추구할 때만 비로소 새로운 사회질서가 실현될 수 있다고 믿는다. 대표적인 이론가로 브라멜드(Brameld)가 있다.

CHAPTER **11**

서구의 전통 교육철학은
어떤 역할을 담당해 왔는가

1 이상주의

　이상주의(理想主義: Idealism)는 고대 그리스의 플라톤(Platon)에 기원을 두는 경우가 많다. 플라톤은 그의 다양한 대화편을 통해, 인간의 경험에서 정신과 이성이 얼마나 중요한지를 자주 언급하였다. 이전의 자연철학자들과 달리 플라톤은 자연의 힘에 관심을 집중하지 않으며, 이데아론을 철학의 중심 주제로 삼았다. 이것이 관념론의 토대가 된다.[31] 플라톤은 세계를 생멸·변화하는 현상계와 불변하는 이데아계로 나누고, 변하지 않는 참 존재, 진정한 실재를 이데아라고 하였다. 이런 '관념'은 중세에 이르러 주관적으로 사유할 수 있는 대상을 의미하게 되었고, 근대의 데카르트, 칸트, 헤겔 등을 통해 의미를 확장해 나갔다.

　이상주의의 핵심으로 볼 수 있는 관념론인 초기의 이데아론은 다음과 같은 특징을 지니고 있다. "진리는 감각들에 의하여 도달될 수는 없다. 즉, 실재는 지

---

[31] B. Kamala and B. Baldev, *The Philosophical and Sociological Foundations of Education*(Delhi: Doaba House, 1992), p. 22.

적인 추리의 과정에 의해 이해될 수 있다. 정의로운 것, 아름다운 것과 선한 것은 모두 감각들로는 접근하기 어려운 실재들로 존재한다. 감각-경험의 세계, 물질적인 세계에서는 완전하게 드러내어 보이지 못하는 실재의 유사성이 들어 있다. 감각-경험의 세계에 있는 무언가는 그것을 자세히 설명하여 어떤 실재와 유사하다는 것으로 인정한다고 해도, 그 자체에 관한 우리의 지식은 감각-경험에서 오지는 않는다. 우리가 출생 이전에 획득했던 평등 그 자체에 관한 지식에서 우리는 평등을 회상하고 있다. 아름다운 것 그 자체이거나 실재들은 영구적이고 변하지 않는다. 영구적 실재들은 감각의 세계에서 예시한 혹은 그런 예시들이 관여하는 형상들이나 이데아들이다. 형상들이나 이데아들은 지성에 의해서만 알 수 있다. 참된 지식은 영구적 이데아들의 지식이다. 이데아들만이 인과적 설명을 제공할 수 있다."[32]

이상주의는 우주의 실체를 영혼, 관념, 또는 정신으로 보는 철학이다. 따라서 우주의 궁극적 실체가 있다고 보며 그 우주를 고도로 일반화된 지성과 의지로 표현한다. 실체는 물질적이라기보다는 정신적이다. 인간은 본질적으로 정신적 존재이며 그것은 불멸한다. 이러한 이상주의에서 지식은 정신의 내부에 있다. 그것은 자기반성을 통해 의식하고 있는 수준에서 제시된다. 따라서 앎의 과정은 정신 속에 현존하는 보이지 않는 이데아를 상기하는 작업이다.[33] 이것이 유명한 플라톤의 '상기설(想起說: Doctrine of recollection)' 혹은 '회상설(回想說)'이다. 회상 혹은 상기에 의해, 사람들은 자기 자신에게 내재되어 있는 대우주의 정신을 발견한다. 직관(直觀)과 통찰(洞察), 내적 자각(內的 自覺)을 통하여, 개인은 자신의 마음을 보게 되고, 그로부터 '절대 자아'를 발견한다.

이상주의에서 가치의 문제도 마찬가지이다. 가치는 보편 속에 본래 존재하던 선(善: good)의 반영이다. 그것은 근원적으로 우주에 내재하고 있다. 따라서 가치는 절대적이고 불변하며 영원하고 보편적인 성격을 지닌다. 이러한 가치를 탐구하면서 이상주의를 신봉하는 사람들은 불변하는 진리나 영원한 지혜를 통해 인

---

32 임태평, 『플라톤 철학과 교육』(서울: 교육과학사, 1997). 245~246쪽.

33 Arthur K. Ellis, J. Cogan, and Kenneth R. Howey, *The Foundations of Education*(N.J.: Prentice-Hall, 1981), p. 81

간에게 적확한 윤리를 찾으려고 한다. 다시 말하면, 현재의 삶에 유용하고 유효한 지혜를, 절대 정신이 담겨있는 과거의 정신적 유산과 전통에서 찾으려고 한다. 다시 강조하면, 이상주의에서 참된 지식은 정신이나 관념의 내부에 있다. 상기설에서 본 것처럼, 참된 지식은 정신을 통해서만 획득 가능하다. 여기에서 중요한 것은 상기나 회상이 가능한 정신의 발달 문제이다. 따라서 교육은 학습자 개인의 정신적 발달에 기여해야 한다. 특히, 감각이나 개인적 견해에 의한 불완전한 현상과 이상적 이데아로 존재하는 본질을 구별할 수 있는 정신적 역량이 중요하다.

이러한 이상주의의 형이상학에 기초해 볼 때, 학교는 학생들이 진리를 발견하고 추구하기 위한 사회의 대리자이다.[34] 그러므로 학교교육은 다음과 같은 내용을 강조한다. 첫째, 우주는 영적이며 정신적인 것이고 비물질적인 궁극적 실체이다. 둘째, 정신적인 실체들은 개별적인 것이다. 셋째, 우주는 총화를 이룬 단일한 존재이며, 낱낱의 개체들은 완전한 실재 세계의 부분들이다. 이러한 교육을 담당하는 교사들은 정신능력, 혹은 자아계발을 기본 원리로 한다. 그리고 학생들이 진리 탐구자 또는 진리 발견자가 되도록 인도한다. 그들은 학생을 진리 추구자로 만들기 위하여 다음과 같은 목적을 설정한다. 첫째, 교수－학습 과정에서 교수자는 학습자에게 내재되어 있는 고유한 잠재력을 충분히 발휘할 수 있도록 도와준다. 둘째, 학교는 학생들에게 자신의 문화유산이 갖고 있는 지혜를 발견할 수 있게 하고, 그것을 확대 보급할 수 있도록 한다. 따라서 이상주의를 옹호하는 교사는 앞에서 언급한 목적을 달성할 수 있는 여러 가지 방법에 익숙해야 하며 효과적인 방법도 잘 알고 있어야 한다. 이상주의 교육을 위해 특별히 구체화한 방법은 없다. 하지만, '소크라테스식의 대화법(Socaratic dialogue)'과 같은 것은 이상주의에 기초한 수업에서 적절한 방법이 될 수 있다.[35]

---

34 Allan C. Ornstein, *Foundation of Education*(Illonois: Rand Mcnally College Publishing Co., 1977), p. 192.
35 소크라테스의 방법은 두 가지 단계를 거친다. 첫 번째 단계는 소크라테스가 도덕적 수월성의 이상에 도달하기 위해 인간에게 필요하다고 생각한 소극적 단계이다. 이는 '파괴적' 단계라고도 하고 '반어법(Ironic)'의 단계라고도 한다. 이 단계에서는 '질문'에 의하여 누구나 '자신은 아무 것도 알지 못한다'고 고백하고 자신의 검증되지 않은 개인적 의견들이 진리가 아니라는 사실을 깨닫게 한다. 즉, 자신의 '무의식적 무지(無知)'에서 '의식적 무지'로 이르게

또한 이상주의 교육자들이 구상한 교육과정은 기본적으로 개념화·관념화를 거친 지식 위주의 교과목이나 학습내용이다. 그것은 절대 진리에 기초하여 설명되어야만 한다. 교육과정에서 체계화를 거친 내용은, 단일 관념과 이상에서 출발하여 단일 관념과 이상에 이르는 것이 목적이다. 따라서 이상주의를 옹호하는 교육과정은 이상을 향해 위계를 지니며, 최고의 통합을 이룬 고도로 일반화를 확보한 과목으로 귀착된다. 일반성을 갖춘 체계적인 과목은 시대적 특수성을 초월하여 보편적 내용을 담보한다. 이상주의에서 추구하는 교육방법은 이상주의의 인식론에 기초한다. 앞에서도 언급했듯이, 이상주의에서는 개인에게 절대 진리나 보편 진리가 내재하고 있다고 본다. 때문에 학습자 자신의 내적인 사색을 통하여 지식을 인식한다. 즉, 자아 반성 또는 자아 성찰을 거쳐서 절대 지식을 회상하거나 상기하는 것이다. 이런 학습자의 자발적 활동은 학습자의 흥미와 관계된다. 학습자는 스스로 직관적인 내적 흥미를 가지고 있다. 이는 외적 자극이 필요 없이 스스로 일깨워진다. 자연스럽게 특정한 사건과 행동과 활동에 이끌린다. 이런 차원에서 교육은 학습자 자신의 직관과 내적 자아 탐구를 바탕으로 한다. 개인의 성장과 발전은 기본적으로 학습자의 내적인 요소에서 시작되어 외적인 것으로 확산된다. 그렇다고 학습자를 자극하여 이끌 만한 특별한 방법이 있는 것은 아니다. 학습자는 학교를 비롯하여 교육활동에 임하고 있는 동안, 잠재된 능력에 의존하여 최선을 다해 진리를 탐구하고 사회에서 그들의 자리를 얻기 위한 준비를 스스로 해야 한다. 때문에 학교생활은 사회생활의 삶을 위한 준비이다.[36]

이상주의 교육에서는 교수자와 학습자 사이의 관계를 주의 깊게 고려할 필요가 있다. 이상주의 교육에서 교수자는 교육의 중심이자 결정적 역할을 맡게 된다. 성숙된 인격을 지닌 사람으로서 문화적 전망도 지니고 있어야 한다. 비유컨대, 교수자는 오케스트라에서 교향곡을 작곡하거나 연주의 지휘를 맡은 사람처

하는 단계이다. 두 번째 단계는 최초의 파괴적 비판의 뒤에 오는 '건설적' 혹은 '산파술(maieutic)'의 단계이다. 이 단계는 첫 번째 단계에서와 마찬가지로 후속 질문을 통해 사람들이 의식적 무지에서 명백하고 합리적 진리에 이르도록 한다. '반어법'과 '산파술'로 대표되는 두 단계에서 '대화'는 필수 조건이다. 요약하면, 소크라테스의 변증법적 방법(Socratic Method)은 '무의식적 무지' → '의식적 무지' → '합리적 진리'에 이르는 지식의 세 단계를 거친다. Plato, *Meno*; 임태평, 『교육이론과 철학』(서울: 교육출판사, 1995), 51쪽 참고.
[36] Edward J. Power, *Philosophy of Education*(N.J.: Prentice-Hall, 1982), p. 85.

럼, 다양한 가치 체계를 통합할 수 있는 사람이어야 한다. 학습자가 미성숙한 경우, 교수자는 학생의 인격을 조작적으로 혹은 주입식으로 다루어서는 안 된다. 학습자가 자신의 입장에서 스스로 성숙된 전망과 세계관을 형성하도록 독려해야 한다. 학습자의 본성과 인격은 고귀한 가치를 지니고 있다. 따라서 교수자는 학습자를 존중해야 하며 학습자의 능력을 최대한으로 실현할 수 있도록 지원해야 한다. 이런 점에서 수업의 목적은 잡다한 지식을 학습자에게 알리는 데 있는 것이 아니라, 학습자 스스로 지식의 의의를 발견하는 데 있고, 학습자의 주의와 자기 안에 있는 실재를 스스로 탐색하는 데 있다.

때문에 이상주의를 옹호하는 교수자는 다음과 같은 특징을 갖출 때, 훌륭한 면모를 드러낼 수 있다. 첫째, 학습자에게 문화와 실재 세계를 구현해야 한다. 둘째, 인간의 특성에 대하여 전문적이어야 한다. 셋째, 학습과정에서 숙달된 전문가로서 전문적 의견을 종합할 수 있어야 한다. 넷째, 학습자가 배우려는 욕망을 갖도록 일깨워야 한다. 다섯째, 학습자들과 좋은 인간관계를 유지해야 한다. 여섯째, 완전한 인간성을 달성하기 위한 도덕성을 보여야 한다. 일곱째, 각 세대가 문화적으로 재탄생할 수 있도록 헌신해야 한다. 요컨대, 이상주의가 추구하는 교육은, 인간의 잠재능력을 발현하고 전개해나가는 과정이고, 학습은 학습자의 정신에 현전하는 진리를 떠올리도록 자극받는 과정이다. 그리고 교수자는 도덕적이고 문화적 가치의 모범, 혹은 모델이 되어 인간적인 발달을 최상으로 표현하는 존재이다.

이상주의는 인간의 정신과 절대 자아를 주장한 철학이다. 진·선·미로 대변되는 절대적 진리는 불변하고 질서정연한 우주 속에서 영원하다고 본다. 이상주의를 옹호하는 교수자는 영원한 진리가 담긴 철학이나 신학, 역사, 문학, 예술 작품 등으로 이루어진 '교과중심 교육과정'을 선호한다. 그 교육과정은 인간에게 잠재되어 있는 능력을 이끌어내서 계발하는 작업이고, 학습은 자신의 마음에 현재하고 있는 진리를 회상할 수 있도록 독려하는 탐구과정이라는 점에서 매우 시사적이다. 교육이 내용의 단순한 주입이나 암기식 방법이 아니라, 인간의 능력을 계발하고 추출하는 활동이라는 점에서 인성을 대단히 중시한다. 따라서 교수자는 도덕적·문화적으로 전형(典型)이 되어야 하며, 인간의 성장과 발전을 위해 모범적 가치체계를 지니고 있어야 한다. 이런 점에서 단순히 교과목을 가르치는 것이 아니라, 학습자를 가르치는 일종의 '발견자'로서 강조된다. 그러나 한편으로 생각해보면, 이상주의는 이론 자체가 지나치게 유토피아적이다. 교육목적도 너무나 추상적이고 이상적이며 불명확하다. 뿐만 아니라, 절대적 진리나 본질을 지나치게 추구하다 보니, 상대적으로 다른 세계와 문화 현상 등, 현실 세계를 긍정적으로 수용하려는 자세가 미흡하다. 따라서, 지식정보, 국제화, 다문화 사회의 구체적이고 현실적인 측면을 염두에 두고, 영원하고 보편적인 실재와 인간의 잠재 능력을 함양하는 방법적 모색을 절충할 필요가 있다.

2 실재주의

실재주의(實在主義: Realism)는 사물이 사람들의 지각과 별개로 존재한다고 인식한다.[37] 우주 세계는 사람과 관계없이, 사람과 독립적으로 존재한다는 말이다. 그것이 유명한 '독립성의 원리(principle of independence)'이다. 이상주의를 옹호하는 철학자들은 외계의 현실은 정신 또는 관념의 그림자나 환상에 불과하다고 주장했다. 그러나 실재주의를 옹호하는 철학자들은 그것이 실제 구체적으로 존재한다고 본다. 예컨대, 어떤 사람이 책을 보고 있다고 하자. 이때 보고 있는 책은 책을 사용하고 읽고 있는 사람의 의식과는 별도로, 책 그 자체로 존재한다. 사람들이 그 책을 읽건 읽지 않건, 그 책은 그 자체로 존재하고 있다. 사람이 보거나 말거나, 사람이 있거나 없거나, 산이나 나무, 시냇물은 자기 자신의 권리로 존재한다. 이처럼 실재주의는 사물의 질서나 체계가 객관적으로 존재하며, 인간은 그 실재로부터 지식을 얻을 수 있다고 주장한다. 때문에 인간은 그러한 지식과 질서에 부합하는 행동을 해야 한다.

실재주의의 형이상학에서는 기본적으로 인간이 인간의 마음과 독립적으로 존재하고 있는 객관적 질서나 법칙 속에 살고 있다는 데 기초한다. 사물은 시간과 공간에 존재한다. 인간은 이를 감각과 추상적 활동을 통하여 인식할 수 있는

---

[37] G. L. Gutek, *Philosophical and Ideological Perspectives on Education*(N.J.: Prentice-Hall, 1988), p. 33.

대상으로 생각한다. 실재주의의 기원으로 볼 수 있는 아리스토텔레스(Aristoteles)에 의하면, 사물은 '질료'와 '형상'이라는 두 차원으로 구성되어 있다. 예를 들면, 집은 특정한 구조로 배열된 벽돌과 목재로 이루어져 있고, 상(像)은 특정한 모양으로 조각되거나 성형된 대리석이나 청동으로 이루어져 있으며, 동물은 특정한 원리에 의해 융합된 살이나 뼈, 기타 혈액 등으로 이루어져 있다. 모든 실체는 이렇게 부분으로 이루어져 있다. 질료는 어떤 형태의 사물로 될 가능성과 잠재성으로, 일정한 구조와 구도에 의해 어떤 형태로 형성될 성질을 지니고 있는 것이다. 예컨대, 목수는 나무[질료]를 사용하여 자신의 구상[형상]에 따라서 나무를 다듬고 물건을 만든다. 이때 나무는 목수가 구상한 책상이나 의자, 건축물이 될 잠재성을 지니고 있다. 이렇게 실재를 질료와 형상의 이원론(Dualism)으로 구분하여 보는 것이 실재주의 형이상학의 특징이다. 그런데 질료와 형상은 실체를 구성하는 물리적인 요소가 아니다. 청동상을 분리된 두 조각인 청동과 모양으로 나눌 수는 없다. 때문에 질료와 형상은 실체의 논리적 부분이다. 그것은 통일적인 실제적 대상의 국면이다.[38]

실재주의를 옹호하는 철학자들은 인간이 자신의 감각과 이성으로 객관적 사물을 알 수 있다고 인식한다. 이들은 인간, 사회, 자연 현상에 보편적 구조가 있는 것과 같이, 사물에도 그러한 보편적 특징이 있다고 주장한다. 객관적 사물 탐구에 무게중심을 둔 실재주의 철학자들에게서, 앎은 사물에 대한 지식을 의미한다. 즉, 인식은 사람의 마음과 외적 세계와의 상호작용에 의해 이루어진다. 이러한 상호작용은 사람의 감각기관과 사물이 발산하는 에너지 사이에서 일어난다. 감각은 질료에 관계하는데, 그 질료는 시간과 공간의 변화에 따라 바뀐다. 그것은 상황적이고 의존적이다. 인간은 감각을 통해 감각경험과 감각자료(感覺資料: sense-data)를 얻으며, 마음은 그것을 체계적으로 정리하고 분류한다. 인간은 지적인 추상화 작용을 통하여, 객관적으로 존재하는 우연적인 자료를 필요한 조건으로 분류하고, 그로부터 기본적인 개념을 형성한다. 그 개념은 다른 사물이 지니고 있지 않은 성질들을 일정한 분류의 체계로 특성화한 것이다.

---

38 J. Barnes(문계석 옮김), *Aristotle*(『아리스토텔레스의 철학』)(서울: 서광사, 1989), 93~94쪽.

실재주의 철학자들의 앎, 또는 지식에는 이와 같은 감각적, 추상적 작용이 포함되어 있다. 이러한 과정은 질료와 형상으로 구성된 이원론적 우주관과 일치한다. 그러므로 실재주의 철학자의 인식론은 인간이 '실재를 관찰한다'는 뜻을 지니고 있다. 그래서 이 인식론은 '관객이론(spectator theory)'이라고 한다. 앞에서 말한 것처럼, 인간은 공통적으로 인식 과정에 감각과 추상화를 포함하고 있다. 때문에, 구경을 하면서 거친 자료들을 보다 정확하고 고차원적 방식으로 정리하고 분류하며 통합하는 과정을 거친다. 또한 실재주의의 인식론을 '대응이론(correspondence theory)'이라고도 한다. 그것은 인간의 생각과 지식이 실재한 사물들과 일치된 것이 진리가 되기 때문이다. 따라서 실재주의에서 진리는 실재와 합치되는 지식이다. 예를 들면 '비가 오고 있다'라고 말했다고 하자. 그렇다면 이것을 어떻게 증명할 수 있는가? 우리는 문 밖으로 나가 봄으로써 비가 오고 있다는 문장과 사실 사이의 대응관계를 검증할 수 있다.

실재주의에서는 지식을 통하여 사물의 가치를 추정할 수 있다고 생각한다. 행동의 가치는 사물의 객관성 정도와 사물들 간의 객관적 관계에 따라 달라진다. 정의적 이론에서 가치는 주관적 느낌에 따라 달라진다. 하지만, 실재주의에서 가치는 외적인 기준에 의해 평가된다. 그러기에 실재주의 철학자들은 실재의 구조에 따라 인간의 가치를 형성할 수 있다고 한다. 즉, 물리적, 자연적, 사회적, 인간적 실재의 구조를 알면, 실재적이고 실행 가능한 대안들을 구성할 수 있다고 생각한다. 실재주의의 궁극 목적은 아리스토텔레스에 의해 표명되었다. 그것은 사람들의 잠재력을 최대한 계발하여 행복을 달성하는 일이다. 우주 세계는 사람과 독립적으로 존재하며, 사람이 통제할 수 없는 법칙에 의해 지배된다. 인간은 이러한 세상을 살아가는 동안 이 법칙을 무시하거나 역행할 수 없다. 순응하고 적응해야 한다. 따라서 우주의 법칙을 알고 그 물질적, 문화적 구조와 작용에 대한 지식이 필요하다. 이는 교육을 통해 획득되고 실천된다. 때문에 교육을 담당한 학교나 교육기관의 임무는 학습자들에게 주변의 객관적 세계를 인식할 수 있도록 지식을 체계화한 교재의 핵심을 전달하는 데 있다.[39]

---

39 윤완, 『교육의 역사와 철학』(서울: 원미사, 2003), 472쪽.

이런 차원에서, 실재주의는 다음과 같은 교육 목적을 제시하였다. 첫째, 조직화 과정을 거친 체계적 지식을 연구하고 배워서 인간이 지니고 있는 가장 큰 힘인 이성을 계발한다. 둘째, 사람들이 합리적으로 선택을 할 수 있도록 고무·격려하고, 그들이 지닌 잠재성을 최대한 실현할 수 있도록 도우며, 합리적 위계질서 체계에 자신들의 위치와 역할을 통합할 수 있게 한다. 사회의 다양한 기관들이 각각의 역할을 수행하는 것처럼, 실재주의 옹호론자들은 학교도 독특한 기능을 지녀야 한다고 본다. 그 일차적 사명은 이성을 고양시키는 작업이다. 학교의 임무는 주로 지적인 일을 수행해야 한다. 때문에 여러 과목들에 대한 지식을 지니고 있어야 한다. 그리고 미성숙한 학습자가 지적 탐구를 할 수 있도록, 가르칠 수 있는 능력 있는 교수자가 필요하다. 다시 말하면, 학교는 학습자에게 지식의 체계와 탐구의 기술을 전달할 수 있는 특수한 기능을 지니고 있어야 한다. 실재주의는 실재의 객관적 질서를 중요하게 여긴다. 실재를 지닌 사물은 기본적으로 유사성에 기초하여 범주화하고 분류할 수 있다. 실재주의에 기초한 교육과정은 실재를 탐구하는 가장 효율적인 방법이 합리적인 근거가 되며, 그를 통하여 교과목을 체계적으로 조직한다. 이때 체계적으로 조직된 지식이 학습 교과이다. 그것은 실재를 구조화한 것으로, 역사적, 사회학적, 생물학적, 화학적, 심리학적, 지리학적 관점 등으로 구성되어 있다. 이런 교과목은 학습자의 준비성과 성숙도에 따라 적절하게 서열화한다.

실재주의 교육에서 교수자는 체계적으로 조직된 교과내용을 잘 알고 있어야 한다. 그는 한 교과목이 다른 교과목과 어떻게 연결되는지 알고 있는, 교육을 잘 받은 사람이다. 학습의 목적은 교수자가 학생에게 체계적으로 조직된 지식을 제공하는 일로 귀결된다. 교수자는 학습자들이 어떤 배경을 지녔는지 알 필요가 있다. 아울러 그들을 어떻게 동기 유발시킬 수 있는가에 대해서도 잘 알고 있어야 한다. 그들은 학습자들에게 교훈적이면서 학습자들을 즐겁게 해줄 수도 있어야 하며, 훌륭한 지식 공급자여야 한다. 실재주의 교육에서 학습자는 지식이나 기능을 배우는 사람이다. 학습자는 배울 준비가 되어 있어야 하며, 학습에 요구되는 노력을 기꺼이 수행할 수 있어야 한다. 학습자들은 다양한 분야에 관심과 흥미를 가지고 있으면서도 배워야 할 학습에 대하여 집중할 수 있어야 한다. 교과목에 대한 지식과 방법을 알고 있는 전문가인 교수자에게 인문학뿐만 아니라 사회과학, 자연과학에 대해서도 익숙하도록 교육받아야 한다. 학습자는 기본적으로 자기선택, 자기통합, 자기실현을 할 수 있는 권리를 가진 사람이다. 지식 영역에 대해서 폭을 넓혀가면서 성숙해가는 과정 속에서 그는 전문적인 교수자나 잘 교육된 교수자를 만날 권리를 가진다.

실재주의는 현대 교육에 다양한 기초를 제공했다. 교육의 목적 차원에서는 학습자가 지식을 발견하고 전달하고 사용할 수 있도록 하였다. 이때 지식은 인간의 합리성을 실현하는 기본적인 것으로, 삶의 여러 차원, 즉 개인적, 사회적, 경제적, 정치적, 윤리적, 미학적 차원의 삶을 안내해 준다. 즉, 학습자들에게 우주와 세계, 사회, 자아를 긍정적으로 이해하게 하고, 이를 교육 현장에 적극적으로 반영시켰다. 교육을 통해 자아를 실현하고, 현실 생활에 필요한 지식을 중요하게 여기며, 우주의 신비로운 법칙을 탐구하고 진리를 좇는 경건하고 엄정한 태도를 지닐 수 있게 하였다. 반면, 실재주의는 독립성의 원리가 지닌 한계 때문에, 여러 종류와 수준의 가치를 주체적으로 취사선택하고, 이것을 개성적으로 즐기면서 사는 인간을 길러내지 못할 소지가 있다. 교수자가 교육의 중심 역할을 담당하기 때문에, 교육 내용을 주입할 우려가 있다. 때로는 전통적 지식을 전달하는 보수적 교육이 되기 쉽다. 또한 교과목을 중심으로 이성이나 지성의 훈련을 목표로 하기 때문에, 학습자가 수동적이 되기 쉽고 개인의 특성과 능력을 소홀히 할 우려가 있다.

3 자연주의

자연주의(Naturalism)는 자연(自然, self-so)을 실체의 본질이라고 생각한다. 자연 그 자체는 인간 존재와 인간성을 포함한 모든 존재를 설명해주는 전체적 체제이다. 자연주의로 분류되는 철학이나 사상은 여러 부류가 있다. 고대 그리스의 자연철학자들, 예컨대, 탈레스, 아낙시메네스, 데모크리토스, 헤라클레이토스, 엠페도클레스 등은 실재한 것은 초자연적인 것이 아니라 물질이라고 주장했다.

이들의 주장은 자연주의에 대한 맹아, 혹은 기본 생각이었다.

자연주의를 옹호하는 철학자들에게서 '자연'과 '자연적'이라는 용어는 핵심 개념이다. 자연주의자들은 사회의 다양한 제도적 장치나 인공적인 것보다 '스스로 그러하다'라는 의미의 자연 그 자체가 깃들어 있는 자연스런 방법을 선호한다. 즉자적이고 원초적이며 자유스럽고 자발적인 단순한 것을 좋아한다. 자연주의자들이 고유하게 사용하고 있는 '자연'이라는 용어에는 '보편적인 것'으로서 '우주적 질서'라는 의미가 포함되어 있다. 자연주의 철학자들은 자연 상태에 있는 인류학적 인간에 보다 관심을 둔다. 원초적이고 원시적인 상태에 있는 인간의 삶은, 때묻지 않은 본능에 자극받는 순수한 동기에 의하여 이끌린다고 생각한다. 이러한 인간관은 신의 은총을 저버린 존재로 인간을 파악하는 기독교의 원죄설과 상반된다. 자연주의 철학자들에 의하면, 인간은 타락되지 않았으며 본래 착한 존재이다.

교육에서 자연주의란 용어는 18세기 말에서 19세기 초, 루소(J. J. Rousseau)와 페스탈로치(J. H. Pestalozzi)에 의해서 적극적으로 표현되었다. 특히, 교육의 차원에서 체계화시킨 대표적 인물은 루소이다. 루소 이후, 교육방법에서 루소의 아이디어를 활용한 페스탈로치, 다윈의 진화론을 지식 사회에 적용하여 고도의 도덕적 체제를 강조한 스펜서(H. Spencer), 아동 교육에서 자연주의 방법론에 기초한 몬테소리(M. Montessori) 등도 자연주의 교육을 대표하는 인물이다.[40] 엄밀히 말하면, 이들은 자연 자체를 옹호하기보다는 인위적인 초자연주의, 종교적 교화, 고전주의, 언어중심주의 등을 반대한다. 종교에서의 초자연주의나 고대 그리스 로마의 고전보다도 자연을 더 중요시 한다. 이들에게 자연은 진리와 인간 경험의 원천이다. 이들은 완벽하게 기능화하고 있는 우주적 장치, 즉 보편적 구조의 한 부분으로서 인간의 존재를 인식했던 계몽주의의 영향을 받았다. 계몽주의 철학자들은 과학적 방법으로 자연을 분석할 수 있고, 인간과 우주를 지배하고 있는 자연법칙을 찾아낼 수 있다고 생각했다. 나아가 자연법칙이 사회와 경제, 정치, 교육에 일사불란하게 적용될 수 있다고 믿었다. 자연이 하나의 메커니즘이라

---

40 B. Kamala and B. Baldev, 앞의 책, pp. 13~14.

제 11 장 서구의 전통 교육철학은 어떤 역할을 담당해 왔는가

면, 인간이 어떻게 그것을 기능화 할 수 있는지 발견할 수 있을 것이다. 그래서 교육은 사람들에게 인간의 본성을 따라 그의 지시대로 살아가도록 준비시키면 된다.

자연주의는 실재의 구성 요소를 인식하고 분석하는 방법으로 감각적 경험을 강조한다. 계몽주의의 영향을 받은 자연주의는 실재를 전체로 파악하기보다 개별체로서 인식한다. 실재에 대한 정확하고 과학적인 틀을 얻기 위하여, 탐구의 대상을 작은 요소로 축소시킨다. 페스탈로치는 감각적 지각으로 분명한 개념을 형성한다고 보고 '직관(直觀)'이란 용어를 찾았다. 페스탈로치의 '실물학습'은 감각적 경험을 활용한 대표적 방법이다. 실물학습은 수나 이름, 모양 등을 가르치는 일에 기초한다. 자연주의자들은 즉자적 경험, 구체적 사례, 직접적인 것에 초점을 두고 있다. 감각적 경험은 어린이를 둘러싸고 있는 구체적 대상에 대하여 직접 경험을 해야 한다. 어린이의 활동과 학습을 통하여 구체적인 사물을 다루고 이로부터 실험을 하게 되며 그러한 환경에 대하여 일반화 과정을 거친다.

또한 자연주의를 옹호하는 철학자는 인간이 환경과 상호작용하면서 가치를 만들어낸다고 생각한다. 본능이나 충동은 억압의 대상이 아니라 표출의 대상이다. 자존감이나 자아감은 다른 사람들에게 희생되거나 다른 사람의 입장에서 이루어지는 행동이 아니라 나의 자연스런 감각에서 비롯된 행동이다. 자연주의를 대표하는 사상가 루소가 말하는 선(善; 착함)은 사회적인 장치나 인위적인 것에 의하여 변질되지 않은 상태를 일컫는다. 루소는 원죄설에 이끌리는 기독교적인 가치관을 부정하고, 인간의 마음에 사악한 것이란 아무것도 없다고 본다. 사악한 것은 오직 부패한 사회에서 오는 것이다. 그러기에 루소는 사회를 악이라 하고 인위적인 것을 배격했으며, 자연에 돌아갈 것을 권유했다. 구속을 싫어했다는 점에서 방임주의로 오해되기 쉬우나 그의 자연주의는 훈련을 요청하는 자연주의이다. 그러므로 『에밀』에서는 다음과 같이 표현한다. "모든 것은 창조자의 수중에서 나올 때는 선한데 인간의 수중에서 모두 타락한다. 인간은 어떤 땅에서 나는 산물을 다른 땅에서 기르도록 강요하고, 어떤 나무의 과일을 다른 나무에게 맺으라고 강요한다. …… 내가 말하는 대상은 당신, 즉 갓 태어난 그 관목을 대로에서 비켜나게 하여 세상 사람들의 인습의 충격으로부터 보호해줄 줄 아는 애정

깊고 용의주도한 어머니, 바로 당신이다. 어린 식물을, 죽기 전에 물을 주고 돌보아라. 그 열매는 언젠가는 당신에게 큰 기쁨을 가져다주리라. 당신 아이의 영혼에 일찍이 울타리를 둘러라. 그 울타리는 다른 사람도 계획할 수 있지만, 울타리를 직접 쳐 줄 사람은 오로지 당신 밖에 없다. 식물은 재배를 통해 가꾸어지며, 인간은 교육을 통해 만들어진다."[41]

자연주의 철학자들은 아동 연구의 중요성을 강조한다. 특히 제각각의 단계에서 성장하고 발달하는 아동의 역동적인 본성을 강조한다. 어린이는 착하다. 그런데 교육이 도덕적인 사람을 길러내는 일이라면, 그것은 어린이의 충동과 성향에 따라야 한다. 어린이의 교육 내용과 방법은 어린이 스스로에게서 찾아야 한다. 자연적인 사람은 이론적이거나 추상적인 신학이나 철학, 법규 등과는 상호 교류하지 않고 직접적인 경험을 통하여 상호작용한다. 루소가 말한 이른바, '자연적 인간', '고상한 야인'은 단도직입적이며 솔직하고 겉치레가 없는 사람이다. 야만인이 아니라 사회 제도보다는 그 자신의 본성의 법칙에 의해서 지배되고 관리되어지는 인간이다. 반대로 '사회적 인간'은 원초적인 순수함을 잃은 사람이다. 타락한 교육과 사회화 과정을 거치면서 사회적 인간은 하나의 연기자로 조작되어지며 틀에 박힌 사람이 된다.

자연주의에서는 유아기에서 성인기까지 인생의 단계를 설정하고, 각 발달 단계에 나타나는 생활의 특징에 따라서 교육을 준비한다.[42] 신체적·심리적인 준비의 정도에 따라 교육이 달라진다. 자연주의 철학자는 사람을 각 발달 단계에 적절한 사회·경제적 역할을 준비시키지 않고, 개인의 준비성과 발달에 알맞은 적합한 교육을 부여한다. 따라서 교육은 특정한 직업을 지닌 인간, 예컨대, 대통령, 법관, 회사원, 노동자, 농부로 훈련시키는 것이 아니라, 각 인간의 발달 단계에 적합한 내용이어야 한다. 교육과정에서도 이러한 생각이 반영된다. 루소는 예술이나 과학의 가치를 논박한다. 그런 지식은 활력을 갖지 못한 것으로 자연과 동떨어진 고도의 언어적 지식이다. 그것은 그릇된 방식으로 인간을 교화하여 원초적이고 순수한 덕성으로부터 이탈하게 한다. 잘못 사용되어 인간의 본래적 가치

---

41 J. J. Rousseau(김중현 옮김), *Émile* (『에밀』)(서울: 한길사, 2003), 61~62쪽.
42 B. Kamala and B. Baldev, 앞의 책, pp. 16~17.

보다는 권세와 위엄을 얻기 위해서 악용되고 있다.

자연주의에서 진정한 교육은 인간의 욕구와 준비성에 기초한다. 그들은 교육 과정을 구성하는 주요 요소로서 어린이의 본성과 흥미, 욕구를 근본으로 삼는다. 이상주의나 실재주의 철학자들이 중요하게 여기는 위계적으로 잘 짜여진 교과를 거부한다. 어린이들은 그들이 배우기를 원하고 배울 수 있도록 준비된 것을 학습 한다. 인간의 경험에는 교과목을 숙달하는 것보다도 개인을 성장과 발달로 이끄 는 풍부하고 다채로운 활동들이 있다. 자연주의에서는 학습을 자발적 활동과 문 제 해결로 본다. 따라서 교사에게 중요한 것은 자연과 거의 완벽하게 조화를 이 룰 수 있는 능력이다. 자연적인 환경에서 교육의 역할을 음미하면서 자연을 해치 지 않고 자연적인 흐름을 잘 알아 조화를 이룰 수 있는 사람이다. 특히, 어린이 의 본성을 인식하고 성장과 발달의 수준을 잘 알아야 한다. 환경과 잘 어울려 교 류하면서 어린이의 성장을 돕고 격려하여 어린이가 지니고 있는 능력을 표현할 수 있도록 고무하며 자극할 수 있어야 한다. 또한 교사는 강요하지 않고 허용하 며 기다리며 서둘지 않아야 한다.

루소의 『에밀』에서 에밀은 배울 준비가 되어 있을 때에 학습을 했다. 그리고 교사는 발견 학습 방법에 잘 숙달되어야 한다. 그는 학생에게 지식을 주입하기보 다는 학생 스스로 지식을 발견하도록 해야 한다. 나아가 교사는 학생의 학습 과 정에서 거의 눈에 띄지 않는 안내자로서 역할을 해야 한다. 항상 존재하지만 그 는 결코 감독자가 아니다. 그의 통제는 미미하면서도 학생에게 학습 환경을 적합 하게 형성하여 학생의 성격과 인성을 형성하는 데 능숙하다.

자연주의는 이상주의가 주류였던 서양교육사상사에 반향을 불러일으킨 사조 이다. 19세기의 대안적 교육 개혁에 공헌을 하며 20세기 진보주의 교육에 큰 영 향을 끼쳤다. 자연주의가 교육에 미친 의의는 첫째, 어린이의 학습은 강의나 설 교 또는 책과 같은 언어주의에 의존하는 것보다는 어린이들에게 직접 관련되어 있는 환경 속에서 순수한 감각적 경험에 의해서 시작되어야 한다. 둘째, 어린이 다운 특성은 인간 발달 단계와 성장 단계의 요구에 적합한 것이어야 하며, 교육 과정과 학습은 어린이의 본능과 충동에 따라야 한다. 셋째, 어린이는 어른의 한 부분이 아니라 인간 발달의 누적적 단계를 거친 한 인간이다. 그들은 자신들에게

맞는 적절한 학습 실제를 가지며 자신에게 적합한 학습 준비성을 지니고 있다. 넷째, 학교는 분리 고립적인 것이 아니라 어린이의 환경을 연장한 전체적인 맥락에서 성립되어야 한다. 그럼에도 불구하고 자연주의는 인간 생활이 물질적이고 현세적이며 신체적이고 사회적 존재 이상의 그 무엇임을 밝히는 데 소홀히 하였다. 이는 가장 의미 있는 인생이 무엇인지를 정립하는데 기여하는 교육의 가치 지향성을 밝히는 데 적극적이지 못했다는 말이다. 인간이 살아가는 삶의 가치, 구체적인 이상과 목적의 추구 등, 교육을 통해 인위적으로 만들어가야 하는 문화적 생산을 간과하기 쉽다.

4 프래그머티즘

프래그머티즘(Pragmatism)은 이상주의나 실재주의와 달리 20세기 미국에서 시작된 생활철학이다.[43] 흔히 실용주의(實用主義)로 번역하기도 했다. 그 이전의 철학들은 진리가 선험적으로 존재한다는 선험주의와 진리가 인간 경험과 독립적으로 존재한다는 진리의 독립성에 의존했다. 그러나 프래그머티즘은 진리란 인간의 경험으로부터 나오는 '시험적인 것' 또는 '가설적인 것'이라고 주장한다. 프

---

[43] 프래그머티즘은 철학하는 한 방법으로, 1870년대 미국의 퍼어스(C. S. Peirce)에 의해 처음 이야기된 것처럼, '의미의 이론'으로 간주된다. 1898년 제임스(W. James)에 의해 일차적으로 '진리의 이론'으로 부활되어 널리 퍼졌다. 이후 20세기 전반에 듀이(J. Dewey)에 의해 도구주의(instrumentalism)로 완성된 미국의 사조이다. 프래그머티즘의 역사적 근원은 명확하지도 않고 일관성이 있는 것도 아니다. 퍼스와 제임스는 소크라테스, 아리스토텔레스, 스피노자, 로크, 버클리, 흄, 칸트, 밀은 물론 여러 과학자들까지도 프래그머티즘 형성에 기여했다고 본다. 이런 인식하에 제임스의 경우, 지나온 과거를 호의적으로 보면서, 프래그머티즘을 '어떤 오래된 사고방식에 새롭게 이름 붙인 것'으로 정돈했다. 듀이는 프란시스 베이컨을 '프래그머티즘 지식 개념의 제창자'로 생각한다. 어떤 역사적·철학적 근원을 고려하건, 프래그머티즘의 핵심은 '사고의 의미와 진리가 어느 정도 실질적인 유용성의 기준에 의하여 결정된다'고 주장하는 것이다. 유용성의 정도가 합리성에 관한 의미의 기준이 되고, 실질적인 결과의 규범에 속하는 것으로 인간의 사고와 지식을 이해하는 방식은 서양 전통 철학의 현명한 언표임에 분명하다. 프래그머티즘이 철학에 도입한 것으로 여겨진 방법은 신념(belief)와 관념(idea)의 의미와 언어의 사용을 결정하고 판단하는 절차이다. 이 방법이 탐구(inquiry)로 이어진다. 정해창 편역, 『현대영미철학 입문』(서울: 철학과현실사, 1993) 참고.

래그머티즘에서는 과학적인 방법으로 인간의 행동 결과를 검증하는 데 관심을 기울인다. 그것은 20세기 과학 기술의 시대와도 연관되고, 그로 인해 사람들이 물질적 이익이나 실질적 유용성에 많은 관심을 두는 것과도 관련된다.[44]

프래그머티즘은 과거의 형이상학적 사유를 거부한다. 이들에게 철학은 인간의 문제를 해결하기 위해 필요한 것이다. 하나의 생각은 행동한 이후의 결과로부터 판단되는 것이며, 진리란 문제를 풀기 위해 적용되는 하나의 가정이다. 때문에 확정적이 아니라 잠정적이다. 과학적 방법에서 다루는 논리는 실험적이다. 가치란 오로지 특정한 상황에서 제기되며, 특정한 윤리 도덕적 맥락에서만 유효하다. 프래그머티즘의 완성자인 듀이의 생각이 그것을 뒷받침한다. "현대 철학의 임무는 장애물을 찾아 헤치는 것이다. 즉, 앞길에 장애가 되는 정신의 여러 습성을 비판하는 것, 현대생활에 합치되는 여러 요구를 반성하는데 집중할 것, 생활의 전 국면에서 목적과 가치에 관한 우리의 신념에 대하여 과학의 제 결론이 어떤 결과를 가져올는지 생각하면서 과학의 여러 결론을 설명하는 것 등이다."[45]

여러 측면에서 프래그머티즘은 미국의 서부 개척자들의 경험을 반영한 것이다. 그들은 자연환경을 변경시켰고, 그것은 자신을 포함한 그들 사회를 변화시키는 결과를 낳았다. 그들은 자연환경을 그들의 목적에 맞게 이용할 수 있도록 개조하는 데 성공했다. 시간이 지날수록 개척의 가능성은 커졌고 그 대상의 폭도 확대되어 모든 사물에 적용하기에 이른다. 그런 경험은 모든 사물은 끊임없이 유동적이며 운동하고 변화한다는 사고를 낳았다. 프래그머티즘 이론을 완성시킨 듀이는 변화를 설명할 때 복잡하고 역동적인 의미를 강조한다. 단조롭고 단선적인 변화보다는 변전(變轉)하며 변화무쌍하게 달라져 가는 현상을 부각한다.

궁극적 실체의 개념을 반대하는 듀이에 따르면, 인간은 초경험적이기보다는 인간이 설정한 목적에 따라 제기되는 사건과 문제를 다룬다. 동시에 인간이 통제하는 경험 세계의 변화와 진보하는 우주를 강조한다. 그는 사람들의 경험을 회피하지 않는다. 오히려 중요하게 여긴다. 그러기에 철학은 인간이 환경조건을 개선하고 재구성하는 데 경험을 유용하게 활용해야 하는 것으로 생각한다. 경험을 재

---

[44] J. A. Akinpelu, *Philosophy of Education*, London: Macmillan Publishers, 1985), p. 141.
[45] J. Dewey(김준섭 역), *The Quest for Certainty*(『확실성의 탐구』)(서울: 백록, 1992), 300쪽.

구성할 때, 이론과 실제는 혼합되어 활용된다. 경험에서 유추된 이론은 행동을 통하여 검증된다. 불변한 것과 변하는 것을 구별하는 이원론을 반대하고, 개인과 집단이 문제의 상황에서 성공적으로 결말을 얻어내기 위해 지속된 노력들이 경험이 된다는 점을 내세우고 있다. 이러한 결과, 이론은 실제에서 나오며 또 실제에서 검증된다. 마음은 선험적 범주라기보다는 지적으로 문제를 해결하는 사회적 과정이다. 교육은 사회적·직업적 문제를 포함한 모든 문제를 다루기 위한 방법을 제공함으로써 인간을 보다 자유스럽게 하는 일이다.

듀이 철학의 중심 주제는 '존재는 불확실하다'는 점이다. 존재하는 것은 변화하는 세계에 있다는 것을 의미한다. 인간이 행하고 있는 탐구활동은 확실성에 대한 탐구라기보다는 불완전한 세계에서 이루어지는 변화 과정 그 자체를 관리하고 지시하는 방법과 수단에 대한 것이다. 다윈의 진화론에 영향을 받은 듀이는 인간 유기체는 살아있는 자연적 창조물이며, 생명을 유지하기 위한 충동과 동기를 소유하고 있는 조직체이다. 모든 조직체는 그의 삶을 고양시키기도 하고, 또 위협받기도 하는 서식지나 환경 속에서 살아간다. 개별체로서 그리고 인간 유기체로서 사람들은 불확정적 특성을 지닌 '문제 상황' 속에서 살고 있다. 그가 직면하게 되는 불확실한 상황은 확정적이 될 때까지는 늘 장애요소가 된다. 성공적인 사람은 문제를 잘 해결할 수 있고, 그들의 경험에 이를 새로운 요소로 간직한다. 그 결과 유기체와 환경과의 상호작용이라는 망을 형성하고 그는 경험을 얻게 된다.

궁극적 실체나 절대적 진리를 거부하는 듀이는 진리란 상황적 적합성 또는 적절성에 의하여 증명된다고 본다. 그 적합성은 그 시대 대다수의 사람에게 최대로 옳다고 생각되는 것으로, '진리'이다. 그러므로 '실용성'이란 개념보다도 '적합성', '적절성'이라는 단어가 프래그머티즘을 잘 설명한다. 이처럼 듀이는 형이상학적 문제보다는 인식의 문제에 더욱 관심을 기울였다. 듀이에게서 '앎-지식'이란 실험적인 것이며 상식적 형식에서 과학적 방법으로 이루어진 탐구의 대상이었다. 듀이는 사회적 제도에 의해 조건화되어 역동적으로 사회적 변화를 초래할 수 있는, 역동적인 사회적 지식의 관념을 지니고 있었다. 지식은 사람들의 상식적인 관심을 다루고, 서로의 경험을 공유하면서 만들어지는 것이다. 문제를 해결할 수 있고 분석할 수 있는 능력인 지성은 문제 상황에 부딪쳐서 문제를 해결하는 과정을 통하여 끊임없이 얻어지는 경험에서 비롯된다. 지성이란 문제해결이라는 맥락에서 가설에 따라 방법을 만들고 또 그것을 적용하여 실행하는 과정 속에서 얻어진다. 그러므로 인간은 자신의 지성을 활용하여 도구와 방법들을 창안해내고 또 제작한다. 이는 자연발생적인 제 문제를 잘 처리하는 방법으로 사용될 때에 일어나는 지식이다.

문제 상황에 직면한 개인은 5단계의 사고 과정을 거쳐 문제해결의 방법을 제시한다. 그것이 유명한 '반성적 사고(reflective thinking)'이다. 반성적 사고의 과정은 '문제의 상황 → 문제의 인식 → 문제의 명료화 → 잠정적인 가설의 설정 → 가설의 검증'이라는 실험적 인식론으로, 문제해결의 도구적 방법으로 활용한다. 이러한 과정을 거쳐 목적과 방법은 단일화 과정을 거친다. 하나의 목적이 달성되면 그것은 다음의 목적을 위한 수단이 된다. 이는 실험적 과제를 전제하고 있다. 반성적 사고의 논리적 단계[46]를 다시 정돈하면, 첫째는 문제의 상황[문제확인, suggest]이고, 둘째는 문제의 인식[방향모색, intellectualization]이며, 셋째는 문제의 명료화[정보수집과 관찰, the guiding idea]이고, 넷째는 잠정적 가설의 설정[가설설정, reasoning]이며, 다섯째는 가설의 검증[가설검증, testing the hypothesis by action]이다.

또한 중요한 것이 민주주의의 개념이다. 민주주의는 도덕적·방법적으로 필수적인 제도이다. 도덕은 성장능력으로서의 행위의 조절과 실행의 능력이다. 듀이에 의하면, 정직이나 근면, 절제, 정의는 건강이나 부, 학습과 마찬가지로 획득되어야 할 고정된 여러 목표일 수 있다. 그러나 반드시 그럴 것이라고 여겨지며

---

46 듀이의 논리 이론은 '상황'과 '탐구'를 중심 개념으로 한다. 이때 '상황'은 낱말이 지시하는 것은 단일한 대상이 아니며 또한 대상들과 사건들의 집합도 아니다. 왜냐하면 우리는 대상들과 사건들을 그것만 따로 떼어 경험할 수 없고, 전체와의 연관 속에서만 경험하기 때문이다. 실제적 경험에서 어떠한 독립된 단일 대상이나 사건은 없다. 단일 대상이나 사건은 항상 상황이라는 경험 세계 전체의 특수한 부분, 한 단위 혹은 한 국면이다. 반면, '탐구'는 원천적 상황의 요소들을 통일된 전체로 바꿀만큼 비확정적 상황을 그 구성적 특성과의 관계에서 확정적 상황으로 통제 변형시키는 작업이다. 이 때 탐구의 단계가 다섯 단계이다. 첫 단계는 상황이 문제라는 것을 인식하는 것이고, 두 번째, 세번째 단계는 가설의 공식화 또는 문제에 대한 가능하고 적합한 해결책으로 구성된다. 이때 가설과 관찰이 개입한다. 네 번째 단계는 의미들의 심사라고 불리는 추리이다. 다섯 번째 마지막 단계는 추리가 인도하는 의미의 실험과 심사로 결론난다. 여기에서 탐구는 결론을 내리거나 온 길을 되돌아가거나 다시 시작한다. 정해창, 앞의 책, 108~111쪽 참고.

소유되어야 할 선(善)은 아니다. 그것들은 경험과 같은 성질을 지닌 변화의 여러 방향이다. 그러므로 성장 그 자체가 유일한 도덕적 목표이다. 그것은 민주주의의 원리로 귀결되어야 한다. 그러기에 민주주의는 하나의 도덕적 기준이다.

듀이는 어린이를 성인의 축소판이나 미완성된 성인으로 인식하지 않는다. 동시에 인간 본성의 취약함이나 결점 때문에 어린이가 타락될 수 있다는 생각도 거부한다. 대신 어린이가 인생의 전반을 통하여 한 인간으로서 제대로 성장해 갈 수 있도록 환경을 관리하고 통제할 수 있는 사회적이며 지성적인 방법 획득을 중시했다. 듀이의 철학에 기초한 교육론을 제시하면 다음과 같다.

첫째, 교육은 현상유지와 재구성의 기능이 있다. 교육은 미성숙한 집단인 어린이에게 문화유산을 전달함으로써 문화적인 연속성을 유지한다는 측면에서는 그 사회의 현상을 유지하는 측면이 있다. 문화유산의 전달 과정으로서 교육은 문화유형을 재생산하면서 그 자체를 영속화 한다. 그러나 어린이는 문화적 도구와 방법을 획득하고 활용함으로써 현상유지만이 아니라 고유한 문화를 변화시킬 수 있다. 과학적인 방법을 사용함으로써 인간은 변화의 과정과 변화의 방향을 지시하고 관리할 수 있는 능력을 소유하게 된다.

둘째, 학교는 경험을 공유한다. 듀이에 의하면 학교는 문화유산을 단순화하고 정화하며 균형을 유지하는 세 가지 기능을 수행한다. 단순화는 복잡한 문화를 학습자의 성숙도나 준비 정도에 맞게 하여, 적합한 학습단위를 선정하는 일이다. 문화유산을 정화하는 것은 학교가 인간의 성숙을 해치는 요소를 문화유산으로부터 제거하여 인간의 성장을 고무 격려하는 문화적 요소를 선택하여 전달하는 일이다. 문화유산의 균형을 유지하는 것은 선택한 문화유산을 통합하여 인간 경험의 핵심에 놓이도록 조화롭게 구성하는 일이다. 다양한 집단으로부터 온 학생들은 학교에서 서로가 공유한 활동을 권장하고 협동적인 민주적 사회를 준비하는 과정을 겪는다.

셋째, 교육은 민주적 태도를 형성한다. 듀이가 생각하는 민주사회는 구성원들 간에 다양한 이해와 관심을 함께 나누는 사회이다. 그런 사회는 이해나 관심을 늘 상호교류하며 실험에 대해서 개방적이며 솔선하는 경향을 지니고 있다. 듀이는 인간의 협동과 관련하여 상식, 의견교류, 공동사회의 세 가지를 중시했다.

상식은 집단적 경험에서 제기되는 대표적인 가치, 아이디어, 도구나 방법, 주제들이다. 의견교류는 공용의 언어로 상징적인 형태로 그들의 경험을 표현하는 일이다. 공동사회는 공유한 의견교류의 수단으로 공동의 경험과 문제를 함께 토의하여 결과를 얻어내려고 하는 인간적인 유대를 가진 관계를 말한다.

넷째, 자유와 문제 중심의 학습을 한다. 학습자의 자유는 자유방임으로 행하는 학습활동이라기보다는 신념과 가치에 대한 실험적 검증과 탐구를 위해 개방적인 학급환경과 학습태도를 확보하는 일과 관계된다. 듀이의 집단적 문제 해결 방법은 자기 단련적인 인간을 형성하기 위한 프로그램으로 과제 중심이나 문제 중심의 학습은 문제를 풀기 위하여 필요한 직접적인 활동으로부터 시작한다. 그러므로 학습 상황은 학생이 필요로 하는 활동으로부터 시작한다. 이때 교사는 학습 상황을 통제하기보다는 학습상황을 안내하는 지략적인 사람이다. 주로 충고나 도움을 필요로 하는 학습자의 안내자 역을 맡는다. 지시는 특별한 문제를 풀기 위해 꼭 필요할 때만 있게 된다. 교육 목적은 교사보다도 학습자의 것이다. 교사가 학습 상황을 통제하는 방식은 비지시적이다. 이러한 방식으로 학습자는 스스로 보다 더 정확한 사람이 되어 가고, 그것이 학습자의 성장이다.

다섯째, 교육의 목적은 성장이다. 듀이는 전통적인 학교교육에서 이루어졌던 주입식 교육으로 어린이의 미래를 준비시키는 작업을 거부한다. 학생들은 현재의 문제에 대한 관심과 요구에 따라서 행동하면서 미래에 대한 적응력을 키운다. 일상적인 경험을 적극적으로 활용하면서 현재와 미래의 상황에 유연하게 대처하는 적응력을 발휘할 수 있는 지성적 방법을 내면화해 간다. 지성적 방법을 통하여 어린이는 성장해간다. 성장에는 개인이 상호관계를 맺고 있는 여러 경험들 간의 의미 있는 맥락, 또는 여러 학습 장면들 간의 상호 관계성을 이해하는 능력을 획득하는 것을 포함한다.

여섯째, 교육의 과정은 경험의 재구성이다. 듀이에게서 좋은 교육이란 미래의 경험을 지시해주고, 그에 대한 의미를 부가해주는 경험을 재형성하는 것이다. 교육의 목적으로 성장의 개념은 미래의 행동에 대한 지성적이고 반성적인 방향을 제시하는 일과 관계된다. 넓은 의미로 듀이가 말한 성장의 개념에는 학습자가 현재의 경험과 다음에 뒤따르게 되는 경험과의 상호관련성을 인식하는 일이 포함된다. 반성적 사고를 통하여 행동과 경험과의 상호관계성을 통찰하게 되며, 그 결과가 지적 상징화 과정을 거치면서 그에 대한 의미를 새롭게 부여하게 된다. 이러한 교육과정에 세 가지 수준이 있다. 첫 번째 수준인 '만들어 실행해 보기'는 학생이 그들의 직접적인 경험으로 구성해보고 직접 활동에 참여하여 재료들을 구하여 조작해 본다. 이러한 직접 체험을 하면서, 학생들은 경험의 여러 가지 기능적 측면을 접하게 되고, 지적인 사고를 하게 된다. 두 번째 수준으로 역사와 지리는 시간적·공간적 경험을 확대하여 준다. 이는 자기가 살고 있는 집과 학교로부터 크게는 세계로 시야를 확산시키는 교육적 자원이 된다. 그러나 체계화된 지식을 가르치기보다는 학생의 직접적인 환경에서 시작하여 점점 더 넓혀가면서 학생 스스로가 시간과 공간에 대한 안목을 갖도록 한다. 세 번째 수준은 여러 과학 과목을 통합하여 다루는 단계인데, 다양한 신념이나 주장을 검증하는 내용을 다룬다. 학생들은 이를 통하여 과학적인 정보를 얻고 자신들의 문제를 과학적으로 풀어가는 방법을 탐구한다, 여러 과학으로부터 얻은 지식을 활용하는 문제 상황을 분석하고 또 해결을 위한 다양한 가설을 만들어 보기도 한다.

프래그머티즘은 전통적인 철학과 교육관에 대한 반항이자 도전이다. 기존 철학의 절대적 진리관을 실험적인 탐구로 대치하였다. 넓은 의미에서 과학적인 방법이 지식 탐구의 방법이 되었고 사회적 지식 또한 과학적인 방법으로 탐구할 것을 강조하고 있다. 듀이는 학교의 사회적 역할을 강조했는데, 학교는 협동체인 공동사회를 형성시키는 중요한 기구이다. 듀이의 교육적 사고는 교육과 학교교육을 재검토하게 하는 여러 이론을 제기하고 있다. 그 주요 개념은 성장, 경험의 재구성, 직접적 활동, 문제해결, 반성적 사고 등이다. 이런 프래그머티즘의 사고와 실천은 미국 진보주의 교육운동의 선구가 되었고, 현대 교육 사조와 운동의 방향에 결정적 영향을 끼쳤다. 그럼에도 불구하고 어린이의 흥미나 현재적 관심을 중시하다 보니, 가장 기본적인 가치나 지식을 철저하게 가르치지 못한 한계가 있다. 즉, 가치나 지식 중에서 이상주의나 실재주의 철학자들의 주장과 같이 영원불변하거나 보편적인 내용도 있는데, 그것을 소홀히 하였다. 또한 사회는 그 자체의 모순으로 말미암아 급격하게 퇴보·전락할 수 있는데, 점진적 발전상만을 강조하여, 급격하게 변하는 사회 상황을 해명하기 어려운 난점도 있다.

CHAPTER *12*

20세기 **교육철학**의 새 경향은
제 역할을 수행했는가

1 분석철학

분석철학은 철학의 고유 기능을 언어와 그 언어에 의해 표현되는 개념의 분석을 통해 사물을 이해하는 데 둔다. 여기에는 여러 학파가 있지만, 그들의 공통적인 방법은 언어의 구조가 실재의 구조를 반영하는 것으로 보고, 이 언어의 명료화에 두고 있다. 이러한 태도 내지 방법을 취하는 학자들을 통틀어 '언어분석학파'라 하며, 그 학설을 총칭해서 '분석철학'이라고 한다.[47] 따라서 분석철학은 특정인이나 소수 철학자들의 이름에 결부된 철학이 아니라, 유럽 각지와 북아메리카 등지에서 싹트기 시작하여 구미 철학계를 풍미했던 철학적 방법 또는 경향

---

[47] 대표적인 분석철학자의 한 사람인 비트겐슈타인에 의하면, 모든 철학은 언어비판이라고 생각하며 언어비판으로서의 철학방법이 가장 올바른 방법이라고 본다. 다시 말하면, "말할 수 있는 것, 즉 자연 과학의 명제들−따라서 철학과는 어떤 관련도 없는 것−이외에는 말하지 않는 것, 그리하여 어떤 사람이 형이상학적인 어떤 것을 말하려고 원할 때마다, 그가 그의 명제들에 어떤 기호들에 의미를 부여하지 않았다는 것을 그에게 지적해 주는 것이다." L. Wittgenstein, *Tractatus Logico−Philosophicus* (『논리철학논고』), 6.53.; 이건표, 『비트겐슈타인의 철학과 마음』(서울: 자유사상사, 1992), 114~116쪽 참고.

에 편의상 붙인 이름이다.

분석철학에 속하는 학파에는 일상 언어학파, 의미론적 분석학자, 프랑스·스위스·이탈리아의 과학론 그룹, 케임브리지 분석학파, 비엔나 학파, 경험철학협회, 북구 분석학파, 실용주의, 조작주의 등이 있으며, 각기 그 경향을 달리하고 있다. 그러나 이들은 공통적으로 철학을 과학화해야 한다는 데 동의하고 있다. 대신 방법이나 철학의 주제 선택에 관한 입장은 다르다. 분석철학의 일반적 경향 및 특징은 크게 두 가지로 나누어진다. 하나는 철학을 과학화하기 위해서는 결함이 많은 표현매체인 '자연언어'를 순화해야 하며, 기호논리학을 응용해서 엄밀한 '인공언어'를 보조수단으로서 설정하려는 태도이고, 다른 하나는 자연언어를 주의 깊게 사용하는 방법을 명확히 함으로써 여러 철학적 문제에 공헌할 수 있다고 믿는 태도이다. 전자의 경향은 논리실증주의이고, 후자는 일상언어 철학이다.

논리실증주의는 러셀이 언급한 분석적 경험론과 밀접한 관련이 있다. 또한 비엔나학파에 큰 영향을 미친 비트겐슈타인에게서 찾아 볼 수 있다. 그러나 후기의 비트겐슈타인은 논리실증주의의 입장을 포기하고 일상언어 철학으로 그 경향을 달리하였다. 논리실증주의는 철학의 주요 임무가 웅장한 이론체계를 구성하는 데 있는 것이 아니라 문제의 논리적 분석에 있다는 것을 강조한다. 따라서 논리 실증주의자들은 형이상학적 명제가 진위를 결정할 수 없는 무의미한 명제로서 거짓명제라고 한다. 왜냐하면 형이상학적 명제는 분석적인 것도 경험적인 것도 아니기 때문이다. 즉, 분석적인 것으로서 수학적이고 논리적이라면 논리적으로 그 진위여부를 해명할 수 있겠고, 경험적인 것이라면 실험과 관찰 및 검증에 의하여 또한 그 진위를 가려낼 수 있겠으나, 양면 실험과 관찰 가능한 것을 표현하고 있는 경우이다. 둘째는 논리적 명제가 그것이다. 즉, 논리학이나 수학에 의해서 그 진위가 결정되는 명제이다. 논리실증주의자들은 이상의 두 가지 종류 이외의 명제에 관해서는 그 진위를 결정하는 객관적인 수단이 없다고 주장한다. 그리하여 이 주장은 다음과 같은 테제로 표현된다. "인식적으로 유의미한 명제는 분석명제와 종합명제에 국한된다. 즉, 검증이 가능한 조건을 지닌 명제는 오로지 경험적(종합적) 명제와 논리적(분석적)명제 뿐이다." 분석명제란 그 타당성이 그 명제가 내포한 기호의 정의에 의존하는 것이며, 종합명제란 그 타당성이 경험적 사실에 의해서 결정되는 명제이다.

논리실증주의에 의한 언어분석의 이론적 특징은 인공적 이상언어의 번역과 감각여건의 환원적 분석이라는 환원적 성격에 있었다. 그러나 그것이 전개되어 감에 따라 여러 가지 난점에 봉착하게 되었다. 예컨대, 논리실증주의자들은 '국가'라는 말은 '국민'으로 구성되었다고 생각한다. 그런데 "영국은 1939년에 선전포고를 하였다"라는 명제를 환원적 분석을 통해서 "각 영국인은 1939년에 선전포고를 하였다"라고 한다면 그 의미는 달라진다. 이처럼 일상언어의 세계에서 '국가'에 관한 명제를 '국민'에 관한 명제로 분석 내지 환원하는 것은 부당하다. 이러한 점에 착안해서 논리실증주의자들과는 다른 분석적 철학활동이 영국의 학자들에 의해서 전개되었다. 그들은 일상언어를 중시하였기 때문에 일상언어학파라고 불리며, 그 활동의 중심 역할을 했던 학자들 가운데 옥스퍼드 출신이 많기 때문에 옥스퍼드학파라고도 불린다.

이 새로운 분석활동은 일찍이 무어나 후기의 비트겐슈타인의 주장에서도 볼 수 있으며, 1930년대 후반기에는 이미 여러 학자들이 이 분야의 연구활동을 하였다. 일상언어학파의 슬로건은 다음과 같다. "현재 사용되고 있는 문장을 떠나서는 의미를 파악할 수 없다", "모든 문장은 각각의 경우에 따라 그 논리를 갖는다" 그러므로 일상언어학파 철학자들은 검증 불가능한 언명이라 할지라도, 그것을 인식적 의미가 없다고 단언하지 않고, 언어로서 어떤 다른 목적으로 사용되고 있기 때문에 충분히 유의미하다고 생각한다.

피터스와 그의 동료들은 "교육철학의 역할은 새로운 교육의 주의(-ism)나 이념을 발전시키는 것이 아니라, 우리가 현재 사용하고 있는 개념들의 의미를 더 잘 이해할 수 있도록 도와주는 것"이라고 보았다. 또한 오코너는 교육철학의 여러 이슈들을 다룰 수 있는 새로운 접근방식 중 하나로 분석철학을 들면서, 그것은 지식, 교육, 학교 등과 관련된 용어를 검토하고 그 의미를 명료화하는 방법이라고 하였다. 분석철학자들은 많은 교육문제들이 본질적으로 언어의 문제라고 주장한다. 우리가 사용하는 교육적 진술들을 구체적으로 살펴보면, 무의미한 것 (nonsense)들이 많다. 무어에 의하면, 철학의 주요 목적은 'A는 필연적이다'라는 형태의 모든 명제들이 참인지 거짓인지를 알고자 함도 아니고, 그것들이 옳게 표현되었는지도 아니다. 단지 그것들의 의미가 무엇인지 발견하는 것이라고 했다.[48] 즉, 의미가 모호한 불명료한 진술이나 슬로건 등은 교육을 더욱 혼란스럽게 한다. 따라서 우리가 모호한 언어의 문제를 해결한다면, 교육의 문제들을 분명하게 해결할 수 있을 것이다. 이렇게 보면 분석철학자들의 기능은 언어, 개념, 목적 등을 명료하게 진술하는 일이다. 즉, 언어의 명료성과 유의미성을 점검해주는 교정원의 기능을 수행한다.

하지만 분석철학자들은 학생과 교사가 해야 할 일 또는 하지 말아야 할 일에 관한 규범적 진술과 그러한 활동에 관한 가치의 진술을 회피한다. 예컨대, 어떤 학교에서 학생들에게 특정한 책을 읽도록 하였을 때, 분석철학자들은 학생들이 그 책을 읽어야 하는지 아니면 다른 책을 읽어야 하는지에는 관심을 두지 않고, 단지 그러한 활동과 관련된 주장을 점검한다. 그들은 학생들이 읽고, 생각하고, 학습해야 한다는 것을 말하는 대신, '읽다', '생각하다', '학습하다'라는 것이 무엇을 의미하는지 검토한다. 어떤 규정을 내리거나 가치 판단은 하지 않는다. 왜냐하면 그들의 기능은 분석을 통한 언어의 명료화에 있기 때문이다. 이처럼 분석철학자들은 교육자가 사용하는 언어의 명료화, 각종 개념도구들, 그것을 사용하는 과정, 그리고 명시된 목적에 관심을 둔다.

분석철학자들이 '교육'이나 '교수', '훈련' 등 주요 개념을 명료화하는 방법을 예시하면 다음과 같다. 피터스는 '교육'이 갖추어야 할 기준을 이렇게 밝혔다.[49] 교육의 목적 측면에서 볼 때, "교육은 가치 있는 일을 전달함으로써 그것에 헌신하는 사람을 만든다는 뜻을 지니고 있다." 교육의 내용 면에서 "교육은 지식과 이해, 그리고 모종의 지적 안목을 길러주는 일이며, 이런 것들은 무기력한 것이어서는 안 된다." 교육의 방법 면에서 "교육은 교육받은 사람의 의식과 자발성을 전제로 한다는 점에서, 몇 가지 전달과정은 교육의 과정으로 용납될 수 없다." 아킨펠루는 '교수'의 기준으로 의식적이고 신중하게 교수행위를 하는 사람이 있어야 하고, 가르침을 받고 있는 어떤 사람이 있어야 하며, 가르쳐지는 어떤 내용

---

48 정해창 앞의 책, 158~159쪽.
49 R. S. Peters(이홍우 역), *Ethis and Education*(『윤리학과 교육』)(서울: 교육과학사, 1981), 42쪽.

이 있어야 하며, 교사는 학생들의 학습이 이루어진다는 것을 최소한 의도해야 하며, 도덕적으로나 교육적으로 건전하고 수용할만한 방법이나 절차를 포함해야 한다고 주장한다. 그리고 이 기준을 충족시키지 못한 것은 교수가 아니라고 하였다.[50] 또한 피터스와 허스트는 '교수' 활동의 세 가지 필요조건으로, "학습을 유도하기 위한 의도를 지니고 이루어져야 하고, 학생들이 배워야 할 내용을 제시하여야 하며, 학습자의 능력과 지적 수준에 적합하게 제시되어야 한다"라고 주장하였다.[51] '훈련'의 경우, 교육의 목표인 완전한 인격 발달보다는 아동의 제한된 능력과 기술의 성공적인 수행을 목표로 하고 있기 때문에 '교육' 또는 '교수'의 개념과 다르다. 교육은 본질적으로 인간적인 과정이지만, 훈련은 동물 수준에서 일어날 수 있다. 어느 정도의 훈련 상황이 교육에 포함되기도 한다. 그러나 훈련은 원리의 활용 없이는 생각할 수 없어, 자동적이고 반사적으로 익히는 작업이다.

분석철학은 교육 용어를 명료화함으로써 교육철학을 풍요롭게 하고, 교육학의 과학화에 기여하였다. 뿐만 아니라 교육학에 새로운 학문방법론을 제공하였다고 판단된다. 아울러 교사들에게 사고와 언어의 중요성을 각성시켰다. 그러나 분석철학은 사실적 지식과 규범적 지식을 적극적으로 수용하지 못하였기에, 바람직한 세계관이나 윤리관의 확립에 별 도움을 주지 못했다. 적극적인 발견과 주장을 회피하고 명제의 진위여부만을 강조하여 형식논리적으로 교육을 구명하려 들었다. 때문에 비생산적인 교육철학이라는 비판을 받는다.

2 비판이론

비판이론은 인간의 자아인식과 자유로운 발전을 저해하는 모든 형식의 사회적 절차와 요인들을 올바르게 이해하려는 지적 노력이었다.[52] 이들이 관심을 집중시킨 영역은 틀에 박힌 공산권의 마르크스주의자들이 내세우는 이른바 '토대

---

[50] J. A. Akinpelu, *Philosophy of Education*(London: MacMillan Publishers, 1985), p. 170.
[51] P. H. Hirst & R. S. Peters, *The Logic of Education*(N.Y: Humanities Press, 1970), p. 81.
[52] 김정환, 『현대의 비판적 교육이론』(서울: 박영사, 1993), 30~34쪽.

(土臺; 경제)' 결정론에 사로잡히지 않고, 인간의 마음, 특히 권위주의적 사회 심리, 이데올로기 등 정신 영역이었다. 다시 말하면 경제에 의한 역사의 직선적 결정론의 미신을 일축하고 경제에 대한 정치의 우위가 20세기 국가의 특징임을 천명하였다. 즉, 모든 것이 정치권력에 의해 결정되고 근대적 관료제의 기본 장치인 '기술'의 체계적 적용으로 거의 숨 막힐 정도의 인간 관리 체계가 형성되었다는 것이 이 학파의 공통 견해였다.

특히 호르크하이머는 도구적 이성[53]을 비판하면서, 비판이론을 주장하던 학파의 주요 연구 과제로 세 가지를 제시하였다. 첫째, 사회철학의 정립이다. 인간은 결코 개개인의 집합체가 아니고, 사회의 구성요소이기 때문에 인간의 운명을 해석하는 것은 사회철학이어야 한다. 둘째, 정통 마르크스주의를 거부하고 그 이론을 수정하여 사회개혁 프로그램을 완수해나가려는 사조이다. 따라서 마르크스주의의 현대적 부활이라고 볼 수 있다. 셋째, 사회에서 발생하는 여러 현상의 총체적 이해이다. 이는 후기 자본주의 혹은 후기 산업사회를 개혁하는 사회·경제·문화·의식 등의 상관관계를 해명하는 사회이론의 연구이다.

이들은 경험론적 조사방법론이나 경험분석적 방법론 등 실증적 방법에 강한 회의를 보인다. 왜냐하면 이런 방법은 전체라는 구조 안에 자리하고 있는 사회의 여러 현상을 단면만 보기에, 대상의 구조성을 놓치기 쉽기 때문이다. 또한 방법을 위하여 문제를 선정하는 오류에 빠지기 쉬우며, 선택된 문제의 사회적 의미의 중요성이나 그 문제를 야기 시킨 사회적 배경에 대해 별 관심을 보이지 않고 그 문제를 다루는 방법의 과학성을 중시하는 폐단이 있기 때문이다. 따라서 비판이론에서는 과학을 표방하는 실증주의적 방법을 물리치고 역사성, 변증법적 발전성, 그리고 총체성을 중시하는 학문방법을 선택한다.

---

[53] 호르크하이머의 계몽주의적 비판이론은 이성의 개념을 부활시킨다. 이성은 역사에 대한 인간의 자율성, 개인 상호간의 인정, 역사적인 억압으로부터 해방하려는 의향을 의미한다. 이러한 이성의 개념은 자본주의 사회를 지배하고 있는 도구적인 목적·수단의 합리성과 그 합리성에 종속되어 있는 이론과 실천과의 그릇된 관계를 비판한다. 즉, 그의 자본주의 비판은 도구적 이성의 비판으로 집약된다. 이성의 도구화는 전체화로 치닫고 있는 지배관계의 관점에서 볼 때, 그 기능이 마비되어가면서 이성은 합리적 교환 원리로 완전히 대치된다는 주장이다. 이런 도구적 이성 비판은 정치경제학의 비판을 넘어 기계문명의 비판 영역으로 사상이 확대된 것이다.

'역사성'은 모든 사회적 현상을 역사의 산물로 보는 방법이다. 그러므로 이들은 역사적 이해를 본질적으로 보는 해석학적 방법을 택한다. 예컨대 인간소외의 경우, 그 문제를 단면적으로 보지 않고 그것이 인류의 역사에 어떻게 등장했고, 어떻게 이어져 왔으며, 현재의 관점에서 어떤 성격을 지니게 되었는지 고찰한다. '변증법적 발전성'은 사회적 운동법칙과 모순들을 변증법적 방법으로 포착하고 해석하는 것을 말한다. 사회의 여러 현상이 모순을 극복하며 발전하는 것으로 이해한다. 모든 사회적 현상은 아직 이루어지지 않은, 그러나 이루고자 하는, 그러기에 변혁될 수 있는 것으로 본다. '총체성'은 사회의 모든 현상이 고립적이거나 부분적으로 조사되어서는 안 되고 반드시 연관적이고 전체적으로 탐구되어야 한다는 의미이다. 특히 정치, 경제, 문화적 관계의 맥락에서 조사해야 한다. 왜냐하면, 사회현상의 연구 방법론은 자연과학의 대상과는 달리, 주관성을 지닌 것이 대부분이고, 계급, 국가, 민족, 가족 등 사회의 여러 구조는 의식의 구조로 이해되어야 하기 때문이다.

이러한 비판이론의 핵심개념 및 특징은 무엇인가? 깁슨은 그것을 복수이론, 이론에의 몰두, 과학적 접근의 거부, 계몽, 해방, 마르크스주의 이론의 수정, 도구적 합리성의 비판, 문화에 대한 관심, 개인과 사회의 관계, 미학의 중심성, 프로이드의 영향, 사회적 사태의 설명, 언어에 대한 관심 등, 열세 가지로 들고 있다. 이중 몇 가지만 간략하게 설명하면 다음과 같다. 비판이론은 단일이론이 아니라 복수이론이다. 즉, 단일화된 비판이론은 없다. 단수명칭인 비판이론은 여러 저자들 간에 다양한 부분에서 의견이 일치하지 않고 있다는 사실을 은폐하는 명칭이다. 예컨대 프랑크푸르트학파 학자들 간에는 접근방법과 관심사에 있어서 차이점들이 있다. 따라서 엄밀하게 말하면, 비판이론은 '비판이론들'이라고 이해하여야 옳다. 비판이론에는 이질적인 특성을 지닌 이론이 있음에도 불구하고 앞에서 언급한 것처럼 공통적으로 공유하는 가정들이 있다.

비판이론가들은 실천보다는 이론 자체에 지대한 관심을 가지고 있다. 그들은 비이론적·무이론적 접근이라고 생각되는 것을 거부한다. 연구를 통해 보다 위대한 이론화를 예시하며, 그러한 이론화의 필요성을 주장한다. 비판이론은 이론과 실제가 분리될 수 없고 어떠한 실제라도 그 기초가 되는, 즉 실제에 스며있는 이론이 존재한다는 주장으로부터 생겨난 것이다. 비판이론가들은 비판이론이 자연과학 이론과 어떻게 다른가를 밝히는 데에 관심을 가지며, 과학적 설명의 특징을 밝히고 이를 비판·거부한다. 비판이론은 인간사회를 연구하는 데에 과학적 접근이 잘못된 것으로 진리추구를 저해한다고 본다. 그래서 비판이론은 사회적 삶 속에 '주어져 있다'고 하는 개념을 거부한다. 인간사회에서 의미를 갖는 어떤 것도 '주어지거나', '자연적인' 것은 없다. 비판이론에서는 인간사의 모든 사실이 사회적으로 구성되고, 인간의 견지에서 결정·해석된다. 따라서 인간의 방법에 의해 변화된다고 주장한다.

비판이론 실천가들은 비판이론을 받아들일 때에만 사회의 현실들이 확실하게 드러나게 되고 이해된다고 주장한다. 그래서 비판이론은 사회적 삶이 실질적 조건에 대한 계몽을 한다는 것이다. 이러한 계몽은 개인과 집단의 진정한 이해관계를 폭로하는 것이다. 이처럼 비판이론이 이해관계에 초점을 맞춘다는 것은, 조화로운 합의보다는 오히려 갈등과 긴장을 사회적 삶의 중심 특징으로 본다는 의미이다. 그리하여 지식이나 사회적 실제가 특정한 개인이나 집단에 어떻게 이익과 불이익을 주고 있는가를 탐색하는 과정에서 부정의와 불평등의 근원을 폭로함과 동시에 인간행위의 근원을 드러내어 준다고 본다.

나의 삶을 통제하고 지배하는 것이 무엇인가? 누가, 그리고 무엇이 나를 억압하며 동시에 나를 자유롭게 하는가? 그리고 그것을 어떻게 알 수 있는가? 이러한 물음들과 관련하여 비판이론은 권력과 권위, 그리고 자유의 본질과 한계를 탐구함으로써 어떻게 하면 보다 나은 자율성을 확보할 수 있을 것인가에 대한 통찰력을 제공할 수 있다고 주장한다. 비판이론은 계몽만을 하는 것이 아니라 계몽의 결과로써 그 이상, 즉 당신을 해방시킬 수 있다. 그리고 과학적 이론과는 달리 무엇을 해야 하는가에 관한 지침을 제공하며, 세상을 명확히 밝힐 뿐만 아니라 세상을 변화시키고, 불평등과 부당한 제약으로부터 해방시키는 데 이용될 수 있다고 주장한다.

앞에서 지적하였듯이 비판이론의 핵심적 특징은 마르크스주의 이론을 수정하여 교육이 상대적 자율성을 갖는다고 보는 데에 있다. 정통 마르크스주의는 경제적 관계가 사회의 다른 모든 측면들의 형식과 내용을 움직인다고 본다. 그러나 비판이론은 문화나 교육이 상당한 정도로 물질적(경제적) 요인들로부터 자율성과 독립성을 지닌다고 주장한다. 즉, 토대가 상부구조를 결정한다는 가정을 문제시한다. 그것은 상부구조가 경제적 토대에 종속되어 있다는 정통 마르크스 사상의 수정이다. 도구적 합리성(또는 기술적 합리성)이라는 개념은 비판이론의 중심 개념이다. 이것은 목적보다는 수단에 몰두하는 것을 의미하며, 방법 및 능률성에 치중한다. 왜 그것을 하는가? 또는 우리가 어디로 가고 있는가?라는 질문보다는 어떻게 그것을 할 것인가?라는 질문에 치중함으로써 계량과 측정에 사로잡혀 있기에 그것에 대한 비판과 도전이 요청된다. 뿐만 아니라 그것이 초래하는 기형과 제약으로부터 해방될 필요가 있다. 비판 이론의 선구자들이라고 할 수 있는 호르크하이머와 아도르노 등은 교육에 대하여 다양한 논의를 하였다. 이들은 현대 교육이 몰개성적일 뿐만 아니라 기계적·도식적으로 변질되어 비인간화되어가고 있음을 비판하였다. 특히 아도르노는 단순한 지식전달과 인간제작의 이념과 표본의 제시 등을 거부하였다. 즉, 상품을 제작하듯이 외적 기준에 따라 인간을 제작하는 것은 바람직하지 않으며, 인간 교육을 하는데 틀에 박힌 표본을 제기하는 것 또한 권위주의적 횡포가 담겨있기 때문에 바람직하지 못하다고 하였다. 그래서 그는 교육의 방향, 즉 교육목적을 다음과 같이 제시한다.

교육은 하나의 자율적이고 성숙한 인간의 이념을 지향해야 하며 올바른 의식을 형성하기 위하여 애써야 한다. 올바른 의식의 형성이라는 것은 비판적인 자기성찰을 위한 교육을 의미한다. 즉, 자율적이고도 의식화된 인간을 이성적 인간으로 보며, 그러한 인간상의 구현에 이바지하는 교육을 참된 인간 교육이라고 본 것이다. 이를 토대로 바람직한 인간 교육을 제시하면 다음과 같다. 첫째, 맹목적이고 억압적인 공부는 인간 교육을 위해서 바람직하지 못하다. 이러한 공부는 주체적인 사유의 자유를 박탈하기 때문이다. 둘째, 바람직한 인간 교육을 위해서는 물상화에 대한 저항이 필요하다. 물상화에 대한 저항이란 두 가지 의미를 지니는데, 하나는 어떤 대상이든지 무비판적으로 받아들여져서는 안 되는 것이고, 다른하나는 어떤 대상이든지 이미 완결된 형태로서 받아들일 것이 아니고 인식된 것도 늘 새로운 관계구조 아래에서 관찰하면서 생동적인 발전과정 안에서 그것을 받아들여야 한다는 것이다. 셋째, 바람직한 인간 교육을 위해서는 늘 모든 기계적인 사유에 반대되는 요소로서의 초의도적인 요소가 배제될 수 없다. 교육이 인간의 행동을 변화시키는 것이라 할지라도 기계적으로 변화시킬 수 있는 것은 아니라는 말이다. 넷째, 인간 교육을 위해서는 정열이 불가결하다. 여기에서 정열이라고 하는 것은 플라톤이 이데아를 인식하는 조건으로 내세운 에로스와 같은 의미에서 이해될 수 있다. 이런 정열은 현실에 대한 불만에서 또는 인간 정신에 내재하는 생동성에서 나타날 수 있다. 다섯째, 바람직한 인간 교육은 다음과 같은 사회의 실현을 지향해야 한다. 협잡이나 사기가 없고 너무나 짧은 효용성의 원리만이 인간의 사유를 지배하는 일이 없는 그러한 사회를 말한다. 여기에서 협잡이나 사기라고 하는 것은 어떤 특권 의식을 전제하는 것이다.

이처럼 비판이론에서 지향하는 인간상은 자율적이고 주체적 사유를 하는 인간, 비판적으로 의식화한 인간, 정열적인 인간, 특권의식이 배제된 이상사회에 기여할 수 있는 인간을 지칭한다. 대부분의 비판이론가들은 사회의 불평등이 학교 교육을 통해 재생산된다고 본다. 그래서 이들은 교육의 사회적 조건들을 이념 비판을 통해 적발해 내는 데 관심을 둔다. 즉, 학교는 불평등하고 불공정한 정치경제 구조를 반영할 뿐만 아니라, 그것을 재생산하는 기능을 한다는 것이다. 일반적으로 이들이 갖는 세 가지 공통점은 다음과 같다. 첫째, 교육에서 무엇이 잘못되었는가? 이는 교육의 불평등과 부정의의 모습을 드러내 보이려는 관심이다. 둘째, 교육의 병폐는 왜, 그리고 어떻게 발생했는가? 이는 불평등과 부정의가 유지되는 교육의 과정과 구조들을 드러내고 그 원천을 추적하는 작업이다. 셋째, 교육의 병폐는 어떻게 치유될 수 있는가? 이는 불평등과 부정의를 치유하는 방법을 모색하거나 제안하는 일이다.

이러한 공통 관심사를 논의하면서 그들은 잘못된 교육의 구조와 교육 과정을 지적한다. 이들이 강조하는 교육내용은 정치교육, 인문교육, 여성해방교육, 사회과학교육, 이상사회 구상 등이다. 정치교육은 지배체제의 이데올로기를 여러 국면에서 비판하면서 바람직한 체제에 대한 전망을 굳히는 의식화 교육이다. 인문교육은 기술교육이나 직업교육보다 일반교육을 중시하여 삶과 역사를 올바르게 키워주는 교양교육이다. 여성해방교육은 사회 내에서 성차별과 성해방 문제를 다루는 성해방 교육이다. 사회과학교육은 이 사회의 구조와 역사적 발전과정을 거시적 시각에서 보는 역사 교육이다. 이상사회 구상이란 자본주의도 공산주의도 아닌 복지사회에 대한 꿈을 키우는 교육이다. 그리고 이들이 권장하는 교육방법은 학교와 사회와의 관계회복, 학습자의 교육의 주체성 존중, 갈등의 현장견학, 친교, 갈등상황에 대한 문헌 접근 등이다. 학교와 사회와의 관계회복은 학교가 사회의 문제를 끌어들여 학습자가 사회의 문제에 대한 인식을 깊게 하는 일이다. 학습자의 교육의 주체성 존중은 학습자의 흥미·자유·자치 등을 존중하는 소극 교육이다. 갈등현장 견학은 농성·데모·파업 등 사회인의 여러 집단행동을 자기 눈으로 보게 하여 문제의 초점이 무엇인가를 다루어 보게 하는 일이다. 친교는 동지적 유대감을 키워주기 위한 대화이다. 그리고 갈등상황에 대한 문헌접근은 여러 갈등현장의 문제들을 생생하게 기록한 문헌들을 접하는 일이다.

비판이론은 철학의 사회적 역할을 제고하였고, 실증과학의 한계성을 지적하였으며, 총체적 교육관과 교육내용 및 교육방법에 대한 혁신적 제안을 하는 등 다양한 교육적 기여를 하였다. 그러나 이데올로기 비판이라는 무기로 문화혁명을 잘 하였으나 그 혁명을 이끌어갈 조직을 갖추지 못하였고, 자본주의와 공산주의를 동시에 비판하는 중도지향적 성격을 표방하면서도 자본주의 비판에 치중하고 있으며, 교육정치화 개념이 취약하며, 교육원리가 뒤섞이어 복잡하고, 지나친 비판의식으로 역교육이나 반사회적 교육을 유도할 수도 있는 한계를 지니고 있다.

3 실존주의

플라톤으로부터 헤겔에 이르는 서구의 전통 철학은 '본질'에 관한 문제를 주로 다루었다. 따라서 철학자들은 철학의 주요 임무가 '실재'에 관한 물음이었다. 그러나 실존주의는 본질의 문제보다는 실존의 문제를 철학의 관심으로 부각시켰다. 그들은 실존을 본질에 선행하는 것으로 보았다. 이는 이전 철학과는 달리 철학의 근본에 대한 새로운 문제 제기였다. 실존철학자들은 "'나는 존재한다'라고 말하는 것이 무엇을 의미하는가?"라고 묻기 시작했다.[54] 실존철학자들은 인간을 창조한 신을 상정하여 다음과 같이 설명한다. 만약 인간을 창조한 신이 있다고 가정한다면, 그 신을 설명해야 한다. 그렇다면 그 신은 어떻게 창조되었는가? 신을 창조한 어떤 존재를 가정한다면, 다시 그 신을 창조한 창조자의 창조자를 설명해야만 한다. 이러한 식으로 논리를 전개하면 끝이 없으며, 결국 창조자가 없다는 결론에 이른다. 그러므로 우리는 단순히 실존하는 인간으로 파악되며, 그가 어떤 특별한 무엇이 되기 전에 존재할 뿐이다.

　　이와 유사한 양식으로 실존철학자들은 근대 철학의 선구자이자 관념론적 합리론자인 데카르트를 반박한다. 데카르트는 너무나 유명한 "나는 생각한다. 그러므로 나는 존재한다(I think, therefore I am.)"라는 명제를 남겼다. 데카르트는 존재보다 사고(생각)를 앞세웠다. 그러나 실존철학자들은 내가 존재하지 않으면 분명히 나는 생각을 할 수 없다고 판단한다. 즉, 나는 생각하기 이전에 존재해야만 한다. 따라서 데카르트의 말은 "나는 존재한다. 그러므로 나는 생각을 하기 위한 필수 조건들 중의 하나를 가지고 있다(I am, therefore I have one of the prerequisites for thought.)"라고 고쳐야 정확하게 될 것으로 본다. 이런 문제 의식 아래, 실존철학자들은 "나는 선택한다. 그러므로 존재한다(I choose, therefore I am.)"라는 명제를 사용한다.

　　실존철학에서 인간은 그 자신의 본질을 결정하는데 완전히 자유롭다. 이러한

---

[54] 실존주의에서 실존의 의미를 이해하는 것은 매우 중요하다. 실존주의를 이해하기 위해서는 스콜라 철학의 개념쌍인 '실존 대 본질(existentia‐essentia)'의 구분을 떠올릴 필요가 있다. 전통 철학에서 강조해온 본질은 '그러함(Sosein)', 혹은 '본질(Wesen)'로 번역된다. 그것은 어떤 정의, 혹은 개념 내에서 파악되는 한 사물의 무엇임(Was‐sein)으로서, 사물이 변하는 소용돌이 속에서도 변하지 않고 머물러 있는 필연적인 것, 초 개체적·보편적인 것을 뜻한다. 이에 반해 실존은 한 사물이 있다는 그 사실(Daβ‐sein), 그 사물이 우연하게 실제적으로 눈앞에 있음(Vorhandedsein)과 실제로 있음(Wirklichsein)을 의미하며, 이것은 자신의 가능 기준을 본질에 지니고 있다. 이런 식으로 실존을 이해하여 실존철학을 해석할 경우, 실존철학은 사물의 '실제로 있음'을 대상으로 삼는 철학이 될 것이다. 그러나 전통적인 철학인 본질 철학의 형이상학에 항거하는 '실존'은 '본질'에 반대하여 논쟁을 강조하고 있다. 그리고 모든 사물이 아닌 오직 '인간'에게만 '실존(Existenz)'이라는 말을 쓸 수 있고 인간이 실존을 '갖고' 있는 것이 아니라 실존으로 '존재하고' 있기에, 실존은 인간 현존재의 존재 이행 방식으로 이해된다. F. Zimmermann(이기상 옮김), 『실존철학』(서울: 서광사, 1987), 21~22쪽.

자유는 절대적이다. 인간은 그가 되고자 하는 대로 선택할 수 있다. 각 개인은 스스로가 옳고 그름을 판단할 뿐 아니라 옳고 그름을 판단하는 준거까지도 결정한다. 그러나 이때 윤리적 선택에 대한 인격적 책임은 필수적이다. 즉, 도덕적 결정에서 개인의 책임을 매우 강조한다.

인간은 결정되지 않은 존재이며 선택할 수 있는 존재이기에 항상 그 자신을 실현하고자 노력한다. 자신을 실현하는 작업은 되어감(혹은 생성)의 과정이다. 다시 말하면 존재한다는 것은 되어감의 과정에 종사하는 일이며, 그것은 인간이 지구상에 있는 한 계속되도록 운명지어져 있다. 그가 어떠한 인간이 될 것인가에 대한 제약은 전혀 없다. 인간의 존재는 스스로를 초월함으로써 특징 지어지며 끊임없이 인간의 본질을 재조정한다. 인간의 실존은 그에게 열려있는 가능성들의 선택에 달려있다. 그리고 이러한 선택은 결코 한번만으로 끝나는 것이 아니기 때문에 그의 실존은 불확정적이다. 어쨌든 실존주의에서는 인간을 '그 자신의 본질을 결정하는 자, 그리고 그 자신의 가치를 규정하는 자'로 파악한다.

전통적 교육관은 인간의 지속적 변화를 전제로 하는 연속적 형성의 교육가능성을 강조하였다. 볼노에 의하면 전통적 교육에는 기계적 교육관과 유기체적 교육관이 있다. 기계적 교육관은 교육자가 의도하는 목적과 목표에 따라 그에게 맡겨진 인간을 일정한 모습으로 만들어나가는 것을 교육으로 본다. 예컨대, 목수가 그의 계획과 설계대로 연장을 사용하여 의도했던 물건을 만들어 내는 것과 같다. 이는 교육을 하나의 '만드는 작용'으로 보는 것이다. 반면에 유기체적 교육관은 인간을 마음대로 주물러지는 소재로 보지 않는다. 인간은 자신에게 내재하는 고유한 법칙에 따라 안으로부터 계발되고, 그 자신에 깃들어 있는 목표를 지향함으로써, 내면적·본질적으로 발전한다고 본다. 유기체적 교육관에서의 교육자는 식물을 재배하는 정원사에 비유된다. 그러므로 교육은 하나의 '기르는 작용'이다. 요컨대, 기계적 교육관은 교육을 적극적 형성 작용으로 보며, 유기체적 교육관은 교육을 자연적 성장과정의 소극적 보호 작용으로 본다. 두 교육관은 이념적으로 서로 대립되지만 방법론적으로는 공통 견해를 지니고 있다. 즉, 인간은 꾸준히 지속적·계획적으로 성장한다는 연속적 형성 가능성을 자명한 전제로 받아들이고 있다. 지속적인 발전·성장, 지속적인 구상, 점진적인 개량이라는 입장에서 인간의 교육이 가능하다고 보는 것이다.

이러한 전통적 교육관은 교육의 연속적 성격을 강조하다 보니, 단속적 성격을 무시하게 된다. 아울러 교사나 학생 사이의 상호관계 형성이 경시되고 있다. 실존적 교육관은 이러한 점을 극복하였다. 실존적 교육관은 실존의 이해에서 출발한다. 실존철학자들은 실존하는 개인의 특성을 크게 세 가지로 구명하였다. 첫째, 실존적 개인은 어디까지나 자기 자신과 무한한 관계를 가지고 있어야 한다. 즉, 자기 자신에 대하여 무한히 충실하고 자기 자신뿐만 아니라 운명에 대하여 가장 심각하게 끊임없이 생각하는 사람이다. 둘째, 실존하는 개인은 언제나 자기 자신에 대해서 끊임없이 변화하고 있는 것을 느끼는 사람이다. 끊임없이 변화하고 있는 자신은 자기 앞에 이루어진 어떠한 사명이나 과업, 즉 피할 수 없는 일이나 자기가 하지 않으면 안 되는 생의 중대한 과업에 대하여, 조금도 유예 없이 느끼는 사람이다.

셋째, 실존하는 개인은 틀림없이 열정적인 정열을 갖게 되고, 열정적인 사고에 몰두하게 되며, 그에 따라 영감을 받는 사람이다. 다시 말하면, 유한 속에서 무한을 실현하는 사람이다. 여기서 정열은 실존에 생명을 불어 넣는 것인데, 키에르케고르는 이를 '자유의 정열'이라고 하였다.

이런 인간관에 근거하여, 실존주의는 교육에서 개인을 "선택하는 행위자, 자유로운 행위자, 그리고 책임지는 행위자"로 규정하고, 개인에게 이러한 의식을 갖도록 일깨운다. 즉, 실존주의는 완전한 자유 속에서 홀로 결단에 의한 개인적 선택을 하되, 자신의 선택에 대해 철저히 책임지도록 한다. 이런 의미에서 실존적 사고를 따르는 교육은 선택과 책임에 대한 깊은 개인적 반성을 강조한다. 개인의 삶에서 철저한 선택과 책임, 그리고 주체성을 강조하는 것이 실존주의이다. 철저하게 자유를 가지는 반면에, 철저하게 선택에 대한 책임을 져야 한다. 따라서 실존주의 교육에 있어서 가장 중요한 지식은 인간의 조건들과 각 개인이 행해야만 하는 선택에 관한 것이다. 그리고 교육은 선택의 자유, 선택의 의미와 그 선택에 대한 책임에 관해 의식을 일깨워주는 과정이다. 이와 같이 실존주의 교육에서는 학생에게 유용한 수많은 선택으로부터 그 자신의 길을 선택하도록 한다. 따라서 학교는 선택적 분위기를 조성하되, 학생이 하지 않으면 안 될 선택의 종류를 일방적·획일적으로 규정해서는 안 된다. 결국 이들이 추구하는 교육의 목적은 자체 탐구이다. 그것에 따라 삶에 대한 모든 형태의 광범위하고도 종합적인 경험을 제공한다. 따라서 실존주의자가 교육을 통해 달성하고자 하는 인간은 단편적인 인간이 아니라 전인적 인간이다.

실존주의에서 교육은 외부의 자극이나 환경 혹은 상황에 대한 적응이 아니다. 창조적 자아의 성장을 촉진시키는 작업이다. 때문에 교사·커리큘럼·시설·환경 따위는 한 인간이 전인으로 성장하기 위한 도구에 지나지 않는다고 본다. 예컨대 루소나 페스탈로치 같은 자연주의자들은 매우 구체적인 교수방법을 제시하였으며, 프래그머티즘이나 진보주의 운동가들은 문제해결법을 교육실제에서 중시하였다. 그러나 실존주의에서는 이 같은 방법론적 노력이 미미하다. 단지 일반 철학에 관한 실존적 저술들로부터 교육방법론에 관한 추론이 가능할 뿐이다. 이런 점에서 실존주의자들은 교과목 그 자체보다는 교과목을 다루는 방법을 더욱 중시한다. 이는 커리큘럼 내에서의 실존적 자유의 행사가 커리큘럼 내용보다 더 중요시됨을 의미한다. 그러므로 학교는 학생들의 자유를 신장하고 창조적인 개성을 갖도록 격려해야지, 적응이나 관습에 순응하도록 압력을 가해서는 안 된다. 또한 학생들은 그의 환경에 의해 형성되는 존재로부터 그 자신을 형성해 나가는 존재로서의 역할이 강조된다. 어떤 측면에서 보면, 실존주의자들은 학교교육이라는 형태를 부정적으로 본다. 그들은 학교가 인간의 개성을 말살시킨다고 주장하면서, 보편화된 교육, 집단적인 획일화 교육을 비난한다. 즉, 학교 자체가 이미 개인이 사회화되는 장소로 변해 버렸기 때문에 집단의 훌륭한 일원, 훌륭한 시민은 형성시킬 수 있으나, 훌륭한 개인을 형성시키기는 어렵다고 본다.

실존주의자들이 강조하는 교과목은 인문학과 예술이다. 왜냐하면 실존적 선택은 매우 개인적이고 주관적이기 때문에, 정서적이고 심미적이며 시적인 과목들이 실존적 교육과정에 적합하다고 본다. 실존주의 교육에서 중요시 하는 또 다른 측면은 삶의 부조리나 실존적 긴장, 즉 불안이다. 따라서 이들은 진정한 인간교육은 삶의 좋은 측면뿐만이 아니라 삶의 불합리한 측면, 즉 삶의 추한 측면까지도 포함한 전체로서의 인간 교육으로 파악되어야 한다고 본다. 전통 교육은 인간 혹은 인간 세상의 어두운 측면을 감추고자 한다. 그러나 실존주의자들은 진정한 교육이란 감추지 않아야 한다고 믿는다. 훌륭한 교육은 적나라한 인간의 모습에 초점을 맞추는 것이므로, 학생들에게 좋은 것이나 나쁜 것, 합리적인 것이나 비합리적인 것 등 삶의 모든 측면들을 배울 수 있도록 해야 한다. 이러한 입장을 그들은 인간주의적이라고 본다.

흔히, 학교에서는 종교·죽음·출생·성 등 본질적인 문제에 대해 계획적인 거짓말을 하기도 한다. 왜냐하면 이러한 사실들을 학생에게 알게 하는 것이 불안이나 두려움을 자아내게 하므로 해가 된다고 보기 때문이다. 그러나 실존주의자들은 오히려 그 반대라고 주장한다. 진짜 상황을 알지 못하게 하면 더 큰 불안을 유발한다는 것이다. 그러기에 실존주의자들은 죽음·좌절·갈등·고통·공포·성 등과 같은 어두운 측면들을 감추거나 거짓교육을 시키지 말고 떳떳이 교육내용으로 채택하여야 한다는 입장을 취한다. 학생들은 항상 삶과 죽음 그리고 인간 실존의 부조리 등에 대해 의문을 지니고 있다. 교사는 학생들의 이 같은 의문에 독단적이거나 권위적인 대답을 해서는 안 된다. 오히려 교사는 학생들이 이러한 궁극적 의문들을 가지고 인간 실존을 탐구하도록 조성하여야 하며, 그러한 문제들을 다양한 관점으로 탐구할 수 있도록 도와야만 한다. 이러한 경우에, 교육방법은 교훈적이거나 권고적이지 않고 촉진적이어야 한다. 예컨대 삶의 부조리에 직면한 학생에게 부조리극을 관람하게 함으로써 문제해결을 도왔다면, 그것은 하나의 촉진적 교육방법이 될 것이다.

실존주의자들은 인간의 죽음·불안·고통·위기 등과 같은 어두운 측면과 자유·선택·책임·개성 등과 같은 주체적 측면을 부각시켰다. 그러나 전통교육과 같이 단순한 지속적 노력만으로는 인간을 변화시킬 수 없다고 보았다. 여기에서 새로운 교육 형태인 비연속적(혹은 단속적) 형성의 교육가능성을 제기하였다. 교육에서 비연속성을 가능케 하는 것으로, 교사와 학생과의 만남, 학생과 작품 속의 인물 또는 역사적 위인과의 만남, 육체적·감각적 또는 종교적인 각성, 벌·설교·명령·호소 등에 의한 훈계나 조언 등을 통해 훌륭한 교육이 이루어질 수 있다는 것이다. 이중 전환이나 비약을 가능케 하는 가장 핵심적인 요소는 만남이다. 이때 교사와 학생 간의 관계를 비롯한 모든 교육적 관계는 일방적이고 권위적인 전통적 관계를 벗어나, 인격을 지닌 상호 주체적 관계로 파악된다.

실존주의 교육이 우리에게 주는 시사점은 의미심장하다. 교육에서 비연속적 형성 가능성의 일면을 보여주었고, 보편화·집단화·획일화하는 전통교육의 경향을 인간의 개성과 주체성을 최대한 존중하는 교육으로 전향시키도록 촉구하였다. 또한 학생 개개인의 개성을 존중하여 다양한 커리큘럼을 제공함으로써 전인교육이 이루어지는 데 기여했다. 나아가 교사의 관심과 역할 차원에서 전통적인 교사상과는 새로운 차원의 교사론 및 교사교육을 고민하게 하였고, 삶의 밝은 측면뿐만 아니라 어두운 측면까지 교육의 영역으로 끌어들임으로써 보다 진솔한 교육이 이루어질 것을 촉구하였다.

4 포스트모더니즘

포스트모더니즘을 단정적으로 정의하기는 쉽지 않다. 실제로 포스트모더니즘은 문학·음악·예술·건축·미디어·광고·사진·영화 등등의 광범위한 영역에서 다양하게 논의되어 왔다. 그러나 포스트모더니즘에 대한 일치된 견해를 제시하는 데는 난점이 많다. 어쩌면 포스트모더니즘에 대한 정의를 내리는 것 자체가 지식을 분류하거나 단일화 하는 것에 반대하는 포스트모더니즘에 배치되는 일일지도 모른다.

포스트모더니즘이라는 용어를 학문의 영역 속으로 끌어들여 학술적 논쟁을 유발시킨 사람은 료따르이다. 료따르는 포스트모더니즘을 거대담론에 대한 거부, 형이상학적 철학에 대한 거부, 그리고 총체적 사고에 대한 거부로 기술한다. 근대 사회는 모든 사람에게 보편적으로 적용되는 큰 주제로서의 거대담론을 주로 논의하였다. 인간해방, 민족과 국가발전, 역사적 진보 등과 같은 거창한 얘기를 제시했다. 그러나 포스트모던 사회에서의 담론은 지금까지 거대담론에서 거부되고 억압되어온 조그마한 이야기들로 이루어진다. 즉, 자기 가정이나 직장, 지역사회 등과 같은 주변적인 것에 관심을 둔다. 다시 말하면, 총체적인 거창한 일 대신에 개인이나 작은 집단인 주위의 일상문제에 관심을 갖고 그것에 대하여 대화를 나눈다. 따라서 일상의 삶을 부정하는 독특하고 추상적인 보편성, 지엽적이고 특수한 것을 부정하는 일반화, 그리고 차이를 묵살하는 보편적 범주화 등을 전체적이고 테러적인 것으로 간주한다.

포스트모더니즘은 체계적인 이론이나 포괄적인 철학을 칭하는 것이 아니다. 또한 전통적 의미의 이념 및 개념들의 체계도 아니고 통일된 사회적·문화적 동향이라고 부를 수도 없다. 단지 포스트모더니즘은 단순하고도 환원적인 틀에 저항하는 복잡하고 다양한 형태를 띠고 있을 뿐이다. 포스트모더니즘에 대한 개념 정의나 범주화가 어려운 까닭은 그것 자체가 실체가 없는 것이기 때문인지도 모른다. 실체라는 것이 있는 것 같지만 꼬집어 무엇이라고 말하기에는 쉽지 않은 그 무엇, 실재하는 것 같지만 실재한다고 단정할 수 없는 그 무엇, 바로 이러한 특질을 지닌 것이 포스트모더니즘이다. 따라서 모더니티나 모더니즘과 대비하여 설명하면, 포스트모더니티나 포스트모더니즘의 의미가 좀더 이해하기 쉬울 수 있다.

모더니티는 근대성이다. 근대는 고대 및 중세와 달리 여러 측면에서 뚜렷이 구별되는 특성을 지니고 있다. 산업화와 과학기술의 발달, 근대 국가의 등장, 자본주의 시장의 확립, 도시화 등 사회 구조상 급격한 변화가 일어났다. 동시에 문화적 측면에서도 세속화, 자아 및 개인의 강조, 전파매체와 정보기술의 중요성이 증대되면서 엄청난 변화를 초래했다. 근대 사회의 이런 변화는 근대의 3대 혁명이라고 불리는 종교개혁, 산업혁명, 프랑스 대혁명에 근원한다. 근대성의 근본이념은 이른 바 계몽주의에 압축되어 있다. 계몽주의는 이성은 모든 인간에게 평등하게 주어져 있지만 스스로 계발하지 않기 때문에 성숙하지 못하다고 주장한다. 따라서 계몽주의는 인간의 이성과 그것의 무한한 발전가능성에 대한 절대적 믿음을 낳았다. 그리고 인간 자신에게 주어져 있는 이성을 발전시킬 수 있는 방법에 관심을 집중한다. 첫째, 인간과 자연을 대립시키는 방법을 통해, 근대 자연과학을 발전시켰다. 그것은 인간이 자연을 무한히 지배할 수 있는 객관적 대상으로 전락시킨 것과 관련된다. 산업혁명은 바로 이러한 자연과학적 객관주의의 구체적인 표현이다. 둘째, 자신을 다른 인간과의 관계로부터 분리시키는 방법을 통해, 사회적·정치적 이기주의를 만들어 내었다. 그것은 자본주의의 토대를 이루게 되었다. 요컨대, 근대를 구성하는 계몽주의는 인간 이성의 무한한 발전에 대한 믿음, 인간의 자연 지배에 대한 정당화, 주체와 객체, 자아와 타자를 구별하는 보편적 객관주의로 볼 수 있다. 그것은 궁극적으로 이성에 대한 인간의 절대적 믿음, 즉 인간 절대주의라는 문제를 야기했다.

그런데 제2차 세계대전 이후, 20세기 후반에 접어들면서 본격적으로 등장하기 시작한 포스트모더니즘은 이러한 사고에 대해 회의를 품는다. 인간 이성의 절대화와 보편화라는 근대성의 핵심에 대해 비판하면서 그 대안으로 다원성과 유한성을 제시한다. 즉, 포스트모더니즘은 인간의 절대화는 궁극적으로 인간의 자기소외를 야기할 수 있다는 비판적 반성을 통해, 인간의 유한성과 역사적 구속성을 적극적으로 사유하여 인간과 자연의 관계를 새롭게 정립하려는 유한성의 철학이다. 포스트모더니즘은 다음과 같은 차원에서 근대가 추구하던 가치와 다른 사고를 한다. 첫째, 인간과 자연을 구분했던 근대적 사고와는 달리 인간과 자연을 포괄적인 관계 속에서 고찰한다. 둘째, 인간 이성의 무한한 발전을 믿는 대신에 기술 발전이 부분적으로는 퇴보를 가져올 수 있다고 자각한다. 셋째, 모든 인간을 지배할 수 있는 하나의 이념 대신에 다양한 의견과 권리를 인정한다.

현대 사회는 하나의 절대적 진리에 의해 지배되는 시대가 아니다. 수많은 담론이 나름대로의 정당성을 지닌다. 모든 획일적 가치 체계와 본질주의는 거부된다. 근대가 만들어낸 인간소외, 관료화, 획일화, 이성의 도구화 등에 대한 근본적 성찰이 일어난 것이다. 다시 말하면 그 동안 근대사회에서 의식적으로 혹은 무의식적으로 소홀히 해 온 문제들에 대해 새로운 의미를 부여하게 되었다. 예를 들면, 근대사회가 추구했던 전체성, 이성, 보편성을 비판하고 다원성을 토대로 이성을 다르게 생각한다. 이러한 사고를 바탕으로 포스트모던 철학자들이 일반적으로 공유하고 있는 기본 입장은 다음과 같다.

첫째, 반정초주의를 표방한다. 즉, 기초나 근본, 본질에 대한 회의이다. 예컨대, '도덕성'에 대해 언급할 때, 일반적으로 사람들은 그것을 불변하는 것으로 보고 보편적인 삶의 기본 원리를 이루는 것으로 이해한다. 그러나 포스트모더니스트들은 불변하거나 기본 원리를 이루는 기초는 없다고 인식한다. 왜냐하면 가치는 문화적 구성물이고, 시대에 따라 변하기 때문이다. 그럼에도 불구하고 지금까지 사람들은 다양한 이해관계, 전통, 환경 등에 따라 도덕성을 창조해냈고, 지식이나 인간 인식에서 궁극적이고 절대적인 기초가 존재한다고 가정했다. 포스트모더니즘은 이런 정초주의적 사유를 배격한다.

둘째, 다원주의를 표방한다. 근대 사회는 획일적이고 보편적이며 절대적인 진리나 기초를 추구했다. 그러나 현대 포스트모더니스트들은 그것에 회의를 품고 다양성을 자랑스럽게 수용한다. 왜냐하면 삶에는 궁극적 기초가 없고 지식은 인간의 이해관계와 전통을 변화시킴으로써 결정된다는 믿음에 토대하기 때문이다. 그것은 현대 사회의 복잡성과 연관된다. 즉, 이질적인 사회와 이익집단들은 그들의 필요와 특정한 문화에 적합한 가치를 구성한다.

셋째, 반권위주의를 표방한다. 근대 사회는 특정한 사람이나 집단, 지위와 계층 계급에 중요한 가치가 부여된다. 그것은 중요도나 역할에 따라 권위가 부여되고 하나의 힘으로 작용하는데, 해당되는 사람들의 이익과 가치를 반영한다. 포스트모더니즘은 바로 이러한 원천적인 편견을 반대한다. 따라서 도덕적 탐구는 민주주의적이며 반권위적인 방법으로 시행되어야 한다고 주장한다. 그래야만이 특정한 인간 집단이 아니라 다양한 사람들의 이익이 제대로 고려될 수 있다는 것이다. 도덕적 가치나 지식은 부모, 교사, 학자, 성직자 등과 같은 특별한 집단에 의해 형성되어, 자식, 학생, 시민 등과 같은 일반 민중들에게 일방적으로 전달되지 말아야 할 것이다. 그것은 모든 사람이 도덕성을 창조하는 행위 가운데 들어와야 한다. 그것이 권위에 대한 반대이다. 반권위주의적 상황에서 가장 중시되는 절차는 개방과 대화이다.

넷째, 연대의식을 표방한다. 포스트모더니스트들은 타자에 대한 관심과 연대의식을 매우 강조한다. 그들은 타자들에게 해를 끼치는 억압적인 권력, 조종, 착취, 폭력 등을 거부한다. 이에 한 걸음 더 나아가, 보다 더 적극적으로 공동체, 존중, 상호협력의 정신을 증진하고자 도모한다.

이처럼 포스트모더니즘은 특정한 이론이나 원리로 모든 것을 획일적으로 규정하고 통제하는 전체적인 사고방식을 비판한다. 그러기에 현대 문화를 지배하는 포스트모더니즘의 정신은 진리와 지식, 그리고 인간과 사회에 대한 기존의 모든 이론이나 사고체제에서, 그것이 갖는 절대 객관성과 확실성을 부정하고, 다원성과 상대성에 대한 인식을 바탕으로 권위의 허구성을 드러내고 해체한다. 따라서 현대를 하나의 진리에 의해 지배되지 않는 사회, 수많은 담론이 그 나름대로의 정당성을 인정받는 포스트모던 사회라고 말한다. 우리는 이러한 포스트모더니즘의 문화 속에서 살고 있다. 이런 시대를 살아가는 우리에게 어떤 삶의 양식 혹은 실존 방식이 요구되는가? 특히 교육은 어떻게 지속될 수 있을까?

보편타당한 객관적 진리의 추구, 거대담론이 주요 논점이었던 근대 사회와 달리, 현대 포스트모던 사회는 조그마한 이야기가 중요하다. 따라서 현대 포스트모던 사회에서는 거대담론으로 가득 채워진 지식보다는 조그마한 이야기들로 엮어진 지식 내용이 보다 가치가 있다. 이는 지식의 지위와 지식관의 전환을 의미한다. 교육에서는 상당 부분 지식의 문제를 다룬다. 이런 점에서 포스트모던적인 지식관의 변화는 필연적으로 교육의 변화를 동반한다. 이젠 근대 사회에서 강조하던 인지적 지식만을 지식으로 한정하기에는 부적합한 시대가 되었다. 기술적, 윤리적, 미적인 요소가 인지적 요소와 대등한 지식으로 다루어져야 한다. 동시에 이들 요소로 이루어진 다양한 지식을 소유한 사람만이 포스트모던 사회의 다양한 삶의 양식을 창조적으로 살아나갈 수 있다. 더구나 현대 사회는 다양한 지식 정보가 폭증하는 시대이다. 이른 바 정보화·지식기반 사회이다. 근대 계몽주의가 구축한 획일성, 전체성, 절대성이 비판된 지 오래되었다. 대신에 다원성과 상대성을 강조한다. 이는 계몽주의 체제의 산물인 근대 공교육 제도가 다원성과 상대성을 보장할 수 있는 새로운 대안 교육체제로 바뀌어야 한다는 의미이다. 다시 말하면, 기존의 근대적 교육체제를 해체하고 인간의 유한성과 사회의 다원성에 기초하여 인간과 교육의 본질에 대한 다각적인 성찰이 이루어져야 한다.

그럼에도 불구하고 포스트모더니즘은 전통적 의미의 어떤 이념 체계나 개념이 아니고, 통일성 있는 어떤 운동을 지칭하는 것도 아니다. 따라서 그것은 복잡 다양한 성격을 띠고 있고, 단순하고도 환원적인 설명이 불가하다. 이런 관점 자체의 복잡성 때문에 포스트모더니즘 영역에서 교육 문제도 까다로워진다. 왜냐하면 대부분의 교육이론과 실천은 근대의 담론에 근거를 두고 있기 때문이다. 하지만 포스트모던 사회의 발달이라는 맥락에서 교육이론과 실제를 검토하고 성찰하는 데 새로운 시각을 제시해 준다. 즉, 기존의 지식 개념과 구조, 그리고 위계에 도전하며 근대적 교육의 개념을 해체한다. 이외에도 근대 산업사회로 인해 발생한 환경 위기, 극단적 이기주의, 세속주의와 그에 따른 정신적 빈곤 등에 관한 경고의 메시지를 던진다.

특히 교육학의 영역에서는 근대 공교육의 중심의 교육 체제에 대한 비판적 논의가 지속되어야 한다. 교육현장은 이미 포스트모니즘의 행태들이 난무하고 있는데 많은 교육가들은 여전히 모더니즘의 사유 속에서 청소년들을 지도하고 있다. 이는 필연적으로 발생하는 교육적 한계를 극복하기 어렵게 만드는 요인이다. 근대적 교육관의 해체적 인식이 요망된다. 뿐만 아니라 교육에서 가장 중시하는 것 중의 하나가 가치 개념과 그것의 형성에 관한 것이다. 그러나 현대 포스트모던 사회는 절대적 가치가 허물어져 버렸다. 교육이 가치를 지향한다면 도덕(혹은 인간) 교육은 어떤 방향에서 고민해야 하는가? 근대적 도덕관념으로는 해결하기 어렵다. 포스트모던적 해체와 새로운 건설이 요망된다.

이상에서 살펴본 내용을 바탕으로 현대의 포스트모더니즘 철학이 교육에 미친 의의와 한계를 요점적으로 지적하면 다음과 같다. 포스트모더니즘의 교육적 의의로는 소서사적 지식의 중시, 교육현장 내에서의 작은 목소리 존중, 과학적·합리적 이성의 극복과 그에 따른 감성적 기능 회복, 교육의 구조적 변화 촉발, 공교육 체제에 대한 비판적 시각의 제공 및 대안 교육 실험 교육 활성화의 토대 마련, 교육 및 인간 이해에 대한 지평 확대, 보편성·획일성·전체성의 극복과 그에 따른 다양성과 다원성의 존중, 권위주의의 극복, 지엽적이고 특수한 삶의 문제들에 대한 의미 부여, 페미니스트 교육학의 발전적 토대 제공, 연대의식의 존중, 차이와 타자성의 존중, 비판의식의 함양 등을 들 수 있으며, 한계로는 윤리학(혹은 도덕교육)에 대한 방향제시 미흡, 극단적 이기주의화에 대한 우려, 삶과 도덕성에 대한 보편적 기반(혹은 정신적 구심점)의 부재, 이성 경시에 따른 삶의 불완전성, 오랜 역사와 사회적 맥락 속에서 형성되어 온 교육적 가치와 전통의 해체에 따른 교육공동화 현상, 해체 위주에 의존함으로써 사회문화적 재건에 대한 비전 결여, 기존 전통과 조화하려는 종합적 노력의 결여 등을 들 수 있다.

CHAPTER **13**

창조주의 철학은 인간 교육을 지향하는가

1 서구 사상의 전통적 특징

창조와 창조성, 창조주의는 앞에서 논의한 다양한 서구철학과 교육철학의 정신과 의식 속에 부분적으로 녹아 있다. 좀더 구체적으로 이해하기 위해 인간 중심과 인간의 사고 경향을 논했던 인문주의와 진보주의, 학문주의, 문화주의를 살펴볼 필요가 있다. 이들 주의(主義)들은 인간 중심의 문제를 설명해내고 있기는 하지만, 인간을 종합적이고 전체적인 측면에서 본질적 차원을 해명해내지는 못하고 있다.

인문주의(人文主義)는 어떠한 형태로 나타나건, 인간을 중세의 질곡으로부터 해방하며 또는 인간성의 존엄성을 인정하는 동시에 그것을 충분히 발휘시키려는 사상이다. 이런 인문주의 운동은 다양한 시대에 여러 가지 형태로 출현하였다. 일반적으로 인문주의의 사상이 뚜렷하게 나타난 것은 중세에서 근세로 변하는 과도기로 이른 바 르네상스(Renaissance) 시대이다. 때문에 인문주의라고 하면 대부분 르네상스 인문주의를 떠올린다. 그러나 인문주의 사상은 서양에서는 일찍이 그리스 시대로부터 발달하기 시작하였다. 고대 그리스 사람은 자신이 '인간'이 되기 위해 다방면으로 힘썼다. 이런 점에서 인문주의의 기원은 고대 서양의 그리스 시대에 그 기원을 두어야 한다.

휴머니즘(Humanism)이라는 말은 다양한 의미로 쓰여 왔기 때문에 매우 다의적(多義的)이고 내용도 복잡하다. 무엇보다도 '인간'(humanus)의 근본적 본성을 탐구하려고 하기 때문에 인본주의라 하고, 인간성(humanitas)의 도야를 중심으로 하기 때문에 인성주의(人性主義)라고도 하며, 또 신학적인 것(divina)에 대해 세속적이면서 고귀한 인간성의 육성(humaniora)을 고려하므로, 교양으로서 인문주의라고도 한다. 그러나 '인간'을 세계의 중심으로 생각하여, 그 지위를 확립하고 본성을 적극적으로 나타내려는 정신에서는 공통성을 띤다.

인문주의적 관점을 살펴보면, 동서양을 막론하고 학문과 예술은 귀족과 자유민의 전유물이었다. 서양에서는 문법(文法, grammar), 수사학(修辭學, rhetoric), 논리학(論理學, logic) 등 이른바 3학[trivium]을 기본으로 한다. 그리고 여기에 산술(算術), 기하(幾何), 음악(音樂), 천문(天文) 등의 4과[quadrivium]를 중심으로 교육하여 자유인에게 합리적 사고와 언어의 구사, 지식의 이해와 자연에 대한 지식 등을 전수하였다. 동양에서는 사법(社法: 두레법), 공동생활 규칙, 단체생활 법규, 경농(經農), 시가(詩歌)를 기본으로 자연과 인륜에 관한 지식을 전수하여 '인간'을 세계의 중심으로 인식하고 그 지위를 확립하며 그 본성을 적극적으로 나타내려고 하였다. 이와 같은 인간을 중심으로 하는 정신주의 학문을 인문주의라고 할 수 있다.

다음으로 진보주의는 아동[학생]에게 기본적 욕구, 흥미[관심], 필요 등을 중심으로 자발적이고 자유롭게 발전할 수 있도록 도와주는 교육 사조이다. 자연주의적이고 자유주의적인 아동관을 기초로 장래를 위하여 현재를 희생하는 야만적 교육을 지양해야 한다고 주장하며, 전통적인 엄격한 훈련과 강압적 교육방법에 항거하고 아동의 창의성을 무시하는 성인 중심의 준비교육을 비판하였다. 진보주의는 듀이(J. Dewey)의 프래그머티즘에 기반하여 등장하였으나, 그 역사적인 연원은 루소(Rousseau)의 자연주의 교육론과 이를 계승하여 발전시킨 페스탈로치(Pestalozzi)의 지·덕·기(知·德·技)의 세 가지를 기르는 삼육(三育)의 조화적 발달론과 프뢰벨(Fröbel)의 노작교육론(勞作教育論) 등을 통하여 아동중심교육이라는 이름으로 발전하였다.

또한 학문주의는 평등이나 자아실현보다 지적인 수월성(秀越性)을 추구하는 교육을 강조하였다. 가드너(J. Gardner)는 미국이 세계에서 현재 위치를 유지하고 또한 더욱 발전하기 위하여 "미국이 세계의 경쟁에서 선두를 견지할 수 있도록 모든 시민의 능력을 최대한으로 개발하여 나라의 모든 재능을 총동원해야 한다"고 하였다. 브루너(J. Brunner)도 "교과교육의 문제는 오직 지식의 본질에 대한 관점에 비추어 해결될 수 있다. 듀이(J. Dewey)의 실험주의에 근본을 두고, 지식은 경험에 비추어진 사물의 규칙적 현상을 해석하여 구조를 부여하는 모형이다. 어떤 지식체제에 관한 조직적인 생각은 경험한 바를 경제적이고 상호관련성 있게 조직하는 과제 기획이자 문제해결이다"라고 하며 학문주의를 옹호하였다. 나아가 "우리는 종합적인 이해를 위하여 물리학에서는 힘, 심리학에서의 동기, 문학에서의 스타일과 같은 어떤 수단을 만들어낸다"고 하였다. 학문중심 교육은 이와 같이 지식의 구조를 중요시하여 학문을 교육내용으로 보는 교육이론이다.

마지막으로 문화주의는 인간의 객관적 정신의 구현이 문화를 창조한다는 입장이다. 달리 말하면, 문화의 절대성을 인정하는 주의이다. 때문에 사람이 자연에 대하여 어떤 정신적 가치를 부여하는 과정을 사회현상 비판의 표준으로 삼는다. 문화주의에서는 문화의 절대성을 인정하기 위하여 문화를 내면화와 외면화의 양면으로 고찰한다. 문화의 내면성은 특수문화의 절대적 가치(價值)에 의해 밝혀지므로 가치는 상대성을 면치 못한다. 따라서 외면적·형식적 가치를 중요시하며, 그것은 문화의 실천적 기초가 되는 진(眞)·선(善)·미(美)·성(聖)의 네 가지 이상(理想)을 실현하려고 한다. 이런 점에서 문화주의는 진·선·미의 정신적 가치를 표준으로 삼는다.

2 창조주의의 창조성 철학

앞에서 언급한 인간성을 존중하는 사상으로서 지식의 발전과 문화 보존을 위주로 하는 인문주의, 아동·학생의 흥미를 존중하는 진보주의(進步主義), 지식의 구조를 탐구하는 학문주의(學問主義), 도덕적이고 문화적인 책임을 강조하는 문화주의(文化主義) 등은 전인(全人)으로서의 인간성을 부분적으로 설명하는데 그친다. 따라서 인간의 근본적 본성은 설명해내는 데는 한계가 존재한다.

창조주의(創造主義)는 인간의 본성을 창조성(創造性)으로 파악한다. 이를 토대로 인간을 인간답게 만들려는 사상이다. 인성이 인격의 중심을 이루는 정수(精髓)라고 하여 전인적(全人的) 인간성을 밝히고 있다. 인간의 창조성을 밝힌 사례는 전 세계적으로 다양하다. 영국의 갈톤(Galton)은 『천재의 유전』에서 그것을 밝혔고, 프랑스의 수리오(Soriau)는 『발명의 이론』에서, 오스트리아의 프로이드(Freud)는 『꿈의 분석』에서 리도트(Ridot)는 『창조적 상상』 등을 통해 창조성을 연구한 바 있다. 또한 포잉카레(Poincare)가 자신의 창조적 체험 사례를 발표하기도 하였다. 인간의 천재성(天才性)에 대한 연구는 심리학의 발달과 함께 진행되었다. 이런 연구를 참조하여, 인간이 지닌 창조성의 가치는 나날이 새로운 경험을 하면서 새로운 상황에 적응할 수 있는 능력으로 간파되기 시작하였다. 창조성이 인간 능력의 중심에 있으므로, 이제 그것은 창조주의와 교육으로 전개되고 사상으로 정립되었다. 창조성은 인간이 본래 타고났다는 것, 인간은 '창조적 동물'이라고 하는 이러한 입장이 강조되어 왔다. 창조성은 인간의 본래 모습이므로 거기에서 행복이라는 가치관이 성립된다고 본다.

창조적 인간에게 인간의 능력은 단순한 성질이 아니다. 복합적 성질이 하나로 통합(統合)된 것으로 파악된다. 그러므로 앞에서 자세하게 논의했지만, 인간의 능력은 신체적이고 사회적이며 이지적이고 도덕적이며 예술적이고 종교적인 성질이 융합되어 있다. 이런 특성을 고려하면, 인간의 창조성을 개발하는 작업은 인간의 능력을 부분적으로 조성(助成)하는 일이 아니다. 인간성을 통합적이고 융·복합적으로 조성하는 매우 철학적이고 종합적인 활동을 의미한다. 이것이 창조주의의 기본 입장이다.

창조적 인간은 자기 자신을 인격체로 창조하며 사회집단과 문화가치를 새롭게 창조하는 인간이다. 고도 산업화 과정에서 현대사회에서 분업화와 기계화로 치달으면서 부분적 기능과 기계적 활동을 요구하고, 전인적 차원을 배제하며 인간성을 더욱 상실해가고 있다. 그 결과 인간을 인격체로 존중하지 아니하고 노동시장의 상품이나 생산 공장의 부속품으로 취급하고 있는 것이다. 이 시점에서 인간은 어떠한 물질이나 대금(代金)으로 대치할 수 없는 창조성을 지니고 있는 존재임을 자각해야 한다. 동시에 인간이 내포하고 있는 모든 성질을 통합적으로 계발하는 창조주의 교육이 요청된다. 우리가 당면하고 있는 인간성 회복의 문제는 고도 산업사회를 넘어, 인공지능, 빅데이터, 생명공학 등, 흔히 제4차 산업혁명이라고 불릴 정도의 거대한 우주첨단과학의 발달에 따라 더욱 어려운 문제를 제기할 것으로 예상된다. 이에 인간성을 회복하고 인간의 행복과 인류사회의 복지를 증진시키기 위해 창조성에 관심을 집중할 필요가 있다. 인간의 본질적 특징인 창조성과 창조력은 인간성을 통합적으로 계발하여 시대를 선도할 수 있다. 창조적 의욕과 사고력, 그리고 활동력을 조장하는 창조주의는 현대를 추동하는 동시에 미래를 선도할 수 있다.

3 창조성의 교육적 발현

인간의 본질적 특성인 창조성에 기초한 창조교육의 핵심은 창조성의 계발이다. 인간의 창조성이나 창의성에 관한 연구는 20세기 초반부터 있어 왔다. 하지만 기존의 창조성, 혹은 창의성에 관한 연구는 인간의 부분적 능력을 해명한 것에 지나지 않는다. 창조성은 인간의 전인격체의 차원을 바탕으로 설명해야 한다. 따라서 창조교육에서는 창조성의 성질을 인간의 전인격체적인 면에서 신체·생리적, 사회적, 이지적, 도덕적, 예술적, 종교적인 차원에서 설명하였다. 창조성을 전인적 입장에서 해명하고 그런 관점에서 창조성을 계발하는 것이 교육의 본질이다. 이런 점에서 창조교육은 인간의 존재 가치를 인격의 창조와 문화가치 창조의 주체가 되는 데서 발견하려는 노력이다. 창조성은 모든 인간이 갖추고 있다는 전인적 관점에서 창조성을 계발하는 철학적 태도를 견지해야 한다.

창조성이 인간의 본성인 동시에 교육의 본질이 될 수 있는 것은 기존의 창조성[창의성] 연구와 다른 관점에서 보기 때문이다. 즉, 창조성을 인간의 보편성에서 발견하려고 한다. 창조성이 인간이 지닌 보편성의 근거가 되는 것은 고등동물로서 인간이 지닌 사랑에 있다. 사랑은 인간을 목적 지향적 존재로서 원동력을 갖도록 한다. 이때 사랑은 인간의 관심과 의욕으로 대치된다. 인간의 사랑이 지나치면 욕심이 되지만, 널리 베풀면 포용과 관용이 되어 인간성을 발현하게 한다. 그러므로 창조성의 본질을 사랑으로 구명한 것이다. 창조성의 본질인 사랑은 교육적 관점에서 교육에 대한 사랑, 교육을 통한 사랑, 교육을 통한 인간의 사랑으로 확장되면서, '교육애(教育愛)'로 표현된다. 교육은 교육애를 공통 분모로 인간의 본질적 소질을 계발하고 발전시킨다는 면에서, '교육적 자아(教育的 自我)'를 실현하는 일이다. 이에 창조교육의 본질은 사랑을 정점으로 관심과 의욕이 유발되고, 이에 따른 대화와 협력의 과정을 거쳐 가치지향적 교육애를 실현한다.

교육의 무게 중심에 사랑을 두는 창조교육은 인격을 실현하는 근거로 사랑의 실현을 본질로 한다. 다시 강조하지만, 창조성이 인간의 본질이기 때문에 창조교육은 전인격체적인 면에서 이루어진다. 창조교육은 인간의 특수한 영역이 아닌 인간의 근본적 본성이며, 보편적인 차원에서 실시되는 것이다. 이러한 창조교육은 인간의 의욕과 사고와 활동을 조장하고 촉진해 주어 새로운 가치를 실현하는 가치 창조를 본질로 한다.

교육은 인간의 창조적 능력을 종합적으로 계발하는 일이다. 때문에 심리학과 생리학의 입장을 모두 수용해야 한다. 인간의 능력은 모든 영역에서 다양하게 나타나고, 교육은 인간의 다양한 능력을 계발하는 작업을 본질로 하기 때문이다. 교육이 사회 체제를 유지하기 위한 일이건, 개인의 인격 발달을 주목적으로 하는 일이건, 이 모든 교육적 지향은 인간의 창조적 자아를 완성해 나가려는 공통 목표를 갖고 있다. 교육의 작용은 인간의 삶과 사회의 질서 체제를 유지하고, 인간의 조화적 발전을 조성하며, 문화유산을 계승 발전하게 하고, 나아가 역사창조의 기반을 조성하게 만든다. 이러한 교육의 공통적 속성은 인간이 지니고 있는 교육적 자아를 바탕으로 한다. 인간의 궁극적 가치가 창조적 가치라는 차원에서 볼 때, 모든 가치는 교육적 자아를 통한 창조적 경험 속에서 생긴다. 인간의 모든 영역에서 무엇을 가르치고 배워야 할 것인가? 그 핵심은 인간의 창조성을 전제로 교육적 자아를 고려해야 한다. 교육이 인간 능력의 계발에 의한 창조적 인간을 지향하는 일이기 때문에 교육의 본질은 인간의 창조성을 기초로 한다.

앞에서 철학을 논의할 때도 자세하게 논의했지만, 자아(自我)는 인간으로서 개인의 정체성(正體性, identity)이다. 교육적 자아는 이를 의식하고 자신을 지각하는 일이다. 즉, 개인의 '독립적이고 주체적이고 의식적인 나'를 확립하는 작업이다. 인간은 자아를 통해 활동의 주체가 되며 가치를 실현하고 인격을 이루고, 사회를 발전시키는 창조적 가치를 실현한다. 인간의 자아활동은 타율적 활동에서 자율적 활동으로, 자율적 활동에서 가치적 활동으로 발전해 간다. 가치적 활동은 교육이 지향하는 역동적인 힘이고, 타율적 활동과 자율적 활동은 가치적 활동으로 발전하기 위한 과정이다. 이러한 인간의 자아활동을 발전시키는 교육적 작용이 다름 아닌 교육적 자아이다. 교육적 자아는 개인의 자아활동에서 가치를 지향하고, 가치를 발견하며 가치를 실현하도록 돕는다. 가치를 창조하기 위해 교육적으로 이루어지는 주체적이고 의식적인 모든 활동이 교육적 자아를 통해 이루어진다. 교육적 자아를 통해 인간은 가치 활동을 추구하고 인격을 창조하며, 사회와 문화 가치를 창조한다. 교육적 자아는 인간의 창조성을 개인이 갖는 독특성과 절대성을 통해 발휘한다. 따라서 인간이 지닌 창조성과 창조성으로 발현되는 창조적 가치는 교육적 자아에 의한 교육 작용과 교육 활동에서 중핵(中核)으로 자리매김 된다.

교육 활동에서 '무엇을 어떻게 가르쳐야 할 것인가?' 이 문제는 교육적 자아와 직결된다. 창조교육에서는 교육 자체가 창조성을 지향하기 때문에, 모든 교육의 주체적이고 의식적인 교육적 자아 활동에는 창조성이 바탕이 된다. 인간의 창조적 능력 계발을 궁극 목표로 하고 있는 교육에서 '무엇을 어떻게 가르쳐야 할 것인가?'의 본질적 문제에 당면하게 될 때, 교육적 자아를 고려한다. 이와 같이 교육적 자아를 기초에 두는 이유는 창조성을 계발하고 발휘하는 일을 교육이 담당하기 때문이다. 이는 결국 창조주의와 창조교육에서는 모든 교육이 창조적 능력을 계발하는 문제로 귀결된다는 것을 의미한다. 모든 교육 작용과 활동, 그리고 교육 현상 속에는 창조적 가치를 계발하는 작업을 내포하고 있다. 창조성 계발을 위한 교육적 신념 체계로서 교사와 학생 모두에게 교육적 자아가 요구된다. 창조성이 인간의 모든 가치를 실현하는 일이라고 할 때, 창조성은 교육적 자아를 확립하게 하는 신념 체계의 준거가 된다. 따라서 인간의 생활 세계에 교육적 자아에 의한 창조적 힘이 작용되고 있음을 알아야 한다. 이런 교육현상으로 구분할 수 있는 안목을 소유하게 될 때, 일상의 생활 세계로부터 창조적 가치를 발견하고 확인할 수 있다.

　　그렇다면 창조성의 가치는 어떻게 형성되고, 그것을 구분할 수 있는 교육적 안목은 무엇인가? 인간의 본질적 특성으로서 창조성의 전인적 영역은 매우 다양하고 포괄적이다. 다양하고 포괄적인 창조성에 대한 안목을 갖는 일은 창조적 성질에 대한 깊은 성찰과 사유, 그리고 이러한 현상의 기원과 질서를 철저히 이해하려는 노력을 통해 형성된다. 창조성에 대한 안목을 갖는 이면에 교육적 실천과 행위에 대한 주체적 의식으로서 교육적 자아에 대한 바람직한 가치 체계에 근거한 신념이 있어야 한다. 교육적 자아의 신념 체계는 보편적이고 타당한 것에 근거를 두어야 한다. 교육적 자아로서의 신념 체계는 창조성의 영역을 중심으로 형성된다. 인간의 창조성 영역은 인간의 생활 속에 내재해 있고, 그 가치적 신념 체계의 준거는 창조적 가치 확립으로 이어진다. 창조적 가치는 인간의 삶에서 가치 있는 것으로 귀중하게 보존된 인간 활동의 기본 요소이다. 따라서 사회 발전과 인격을 형성하고 공동체를 지탱하는 힘의 원천으로 작용한다. 이와 같은 창조적 가치는 그 사회의 규범이나 개인의 신념 체계를 형성하는 기준이 되어 교육적 창조 체제를 형성하는 교육 실제의 바탕이다. 다양한 창조적 가치 속에서 교육의 가치를 형성하는 토대를 제고하게 만든다.

　　창조적 가치의 형성은 역사적으로 교육의 이념과 사상을 이루어 냈다. 교육 이론가와 교육실천가들에게 교육 신념을 형성하는 과정에서 가치를 정립하고, 다양한 가치 체계를 비판적으로 파악하며, 가치 있는 주체적 인격을 이루게 한다. 이런 점에서 창조적 가치는 교육 실제의 기반이 된다. 교육의 가치와 신념 체계는 교육적 자아에 의한 창조적 가치의 형성이기 때문이다. 교육에 대한 가치를 이해하고 신념을 갖는 사람은 창조적 가치에 대해 본질적으로 인식한다. 창조적 가치에 대한 인식은 교육적 자아의 관점에서 나온다. 교육적 자아는 창조적 가치 실천을 바탕으로 교육에 접근한다. 창조성에 대한 경험과 관심이 보편성을 띠고 사회적 가치로 공유될 때 교육적 자아가 실현된다.

창조성은 '교육이란 무엇인가?'라는 대전제를 완성하는 개념이다. 이 본질적 물음에 대한 교육적 자아의 해답이다. 이러한 해답을 통해 더욱 엄밀한 시각에서 가치 지향적 창조성으로 교육의 문제를 해결해 갈 때, 다양한 인간 삶의 영역에서 교육의 가치가 형성된다. 이런 점에서 교육적 자아와 창조성의 관계가 더욱 선명해진다. 교육은 인격 완성과 사회와 인류 발전을 추구한다. 인격 완성과 사회와 인류 발전은 궁극적으로 창조성의 실현 상태이다. 때문에 교육은 창조성을 지향할 수밖에 없다. 창조성은 인간의 교육적 자아에 의해 교육적 성취를 이루어낸다. 인격가치와 문화가치의 창조는 교육과 교육 작용을 통해 창조성을 발현하고 확장하며 사회적으로 실현해 나가는 작업이다.

이제 교육은 주체적이고 의식적 신념인 교육적 자아에 의해 창조적 가치를 이루고, 인격과 문화가치의 발전을 더욱 추동해 나가야 한다. 때문에 교육적 자아를 통해 창조성을 실현하는 일은 삶의 가치와 주체적 자아를 찾아내어 창조적 능력을 기르는 일이다. 인간의 삶이 교육을 통한 끊임없는 변화와 새로운 시도를 추구하는 것은 교육애와 교육적 자아의 작용 때문이다. 교육과 다양한 교육 현상은 창조성을 바탕으로 교육적 자아를 통한 창조적 가치 실현으로 구현되어야 한다. 교육적 자아에 의한 창조적 가치의 실현이 인간에 의해 가능하기 때문에, 교육에 의한 창조성의 가치적 통일성을 발견하고, 교육을 통해 끊임없는 가치실현을 추구할 수 있다. 이것이 현실을 추동하고 미래를 선도하는 창조교육의 기초이자 본질적 이념이다.

결 어

이 시대, **창조성**의 **교육철학**을 주목하라

　교육은 전인(全人)으로서의 인간을 목적으로 개인과 공동체의 성장과 발달을 조성하는 활동이다. 동서고금을 막론하고, 그 동안 인류는 지식 전달에 의한 문화의 보존을 위주로 하는 인문주의, 아동·학생의 흥미와 요구를 존중하는 진보주의, 지식의 구조를 탐구하는 학문주의, 도덕적이고 문화적인 책임을 강조하는 문화주의 교육을 다양한 방식으로 실천해 왔다. 이 또한 인간 사회의 발달에 나름대로 기여하였다. 그러나 전인으로서 인간성을 부분적으로 조성하는 데 그쳤다. 이는 인간의 본질적 특성인 창조성을 정확하게 꿰뚫어보지 못하고, 창조성을 지향하는 전인교육을 해명하지 못하였다.

　오스본(Osborn)은 인간의 정신능력을 네 가지로 구분하였다. 첫째는 관찰 및 주의를 집중하는 능력인 흡수력이고, 둘째는 기억 및 재생산력인 파악력이며, 셋째는 분석 및 판단능력인 추리력이다. 그리고 마지막 넷째는 구현 능력과 발견력, 그리고 아이디어 산출력인 창조력이다. 그런데 이 네 가지 가운데 앞의 세 가지는 인공지능이나 전자두뇌가 대행할 수 있지만 마지막 네 번째 '창조력'은 인간에게만 존재하는, 그 어떤 것도 대신할 수 없는 능력이라고 하였다. 창조주의 교육은 인간의 본성을 창조성으로 전제하고 창조성을 계발하는 데 몰입한다. 그러기에 창조교육은 인간을 인간답게 만드는 동시에 인격 가치를 중심으로 한다. 창조교육의 기초인 창조성은 단순한 능력이나 성질이 아니고 복합적인 성질이 하나로 통합된 인간 자체이다. 그것은 신체·생리적이자 사회적이고 이지적이자 도덕적이며 예술적이자 종교적 성질을 지닌다. 이 모든 특징이 창조성을 바탕으로 통합되어 있다. 따라서 창조주의 교육에서 인간의 창조성을 계발한다는 것은 인간의 능력을 부분적으로 조성하는 것이 아니고, 인간성을 통합적으로 조성하는 전인적(全人的) 가치 활동을 의미한다.

이러한 관점에서 창조적 인간이란 자신을 인격체로 창조하고, 사회집단과 문화가치를 새롭게 창조해 나간다. 고도 산업화, 국제화, 정보화를 넘어 이른 바 제4차 산업혁명 시대로 요동치며 나아가는 현대사회에서 인간은 인간성을 송두리째 상실하는 듯한 시대상황을 경험하고 있다. 인간의 인격적 본성은 도외시되고, 인공지능의 등장과 인간을 대체하는 수많은 교육기제에 떠밀려 인간의 가치 기계 부품 이하로 전락하고 있는 실정이다. 이에 원래의 인간성을 회복하고 인격의 존엄성을 지니고 있는 창조성을 자각시켜, 그것이 내포하고 있는 모든 성질을 통합적으로 계발하는 교육이 절실하게 요청된다. 그 기본을 창조적 인간 교육에서 찾을 수 있다. 창조교육은 그 특성상 현대사회의 시대정신을 구현하고 미래사회를 열어나가는 교육 내용을 담고 있다. 우리가 당면하고 있는 인간성 회복의 문제는 제4차 산업혁명의 진전에 따라 더욱 어려운 문제를 제기할 것으로 예상된다. 인간성을 회복하고 인간의 행복과 인류 사회의 복지를 증진시킬 수 있는 교육관은 인간성을 통합적으로 계발하며 창조적인 의욕과 사고력, 그리고 시대를 추동하는 힘을 활동력으로 표출할 수 있는 창조주의 교육에서 발굴해 내야 한다. 다시 강조하지만, 전인격체적(全人格體的) 관점에서 창조성은 신체·생리적인 동시에 사회적 영역과 이지적인 동시에 도덕적인 영역, 그리고 예술적인 동시에 종교적인 영역으로 구분된다. 이는 교육이 창조성을 전제로 교육적 자아의 관점에서 인간의 모든 영역과 관련된 전인교육을 목적으로 하는 교육적 방향을 가능케 만든다.

교육은 인간 능력의 계발을 통하여 인격을 완성하고, 가치 창조의 주체가 되게 하는 일이라고 하였다. 교육은 인간의 능력을 종합적으로 계발하는 일이기 때문에 모든 입장을 망라해야 한다. 인간의 능력은 인간의 모든 영역에서 다양하게 나타나고, 교육은 인간의 다양한 능력을 계발하는 작업을 본질로 하기 때문이다. 인간의 다양한 능력을 나타나게 만드는 핵심에 창조성이 자리한다. 요컨대, 인간 능력의 본질은 창조성이며, 교육은 창조성을 계발하여 창조적 자아를 완성하는 일이다. 그것이 창조교육 철학의 궁극적 지향점이다.

창조교육의 철학은 그 교육목적론에 초점이 모아진다. 그것은 창조성의 계발이다. 창조성은 인간의 보편성 속에서 찾아야 하기 때문에 창조성의 본질은 지적 능력이나 사고 과정, 심리를 모두 포괄한다. 뿐만 아니라 인간의 신체적·심리적·정서적·사회적으로 다양한 성질을 지닌 전인적(全人的) 의미로서 인격의 중심 정수이고 인간의 근본적 본성이다. 따라서 창조주의 교육철학은 창조성을 철학의 본질로 녹여 넣는다. 그 기본 체계가 인간의 보편적이고 전인격체적 파악을 통한 창조성의 영역을 여섯 가지로 구분한 데 있다. 신체·생리적 영역, 사회적 영역, 이지적 영역, 도덕적 영역, 예술적 영역, 종교적 영역이 그것이다. 창조성의 각 영역은 제각기 가치적 능력을 함양하는 성질을 지닌다. 신체·생리적 영역에서는 생동력(生動力)이고 사회적 영역은 협동력(協同力)이다. 이지적 영역은 탐구력(探究力)이고 도덕적 영역은 선행력(善行力)이다. 예술적 영역은 심미력(審美力)이고 종교적 영역은 신애력(信愛力)이다. 이러한 교육철학의 확립과 실천 과제의 설정은 그것을 창조적 능력으로 개발해야 하는 교육목적으로 이어진다. 창조교육 철학이 강조하는 실천과제를 다시 정돈하면 다음과 같다.

창조성의 신체·생리적 영역에서 가치 능력 요소는 생동력이다. 인간의 신체는 정신과 체질을 중심으로 하는 인간 형질이 총화(總和)이다. 이 총화의 활력을 유지하고 건강을 이루는 생리적 건강은 생물학적 과정에 있다. 때문에 이러한 생물학적 과정을 찾아 체력을 조장하는 것이 창조교육이 추구하는 건강을 이루는 작업이다. 창조교육이 열망하는 건강의 바탕이 되는 것이 다름 아닌 생동력이다. 이 생동력은 창조성의 생물학적 환경의 원인으로 신체·생리적 성질의 근거이다. 바로 이 생동력이 신체·생리적 영역에서 창조적 행동과 창조적 건강을 낳는다.

창조성의 사회적 영역에서 가치 능력 요소는 협동력이다. 각자의 개성으로서 창조성을 가진 개인은 사회나 집단과 협동적 관계를 맺으며 사회활동과 행동을 표출한다. 거기에서 개인과 사회가 일체감을 형성하며 창조적 사고와 생활 방식, 그리고 행위양식을 형성하고, 일정한 문화를 구축한다. 다양한 욕망과 능력, 기술을 가진 인간은 그 욕망을 채우기 위해 협동적 관계를 형성해가고, 그 협동성을 유지하기 위해 창조성을 계발해 나간다. 창조성이 사회적으로 성립하는 논거는 개인이 관계적 존재로 살아가는 사회적 존재라는 점에서 찾아진다. 관계적 존재로서 인간은 협동력을 통해 사회생활을 영위하고 인간의 사회적 문화가치를 창조한다.

창조성의 이지적 영역에서 가치 능력 요소는 탐구력이다. 탐구력은 이성과 지성 작용에 의해 나타난다. 훈련이나 연습, 교육에 의해 향상될 수 있는 인간의 잠재적 성향이다. 이 탐구력은 고등 사고 기능으로서 전이가 가능한 사고이다. 따라서 탐구력이 얼마나 있느냐 하는 것이 창조성 발현을 위한 교육의 효과를 가늠하는 척도이고, 탐구력의 교육조건을 조성해주고 찾아내는 일이 교육의 핵심적 과제로 부각된다. 탐구력의 가치 능력 요소를 개발하는 작업은 무엇보다도 창조교육의 핵심을 이룬다. 지성적 상상 작용에 이성적 사고 작용이 더해져 어떤 장면을 상정하고, 그 속에서 취사선택을 할 수 있는 탐구력으로 전체적 구상을 낳게 함으로써 새로운 독창적 사고인 창조적 사고가 나타난다.

창조성의 도덕적 영역에서 가치 능력 요소는 선행력이다. 창조성의 주체는 인간이고 도덕성은 인격의 주체이다. 때문에 도덕적 판단에 의해 실천되는 선행력은 도덕적 영역에서 창조성의 실현이다. 도덕적 판단의 실천인 선행력의 창조적 의식은 양심의 자유에 있다. 양심의 본질은 도덕의식의 전체적이고 통일적 작용이다. 그러므로 행위 이전의 지도적 작용이나 행위 이후의 심판적 작용을 하는 정신적 요소가 포함된다. 악(惡)에 대한 억제나 선(善)의 발동을 유도하는 정의로운 요소 등이 통합되어 있다. 도덕적 판단이 이와 같은 양심의 행위에 의해 그 가치를 결정하기 때문에 도덕 생활의 기초가 되는 것은 창조적 활동이다. 이러한 창조적 활동을 바탕으로 선을 따르고 악을 피하는 선악정사(善惡正邪)의 가치 결정력이 선행력으로 나타난다.

창조성의 예술적 영역에서 가치 능력 요소는 심미력이다. 심미력은 예술을 감지하고 감득하는 능력으로 모든 사람이 갖고 있는 선천적 요소이다. 즉, 심미력은 예술적 구상력을 갖게 하는 창조성으로서 모든 사람이 선천적으로 갖고 있는 것이다. 때문에 인간은 예술적 충동이나 의지를 갖게 되고, 이러한 충동이나 의지가 창조 작용을 일으켜 예술적 창작 심리를 낳는다. 이와 같은 심미력은 예술적 창조성에 국한되지 않는다. 심미력은 예술적 가치 외에도 지적·도덕적·종교적·사회적으로 다양한 가치를 창출해낸다. 예술적 창조 내에서는 그것이 가지는 아름다움 이외에도 여러 가치가 인간의 감정에 맞게 형성된다. 예술적 태도의 심미력이 예술로서 의의를 가진 여타의 가치를 만들어 내고 있는 것이다. 이런 점에서 심미력은 예술로서의 아름다움 이외의 가치까지 통합하고 있다.

창조성의 종교적 영역에서 가치 능력 요소는 신애력이다. 인간이 어떠한 믿음이나 종교를 갖게 되는 것은 그의 능력 안에 스스로 무능하고 무지하여 내일을 예측할 수 없는 두려움 때문에 어떤 절대자나 초월자에게 의지하려는 심성이 있기 때문이라고 한다. 이를 의빙성(依憑性)이라고 한다. 인간의 종교적 의빙성은 자아를 통해 무한한 자신감과 정신적 힘을 갖게 한다. 종교는 믿음과 사랑을 통해 핵심을 구가하며, 그리스도의 사랑, 석가의 자비, 공자의 인(仁), 이슬람의 평화나 희사(喜捨) 등의 체험적 바탕이 바로 그 믿음과 사랑의 징표이다. 믿음과 사랑인 신애력에 의해 인간은 무한한 자신감과 활력과 인내로 창조적 자아와 창조적 문화를 찾아 가치 창조 실현의 길로 나간다.

창조교육 철학에 근거한 여섯 가지 영역의 실천 정신은 창조성 영역의 가치 능력 요소 차원에서 볼 때, 독립적으로 존재하는 것이 아니다. 서로의 가치 능력 요소들이 상호 병렬적 구조로 관련되고 있다. 창조성의 각 영역별로 제시되는 교육목표로서의 가치 능력 요소들은 창조성이라는 교육목적으로 융합되어, 하나로 융합된다. 여기에 창조성의 교육철학적 특색이 존재한다.

참고문헌

본 QR코드를 스캔하시면, '창조성과 교육철학'의
참고문헌을 참고하실 수 있습니다.

찾아보기

신창호(申昌鎬)

현) 고려대학교 교육학과 교수

주요 이력
고려대학교 문학사(교육학, 철학)
한국학중앙연구원 문학사(철학)
고려대학교 교육학박사(교육철학 및 교육사학)
한국교육사학회 편집위원장
한국교육철학학회 회장
사단법인 창조교육학회 부이사장

주요 저서
한국사상과 교육 윤리(공저, 2003, 서현사)
수기(修己), 유가 교육철학의 핵심(2005, 원미사)
관자(管子)(공역, 2006, 소나무)
함양과 체찰(2010, 미다스북스)
『대학』 유교의 지도자 교육철학(2010, 교육과학사)
톨스토이의 서민교육론(2011, 써네스트)
유교의 교육학 체계(2012, 고려대학교출판부)
교육과 학습(2012, 온고지신)
한국교육사의 통합적 이해(2014, 박영스토리)
교육철학 및 교육사(2015, 박영스토리)
한글 사서(四書) 시리즈(논어, 맹자, 대학, 중용, 2015, 판미동)
나는 무엇인가-배려의 철학을 위하여(2015, 우물이 있는 집)
율곡 이이의 교육론(2015, 경인문화사)
배려, 이론과 실천을 위한 가이드(2016, 고려대학교출판문화원)
민주적 삶을 위한 교육철학(2016, 우물이 있는 집)
정약용의 고해(2016, 추수밭)
옛날 공부책(2017, 어마마마)
정조 책문, 새로운 국가를 묻다(2017, 판미동)
한국교육 무엇을 고민해야 하는가 1,2(2018, 박영스토리) 외 다수

e-mail: sudang@korea.ac.kr

창조교육총서 1
창조성과 교육철학

초판발행   2018년 6월 28일

지은이   신창호
펴낸이   안상준

편 집   배근하
기획/마케팅   노현
표지디자인   조아라
제 작   우인도·고철민

펴낸곳   ㈜ 피와이메이트
               서울특별시 마포구 월드컵북로 400, 5층 2호(상암동, 문화콘텐츠센터)
               등록 2014. 2. 12. 제2015-000165호
전 화   02)733-6771
f a x   02)736-4818
e-mail   pys@pybook.co.kr
homepage   www.pybook.co.kr
I S B N   979-11-89005-22-1   93370

* 잘못된 책은 바꿔드립니다. 본서의 무단복제행위를 금합니다.
* 저자와 협의하여 인지첩부를 생략합니다.

정 가   15,000원

박영스토리는 박영사와 함께하는 브랜드입니다.